Habbel
Kerngeschäftsstrategien und Divestments aus Kapitalmarktsicht

GABLER EDITION WISSENSCHAFT

Hallesche Schriften zur Betriebswirtschaft
Band 9

Diese Schriftenreihe soll als Forum für wissenschaftliche Arbeiten der neugegründeten und 1993 wiedereröffneten Wirtschaftswissenschaftlichen Fakultät der Martin-Luther-Universität Halle-Wittenberg auf dem Gebiet der Betriebswirtschaftslehre dienen. Die zahlreichen betriebswirtschaftlichen Professuren wollen mit der Herausgabe dieser Halleschen Schriften zur Betriebswirtschaft das breite Spektrum ihrer wissenschaftlichen Arbeitsgebiete dokumentieren. Die Publikationen umfassen insbesondere betriebswirtschaftliche Dissertationen und sonstige augewählte wissenschaftliche Arbeiten der halleschen Fakultätsmitglieder.

Markus Habbel

Kerngeschäftsstrategien und Divestments aus Kapitalmarktsicht

Mit einem Geleitwort
von Prof. Dr. Reinhart Schmidt

Springer Fachmedien Wiesbaden GmbH

Die Deutsche Bibliothek - CIP-Einheitsaufnahme

Habbel, Markus:
Kerngeschäftsstrategien und Divestments aus Kapitalmarktsicht
/ Markus Habbel. Mit einem Geleitw. von Reinhart Schmidt. - 1. Aufl..
- Wiesbaden : Dt. Univ.-Verl. ; Wiesbaden : Gabler, 2001
(Gabler Edition Wissenschaft : Hallesche Schriften zur Betriebswirtschaft, Bd. 9)
Zugl.: Halle, Univ., Diss., 1999
ISBN 978-3-8244-7161-4 ISBN 978-3-663-08002-2 (eBook)
DOI 10.1007/978-3-663-08002-2
1. Auflage Januar 2001

Lektorat: Brigitte Siegel / Viola Leuschner

www.gabler.de
www.duv.de

ISBN 978-3-8244-7161-4

Geleitwort

Seit Anfang der sechziger Jahre hat für die Unternehmensführung die aus der betriebswirtschaftlichen Theorie abgeleitete Regel gegolten, Unternehmensaktivitäten zu streuen, um das Risiko – letztendlich aufbauend auf dem Konzept von Markowitz – zu verringern. Die Diversifikation wurde durch internes, vor allem aber durch externes Wachstum in Form von Akquisitionen und Fusionen vorangetrieben. Von der finanzwirtschaftlichen Theorie wurde jedoch darauf hingewiesen, dass es Aktionären besser als den Unternehmen gelingt, Risiken zu streuen. In Folge dieser Meinung ist auch die Praxis hellhörig geworden. Unternehmen überdenken ihre portfoliostrategische Ausrichtung von der Diversifikation bis hin zur Fokussierung. Daher will Markus Habbel auf Basis theoretischer Fundierung die empirische Relevanz von Fokussierungsstrategien in Deutschland aus Kapitalmarktsicht überprüfen.

Das Forschungsvorhaben ist schon im deskriptiven Bereich anspruchsvoll und aufwendig, weil mehr als 400 Geschäftsberichte sachverständig analysiert werden. Die Untersuchungsmethode des Verfassers ist neu und originell. Er werden zunächst von dem Verfasser klassifizierte Motive von Divestments analysiert. Weiter wird als Maß für Divestment-Aktivitäten das Verhältnis von Beteiligungsabgängen zu Umsatz gewählt. Der Verfasser entwickelt dann eine neue, objektivierte Vorgehensweise zur Schätzung der Erlöse aus Anlageabgängen. Als dritten Indikator der Indikatorenreihe wählt Habbel den Herfindahl-Index bezüglich der Umsatzzusammensetzung.

Bezüglich der Bewertung von Konzentrationsstrategien durch den Kapitalmarkt werden drei generelle Hypothesen in Form von zu widerlegenden Nullhypothesen formuliert, die sich aus den theoretischen Ansätzen des vorderen Teils der Arbeit ergeben. Die Ergebnisse zum Zusammenhang zwischen Konzentrationsstrategien und den Auswirkungen auf Rendite und Risiko bei der Bewertung durch den Aktienmarkt sind hervorragend herausgearbeitet und über Deutschland hinaus von Interesse.

Die vorliegende Arbeit überzeugt durch einen breit angelegten Untersuchungsrahmen und detaillierte Analysen mit einem international beachtlichen Forschungsergebnis zur Existenz und Wirkung von Konzentrationsstrategien. Ich wünsche dieser Arbeit daher eine interessierte, anregende Aufnahme in Wissenschaft und Praxis.

Reinhart Schmidt

Vorwort

Zum Gelingen dieser Arbeit haben viele Personen beigetragen, denen ich an dieser Stelle herzlich danken möchte.

Mein besonderer Dank gilt meinem Doktorvater, Herrn Professor Dr. Reinhart Schmidt. Ihm danke ich für die Betreuung der Arbeit sowie die Offenheit und anregenden Impulse während der Erstellung der Arbeit. Nicht zuletzt seine Art der Betreuung hat dazu beigetragen, daß das Schreiben dieser Arbeit mir sehr viel Spaß gemacht hat. Herrn Professor Dr. Christoph Weiser, Universität Halle-Wittenberg und Herrn Professor Dr. Dodo zu Knyphausen-Aufseß gebührt Dank für die Übernahme der Koreferate.

Herzlich danke ich auch meinen Freunden und Kollegen, vor allem Roland Peters, Stephan Leithner, Frank Mohler, Bernd Venohr und Ekkehard Franzke, die insbesondere durch wertvolle Diskussionen zur Motivation und Kurzweiligkeit während meiner Promotionszeit beigetragen haben.

Besonders erwähnen möchte an dieser Stelle meine Eltern, denen ich für so vieles in meinem Leben danke und die meine Wege bis heute mit so viel Interesse und Unterstützung begleiten. Ganz besonders bedanken möchte ich mich bei meiner Frau Barbara, die durch ihre verständnisvolle Unterstützung und ihre Art entscheidend dazu beitrug, daß die Erstellung der Promotion zu einer reichen und angenehmen Zeit wurde. Meiner Frau Barbara möchte ich diese Arbeit widmen.

Markus Habbel

Inhaltsverzeichnis

Abbildungsverzeichnis

Tabellenverzeichnis

Abkürzungsverzeichnis

AER	American Economic Review
AG	Aktiengesellschaft
BCG	Boston Consulting Group
bzw.	beziehungsweise
CAPM	Capital Asset Pricing Model
CEO	Chief Executive Officer
CFROI	Cash Flow Return on Investment
CROCI	Cash Flow-Return on Capital Invested
CSFB	Credit Swiss First Boston
d.h.	das heißt
DAX	Deutscher Aktienindex
DBW	Die Betriebswirtschaft
DCF	Discounted Cash Flow
EBIT	Earning before Interest and Taxes
EBITD	Earning before Interest, Taxes, and Depreciation
EMU	European Monetary Union
et al.	et altera
etc.	et cetera
EVA	Economic Value Added
f.	folgend
FB	Fachbereich
FCF	Free Cash Flow
ff.	fortfolgend
HBR	Harvard Business Review
HFA	Hauptfachausschuss
HGB	Handelsgesetzbuch
HLT	Highly Leveraged Transactions
Hrsg.	Herausgeber
IAS	International Accounting Standards
IASC	International Accounting Standards Commitee
IPO	Initial Public Offering
Jg.	Jahrgang

JoACF	Journal of Applied Corporate Finance
JoF	Journal of Finance
JoFE	Journal of Financial Economics
LBO	Leveraged Buyout
LRP	Long Range Planning
M&A	Merger and Acquisition
MBO	Management Buyout
Mio.	Millionen
MVA	Market Value Added
No.	Number
OLS	Ordinary Least Square
R&D	Research and Development
S.	Seite
SMH	Schröder Münchmeyer Hengst & Co.
SVA	Shareholder Value Ansatz
Vgl.	Vergleiche
Vol.	Volume
WS	Wintersemester
z.B.	zum Beispiel
ZfB	Zeitschrift für Betriebswirtschaft
zfbf	Zeitschrift für betriebswirtschaftliche Forschung

1. Einleitung und Problemstellung

1.1 Ausgangssituation

Seit Mitte der neunziger Jahre wird in Deutschland über einen verstärkten Trend zur Konzentration auf Kerngeschäfte gesprochen. Während noch in den achtziger und Anfang der neunziger Jahre Diversifikation und Ausweitung der Geschäftstätigkeit in neue Geschäftsfelder im Vordergrund stand[1], man denke nur an Daimler-Benz mit seiner Strategie des integrierten Technologiekonzerns[2], ist es in den letzten Jahren erklärtes Ziel vieler Unternehmen, sich auf ihre Kerngeschäfte zu besinnen und sich auf diese Gebiete zu fokussieren.[3] So schätzt die Deutsche Morgan Grenfell in einer Studie aus, daß rund 80% der deutschen Industrieunternehmen begonnen haben, ihre Geschäftsaktivitäten auf die Kernbereiche zu konzentrieren. Darüber hinaus wird erwartet, daß in den nächsten Jahren diese Portfoliobereinigung noch intensiviert wird.[4]

Diese Entwicklung wird begleitet durch eine verstärkte Berücksichtigung von Konzepten des Shareholder Values, also der Orientierung an den Interessen der Unternehmenseigner. Oft wird gerade die Rückbesinnung auf das Kerngeschäft und die Trennung von Randbereichen mit der Optimierung des Marktwertes und damit die Steigerung des Shareholder Values begründet. Unternehmen, die sich entweder historisch bedingt oder strategisch motiviert auf Kerngeschäfte konzentriert haben, verzeichnen zum Teil weit überdurchschnittliche Performance Entwicklungen.

Das Portfolio-Konzept der Boston Consulting Group, das ein Unternehmen als ein Portfolio aus verschiedenen Geschäften in unterschiedlichen Entwicklungsstadien sieht[5], hat an Bedeutung verloren.[6] Während die Boston Consulting Group davon ausging, daß die sogenannten "Cash-

---

[1] Vgl. Cordes, J. (1993): "Der Erfolg von Mischkonzernen aus theoretischer und empirischer Sicht", Bergisch Gladbach 1993, S. 2ff.. Interessant ist hierbei, daß diese Entwicklung in den USA schon zehn Jahre früher stattfand, also in den sechziger und siebziger Jahren. Vgl. dazu Servaes, H.: "The Value of Diversification During the Conglomerate Merger Wave", in JoF, September 1996, S. 1202

[2] So schreibt Taylor: *"Daimler was a mess when Schrempp took over. In the mid-1980s it had begun buying aerospace, electronics, and software companies in an effort to transfom itself into an "integrated technology company"."* Vgl. Taylor, A.: "Revolution at Daimler-Benz", in Fortune, November 10, 1997, S. 146

[3] Vgl. Deutsche Morgan Grenfell: "Shareholder Value in Deutschland", Frankfurt 1996, S. 22 und J.P. Morgan: "Corporate Clarity in Germany", London 1997, S. 1

[4] Vgl. Deutsche Morgan Grenfell, S. 22

[5] Vgl. Goold, M./Luchs, K.: "Why diversify? Four decades of management thinking", in The Academy of Management Executive, August 1993, S. 10

[6] Vgl. Stewart, B./Glassman, D.: "The Motives and Methods of Corporate Restructuring", in JoACF (1989a), Vol. 1, No. 1, S. 91 und Kensinger, J./ Martin J.: "The Quit Restructuring", in JoACF, Vol. 1., No. 1, S. 46-54 sowie Porter, M.: "From competitive advantage to corporate strategy", in HBR, May-June 1987, S. 51. Zum Verlust der Bedeutung des Portfolio-Konzeptes der Boston Consulting Group James Scott: *"The problem with the Boston Consulting Group (BCG) strategy is that some companies - instead of having the 'cows' finance 'stars' as BCG recommended - were having 'cows' finance 'dogs'.*

Cows" die Entwicklung von "Stars" finanzieren, wurden und werden von "Cash-Cows" häufig unprofitable Geschäftsfelder, sogenannte "Dogs" quersubventioniert.[7] Diese Quersubventionierung und die Diversifikation in unterschiedliche Geschäftsfelder ist zwar bei den Managern der Unternehmen zur eigenen Risikodiversifikation und zur Reduktion des Monitoring durch die Kapitalmärkte beliebt[8], entspricht aber aus eben diesen Gründen nicht den Interessen der Aktionäre und dürfte entsprechend gering von den Aktienmärkten honoriert werden. In jüngster Zeit scheint es, als hielten die Aktienmärkte Spezialisierungsvorteile in Einproduktunternehmen für erfolgversprechender als Synergie-Potentiale in Konglomeraten.

In den USA wurden ganze Konglomerate zerschlagen[9], um durch Konzentration der Unternehmenstätigkeit die Schlagkraft der Unternehmen zu stärken und schlußendlich den Unternehmenswert zu steigern. Die Shareholder bewerten Konglomerate häufig mit einem Abschlag, dem sogenannten Discount, auch dies ein Indiz für die negative Bewertung von diversifizierten Konzernen und die positive Bewertung von auf Kerngeschäfte ausgerichteten Unternehmen.[10] Dementsprechend steigt der Anteil von Divestments an amerikanischen M&A Transaktionen beständig und wird 1997 auf annähernd 40% aller amerikanischen Deals geschätzt.[11]

Auch in Deutschland setzen sich offenbar die genannten Gedanken durch. So schreibt das Fachmagazin M&A Review 1997: [12]

> *"Das Konzept des Shareholder Value führt seinen Siegeszug durch die deutsche Unternehmenslandschaft fort. Mittlerweile wird fast jede Trennung von einem Unternehmensbereich oder einer Tochtergesellschaft mit der Konzentration auf das Kerngeschäft als Voraussetzung zur Steigerung des Unternehmenswertes begründet... In*

And these 'dogs', the substandard businesses, later became LBO candidates", in einer Roundtable-Diskussion zum Thema "The Restructuring of Corporate America: A discussion of the reverse merger movement", in Stern, J./Chew, D.: "Six roundtable discussions of corporate finance with Joel Stern", Westport 1986, S. 178

[7] So schreibt Salomon Brothers : "One concern with conglomerate companies is that cash from high-return businesses is reinvested at a lower return." Vgl. Salomon Brothers (1997), S. 17

[8] Vgl. Stewart, B./Glassman, D. (1989a), S. 91

[9] Vgl. Greenspan, A.: "Statement by Alan Greenspan, Chairman, Board of Governors of the Federal Reserve System before the Senate Finance Committee", in Journal of Applied Corporate Finance, 1989, S. 32

[10] So kommen z.B. Berger und Ofek in einer Untersuchung von 3.659 diversifizierten amerikanischen Unternehmen zu dem Ergebnis, daß bei einer Aufspaltung ihrer Aktivitäten und einer Einzelbewertung der Unternehmenswert um 13 bis 15% höher liegen würde. Vgl. Berger, P./Ofek, E.: "Diversifikation´s effect on firm value", in JoFE, 37 (1995), S 39-65. Vgl. auch Denis, D./Denis, D./Sarin, A.: "Agency Problems, Equity Ownership, and Corporate Diversification", in JoF, March 1997, S. 157

[11] Vgl. Rock, R.: "The spin on spinoffs", in Directors and Boards, Winter 1997, S. 2

[12] Schäfer, Michael: "Deutscher Markt für Unternehmenskontrolle stabilisiert sich auf hohem Niveau", in M&A Review 1/97, S. 6

den meisten Fällen werden die Erlöse aus den Divestments zur Stärkung oder Abrundung der Kernaktivitäten verwandt."

Auch die internationale Investmentbank Goldman Sachs spricht von einem verstärkten Trend zur Konzentration der Unternehmensaktivitäten:[13]

"Bestimmten in der ersten Hälfte der 90er Jahre vor allem Akquisitionen zur Diversifikation von Unternehmen die Transaktionslandschaft, verstärkt sich in der zweiten Hälfte der 90er Jahre der Trend zu Verkäufen von Bereichen, die nicht mehr zu den Kerngeschäften internationaler Großunternehmen zählen. Hierbei steht vor allem die Steigerung von Effizienz und Profitabilität im Vordergrund."

Offenbar haben sich in Deutschland nach der eher wachstumsorientierten Unternehmensstrategie früherer Jahrzehnte die Unternehmen seit Anfang der neunziger Jahre vermehrt an den Interessen ihrer Kapitalgeber orientiert und demzufolge Ziele wie die Erreichung einer mindestens die Kapitalkosten deckende Rendite und allgemein einer attraktiven Profitabilität gegenüber rein wachstumsorientierten Zielen übergewichtet. Mit dieser Neuausrichtung des unternehmerischen Zielsystems scheint eine gewisse Spezialisierung respektive Bündelung der Kräfte einherzugehen, die unter dem Begriff Konzentration auf die Kerngeschäfte beschrieben wird.

1.2 Problemstellung

Während, wie oben angeführt, auch in Deutschland viel und häufig über eine Konzentration auf Kerngeschäfte gesprochen wurde und gesprochen wird, fehlt zum einen eine systematische Darstellung des ökonomischen Rationals einer solchen Ausrichtung: Was spricht für die Durchführung dieser unternehmerischen Handlungsalternative, was sind mögliche Risiken? In welchen Unternehmenssituationen erscheint eine Kerngeschäftsstrategie ratsam, wann überwiegen mögliche Gefahren? Zur Beantwortung dieser Fragen wird die vorliegende Arbeit das theoretisch-ökonomische Rational dieser Strategie ableiten und beurteilen.

Zum anderen soll der Frage nachgegangen werden, ob eine Fokussierung in Deutschland, so häufig durch Unternehmensleitungen verkündet, tatsächlich durchgeführt wurde, ob eine solche Unternehmenspolitik also überhaupt von empirischer Relevanz ist. Im Gegensatz zu den häufigen öffentlichen Erklärungen zu Kerngeschäftsstrategien wurde diese Entwicklung in Deutschland bisher noch in keinerlei Weise empirisch gemessen und statistisch nachgewiesen. Sind die Erklärungen zur "Bündelung der Kräfte", zur Konzentration auf die Kerngeschäfte, die seit Anfang der neunziger

---

[13] Achleitner, P./ Herden, R./ Reiche, C.: "International Column", in M&A Review 1/97, S. 9-10

Jahre häufig von deutschen Managern zu hören waren, bloße Absichtserklärungen oder wurde diese Ausrichtung tatsächlich umgesetzt und ist somit statistisch nachweisbar?

Als dritte Frage, die im Mittelpunkt dieser Arbeit stehen wird, ist neben der systematischen Ableitung des ökonomischen Rationals einerseits und der statistischen Überprüfung der empirischen Relevanz einer solchen Strategie in Deutschland andererseits die Beurteilung des ökonomischen Erfolges von Kerngeschäftsstrategien in Deutschland. Sollte nachgewiesen werden können, daß deutsche Unternehmen sich in den letzten Jahren auf ihre Kerngeschäfte konzentriert haben, soll der Frage nachgegangen werden, ob diese Entwicklung als ökonomisch erfolgreich bewertet werden kann. Wesentlicher Maßstab und Grundlage der Erfolgsbeurteilung wird dabei das Konzept des Shareholder Value sein. Damit wird diese Arbeit in einer dritten wesentlichen Problemstellung der Frage nachgehen, ob der deutsche Markt für Eigenkapital Kerngeschäftsstrategien honoriert und welche Einflußfaktoren maßgeblich für die Bewertung sind.

1.3 Forschungsmethodik

Die wissenschaftstheoretischen Grundlagen dieser Arbeit liegen vor allem in der **modernen Kapitalmarkttheorie**, die insbesondere von Markowitz[14], Sharpe[15], Lintner[16], Fama[17], Ross[18] sowie Modigliani und Miller[19] begründet wurde. Diese haben durch ihre Beiträge zur Bewertung von Aktien durch Investoren insbesondere nach Rendite und Risiko Aspekten sowie darauf aufbauend zur Evaluierung von Unternehmen entsprechend ihrer Kapitalstruktur entscheidende Erkenntnisse bezüglich der Funktionsweise der Kapitalmärkte ermöglicht. Diese theoretisch abgeleiteten und empirisch überprüften Zusammenhänge eröffnen durch die Analyse der Verhaltensweisen von Investoren wichtige Implikationen für die Reaktion von Aktienmärkten auf Handlungen von Unternehmen. Diese Marktreaktionen bestimmen entscheidend die Finanzierungskosten der Unternehmen und sind somit ein wichtiges Kriterium bezüglich der Erfolgsträchtigkeit von unter-

---

[14] Vgl. insbesondere Markowitz, H.: "Portfolio Selection", in JoF, Vol. 7, März 1952, S. 77-91

[15] Vgl. Sharpe, W.: "Capital Asset Prices: A Theory of Market Equilibrium Under Conditions of Risk", in JoF, Vol. 19, September 1964, S. 425-442

[16] Vgl. Lintner, J.: "The Valuation of Risk Assets and the Selection of Risky Investments in Stock Portfolios and Capital Budgets", in Review of Economics and Statistics, Vol. 47, Februar 1965, S. 13-37

[17] Vgl. z.B. Fama, E.: "Efficient Capital Markets: II", in JoF, Vol 46, Nr. 5, Dezember 1991, S. 1575-1617

[18] Vgl. z.B. Ross, S.: "The Arbitrage Theory of Capital Asset Pricing", in Journal of Economic Theory, Vol. 13, Dezember 1976, S. 341-360

[19] Vgl. Modigliani, F./ Miller, M.: "The Cost of Capital, Corporate Finance and the Theory of Investment", in AER, Vol. 48, Nr. 3, 1958, S. 261-297

nehmenspolitischen Strategien. Diese auch unter dem Begriff "Corporate Finance"[20] zusammengefaßten Beziehungen zwischen Unternehmensfinanzierung und Kapitalmarktreaktionen bilden eine wichtige Determinante in der Beurteilung von unternehmerischen Handlungsalternativen im Rahmen dieser Arbeit.

Die zweite wissenschaftstheoretische Grundlage dieser Arbeit bildet das **betriebswirtschaftliche strategische Management**, dessen Haupteinflüsse auf Porter[21], Ansoff[22] und Henderson[23] zurückgehen. Die Verwendung der Erkenntnisse des strategischen Managements wird insbesondere zur Definition und der Diskussion des ökonomischen Rationals von Kerngeschäftsstrategien hilfreich sein. Somit bedient sich die vorliegende Arbeit der betriebswirtschaftlichen Theorie des strategischen Managements einerseits und den Analyseverfahren der Kapitalmarkttheorie andererseits, um theoretisch fundierte und empirisch überprüfte Bewertungen und Handlungsempfehlungen von unternehmerischen Handlungsalternativen vornehmen zu können.

1.4 Gang der Untersuchung

Die Arbeit ist in sechs Bereiche unterteilt. Nach dem ersten einleitenden Teil wird im zweiten Teil das Ziel der Arbeit beschrieben und eine Abgrenzung des Themas vorgenommen. Dabei werden die Begriffe Kerngeschäftsstrategie, Marktbewertung und Divestment definiert.

Im dritten Teil werden das ökonomische Rational der Kerngeschäftsstrategie und theoretische Effekte auf den Marktwert durch eine solche Strategie erläutert. Hier wird das Shareholder Value-Konzept inklusive des Corporate Focus Ansatzes erläutert, des weiteren wird auf agencytheoretische Überlegungen und das Rendite-Risiko-Konzept der Kapitalmarkttheorie eingegangen.

Aufbauend auf diesen theoretischen Grundlagen wird dann im vierten Teil eine erste empirische Untersuchung vorgenommen, bei der geklärt wird, ob und inwieweit sich der Konzentrationsgrad von deutschen Unternehmen in den neunziger Jahren verändert hat. Insbesondere werden deutsche Divestments als Mittel zur Kerngeschäftsfokussierung und deren Entwicklung in Deutschland seit 1990 empirisch untersucht.

---

[20] Siehe dazu insbesondere Copeland, T./Weston, J.: "Financial Theory and Corporate Policy", New York 1992 und Copeland, T./Koller, T./Murrin, J. (1996): "Valuation: Measuring and Managing the Value of Companies", New York 1996

[21] Vgl. z.B. Porter, M.: "From Competitive Advantage to Corporate Strategy", in HBR Mai/Juni 1987, S. 43-59

[22] Vgl. z.B. Ansoff, H.: "A Model for Diversification", in Management Science, Vol. 4, 1957, S. 392-414

[23] Vgl. z.B. Henderson, B.: "The Origin of Strategy", in HBR, Nr. 6, November/Dezember 1989, S. 139-143

Im fünften Teil wird aufbauend sowohl auf den theoretischen Grundlagen des zweiten und dritten Teils als auch den empirischen Ergebnissen des vierten Teils bezüglich des Entwicklungsstandes deutscher Kerngeschäftsstrategien empirisch analysiert, wie der Aktienmarkt diese bewertet. Hierbei wird vor allem ein Performancevergleich von Unternehmen je nach Konzentrationsgrad und Strategiewahl vorgenommen. Aus diesen Ergebnissen wird dann eine zusammenfassende Beurteilung von Kerngeschäftsstrategien aus Sicht der Shareholder Value-Maximierung vorgenommen. Im sechsten Teil erfolgt eine Zusammenfassung der Ergebnisse, eine Diskussion offener Fragen und ein Ausblick auf sich aus der Arbeit ergebende mögliche zukünftige Forschungsgebiete.

Abbildung 1: Aufbau der Arbeit

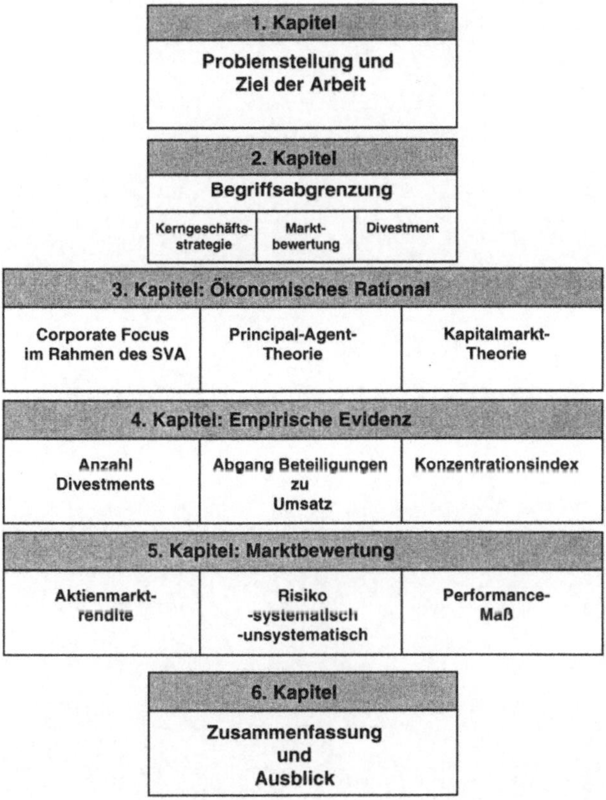

2. Begriffsabgrenzung

2.1 Kerngeschäftsstrategie

Eine Annäherung an den Begriff Kerngeschäftsstrategie soll zuerst über die entgegengerichtete Strategie, die Diversifikationsstrategie erfolgen, um darauf aufbauend den Inhalt von Kerngeschäftsstrategien zu definieren und abzugrenzen.

Nach Ansoff ist eine Diversifikationsstrategie die Erschließung neuer Absatzpotentiale in für das Unternehmen neuen Produktbereichen in bisher nicht bearbeiteten Märkten. (Vgl. Abbildung 2)

Abbildung 2: Die Ansoff-Matrix

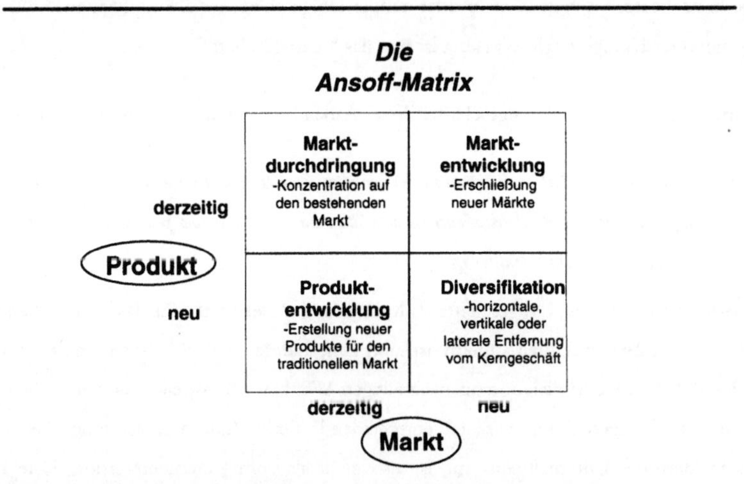

Quelle: Ansoff, I.: "Implanting Strategic Management", London 1991, S. 369ff.

Diversifikationsstrategien in Gebiete außerhalb des angestammten, traditionellen Geschäfts werden unter anderem mit erhofften Synergie-Effekten begründet, zum einen im operativen Bereich, zum anderen im finanzwirtschaftlichen Bereich. Operative Vorteile werden in Scale-Effekten[24] im Management sowie in Scope-Effekten in der Produktion und im Marketing gesehen.[25] Finanzielle

---

[24] Siehe zu einer guten Darstellung der Wirkungsweise und der empirischen Messung von Scale-Effekten Junius, K. (1997): "Economies of Scale: A Survey of the Empirical Literature", Kiel Working Paper No. 813, Kiel 1997

[25] Vgl. Comment, R./Jarrell, G.: "Corporate focus and stock returns", in JoFE 37 (1995), S. 68

Vorteile von Diversifikationen ergeben sich durch den potentiellen Risikoausgleich aufgrund unterschiedlicher Zahlungsströme,[26] die unter anderem zu niedrigeren Fremdkapitalkosten und höherer Verschuldungskapazität[27] führen können. Einen weiteren finanzwirtschaftlicher Vorteil von Diversifikationsstrategien stellt die Möglichkeit der sofortigen konzerninternen Verrechnung von Verlusten und damit positive Steuereffekte dar.[28]

Nachteile von Diversifikationen werden in möglichen Investitionen in nicht kapitalkostendeckende Bereiche und in der langfristigen Quersubventionierung von unprofitablen Unternehmensbereichen gesehen.

Spektakuläre Mißerfolge der Diversifikationsstrategie scheinen zum Teil eine Trendumkehr weg von der Verbreiterung der Geschäftsbasis hin zu Spezialisierung und Fokussierung auf die angestammten Geschäftsfelder bewirkt zu haben: Unternehmen wie Volkswagen, Daimler-Benz oder Hoechst konzentrieren sich nach mehr oder minder fehlgeschlagenen Diversifikationen wieder auf ihr angestammtes Kerngeschäft. Was aber ist nun das "Kerngeschäft"?

Die Begriffsbestimmung des Kerngeschäftes dieser Arbeit baut auf der Definition von Porter auf:[29]

> *"Core businesses are those that are in an attractive industry, have the potential to achieve sustainable competitive advantage, have important interrelationships with other business units and provide skills or attractiveness that represent a base from which to diversify."*

Nach Porter zeichnen sich Kerngeschäfte dadurch aus, daß der Markt für das entsprechende Geschäftsfeld zum einen strukturell attraktiv ist, und zum anderen, daß das Unternehmen in diesem Markt das Potential zur Erzielung von nachhaltigen Wettbewerbsvorteilen aufweist. Dabei weist nach Porter ein Kerngeschäft immer auch entscheidende Verbindungen zu den möglichen anderen Geschäftsfeldern des Unternehmens auf, ist also nicht als vom Unternehmen losgelöste Einheit denkbar. Nur auf Basis und in Nutzung der in diesem Kerngeschäft eines Unternehmens erworbe-

---

[26] Vgl. Ganz, M.: "Die Erhöhung des Unternehmenswertes durch die Strategie der externen Diversifikation", St. Gallen 1991, S. 3. Allerdings sind nach empirischen Analysen von Bühner Anleger nicht bereit, für die Risikoreduktion durch Diversifikationsstrategie eines Unternehmens einen Preis zu zahlen. Siehe Bühner, R. (1983): "Portfolio- Risikoanalyse der Unternehmensdiversifikation von Industriegesellschaften", in ZfB, 53. Jg., (1983), S. 1030. Ähnlich äußern sich auch Brealey/Meyers: "No one has shown, that investors pay a premium for diversified firms, in fact, discounts are common", in Brealey, M./Meyers, S.: "Principles of Corporate Finance", New York (1996) S. 824

[27] Vgl. Scharlemann, U.: "Finanzwirtschaftliche Synergiepotentiale von Merger & Acquisition", Bern 1996, S. 150

[28] Zu finanzwirtschaftlichen Synergiepotentialen von Unternehmenskäufen siehe Scharlemann, U. (1996). Scharlemann argumentiert, daß finanzwirtschaftliche Synergien im Vergleich zu güterwirtschaftlichen leichter zu quantifizieren und zu realisieren seien, vgl. Scharlemann, U., S. 2

[29] Porter, M. (1987), S. 58

nen Fähigkeiten kann eine Diversifikation in neue Geschäftsfelder erfolgversprechend durchgeführt werden: [30]

"The company must first make certain its core businesses are on a sound footing by upgrading management, internationalizing strategy, or improving technology. My study shows that geographic extensions of existing units, whether by acquisition, joint venture, or start-up, had a substantially low divestment rate than diversification. The company must then patiently dispose of the units that are not core business. Selling them will free resources that could be better deployed elsewhere".

Porter folgend werden im Rahmen der Untersuchung Kerngeschäftsstrategien analysiert, die bewußt unternehmerische Handlungsalternativen in "unrelated businesses" reduzieren oder nicht wahrnehmen.

Kern**geschäfts**strategien sind somit deutlich abgegrenzt zu Kern**kompetenz**strategien, die nicht Inhalt der Arbeit sind. Während Kernkompetenzen die bewußte Nutzung von bestimmten Fähigkeiten[31] in möglichst allen attraktiven Märkten meint, sind Kerngeschäftsstrategien als die bewußte Beschränkung der von einem Unternehmen bearbeiteten Märkte konzipiert. Während Kernkompetenzstrategien anstreben, spezifisches Unternehmens-Know-how in bestimmten Fertigungs- Marketing- oder Logistik-Gebieten aufzubauen und in *verschiedenen, möglichst vielen* Märkten anzuwenden und zu nutzen[32], versuchen Kerngeschäftsstrategien spezifisches Markt-Know-how in *einem oder wenigen* bestimmten Märkten aufzubauen und zu nutzen.

Somit entsprechen Kerngeschäftsstrategien eher dem **Market-based View** des strategischen Managements, das sich an Produkten, Märkten und Kunden orientiert, während Kernkompetenzen dem **Resource-based View** zuzurechnen sind, das sich an den Fähigkeiten und Ressourcen des Unternehmens zur Erzielung von Wettbewerbsvorteilen orientiert.[33] Beide Konzepte, sowohl der

---

[30] Ebenda, S. 58

[31] Z.B. die Fähigkeit von Sony zur Miniaturisierung und die von Honda zum Motorenbau. Beispiele entnommen aus Prahalad, C./ Hamel, G.: "Nur Kernkompetenzen sichern das Überleben.", in HARVARDmanager 2/1991, S. 71ff.

[32] So stellen Kernkompetenzen nach Prahalad/Hamel, den Begründern von Kernkompetenzstrategien, das Potential dar, mit dem ein **weites Spektrum von Märkten und Geschäftsfeldern** erschlossen und bearbeitet werden kann. Vgl. Prahalad, C./ Hamel, G. (1995), S. 206f.. Entsprechend sehen Stalk, Evans, Schulman als bestimmendes Merkmal von Kernkompetenzen an, daß diese **produkt- und marktübergreifend** verwendbar sind. Vgl. Stalk, G./Evans, P./Shulman, L.: "Competing on Capabilities: The New Rules of Corporate Strategy", in HBR, 70 March/April 1992, S. 57-69. Dies widerspricht diametral dem Konzept der Kerngeschäftsstrategien, die sich bewußt durch die Beschränkung auf einige wenige "Kern-" Märkte auszeichnen.

[33] Siehe zu dieser Unterscheidung z.B. Thiele, M.: "Kernkompetenzorientierte Unternehmensstrukturen, Ansätze zur Neugestaltung von Geschäftsbereichsorganisationen", Wiesbaden 1997, S. 27ff..

Market-based View[34] als auch der Resource-based View[35] ergänzen sich, sind aber von ihrer primären Orientierung klar voneinander abgegrenzt. Entsprechend dem Market-based View sind Kerngeschäftsstrategien primär an **externen** Markt- und Wettbewerbsbedingungen ausgerichtet, wohingegen Kernkompetenzen dem an **internen** Ressourcen orientierten Resource-based View entstammen. Während sich Kernkompetenzen aus internen Fähigkeiten entlang der Wertschöpfungskette ableiten, sind Kerngeschäfte über externe Märkte abgegrenzt, wie Abbildung 3 zeigt. Beide Strategien, sowohl die der Kernkompetenzen als auch die der Kerngeschäftsstrategien zielen auf das Erreichen von nachhaltigen Wettbewerbsvorteilen ab, ihre theoretische Grundlage ist aber grundverschieden.

Zusammenfassend werden Kerngeschäftsstrategien wie folgt definiert und verwendet:

> **Kerngeschäftsstrategien bezeichnen solche langfristigen unternehmerischen Handlungen, die bewußt auf diejenigen Märkte ausgerichtet sind, bei denen das Unternehmen über gewachsene komparative Wettbewerbsvorteile verfügt und diese durch Fokussierung und Aufgabe von Randbereichen auszubauen beabsichtigt.**

---

[34] Der Market-based View geht insbesondere auf Michael E. Porter zurück, der durch seine Analyse der auf ein Unternehmen einwirkenden **externen** Faktoren die strategische Managementtheorie maßgeblich beeinflußt hat. Siehe zur Markt- und Wettbewerbsanalyse und zur Industrieanalyse Porter, M.: "From Strategy to Advantage: The Evolving Competitive Paradigm", in Duffy, P.: "The Relevance of a Decade", Boston 1994, S. 243-286. Bekannt geworden ist hierbei insbesondere das "Five Forces" Konzept von Porter. Vgl. Porter, M. (1994), S. 255

[35] Nach dem Resource-based View wurde im die externen Einflüsse stark berücksichtigenden Market-based View der Einfluß der unternehmens**internen** Faktoren, insbesondere die internen Ressourcen und Fähigkeiten zur Erzielung von Wettbewerbsvorteilen zu wenig berücksichtigt. Dementsprechend wurde der "Structure-Conduct-Performance" Hypothese von Porter, die die Wettbewerbsfähigkeit insbesondere von der Industriestruktur ableitet, durch die "Resource-Conduct-Performance" Hypothese des Resource-based View Konzeptes ergänzt, die die Wettbewerbsfähigkeit insbesondere durch die internen Fähigkeiten des Unternehmens determiniert sieht. Vgl. Thiele, M. (1997), S. 5. Zum "Resource-based View" siehe Wernerfeld, B.: "A Resource-based View of the Firm", in Strategic Management Journal, 5 (1984), S. 171 -180 und Montgomery, C. (Hrsg.): "Resource-based and Evolutionary Theories of the firm: Towards a Synthesis", Boston 1995. Zu dem aus dem ressourcenorientierten Ansatz abgeleiteten Konzept der Kernkompetenzen siehe Prahalad, C./ Hamel, G.: "The Core Competence of the Corporation", in HBR, 68 (May/June 1990), 3, S. 79- 91

Abbildung 3: Abgrenzung Kerngeschäft und Kernkompetenz

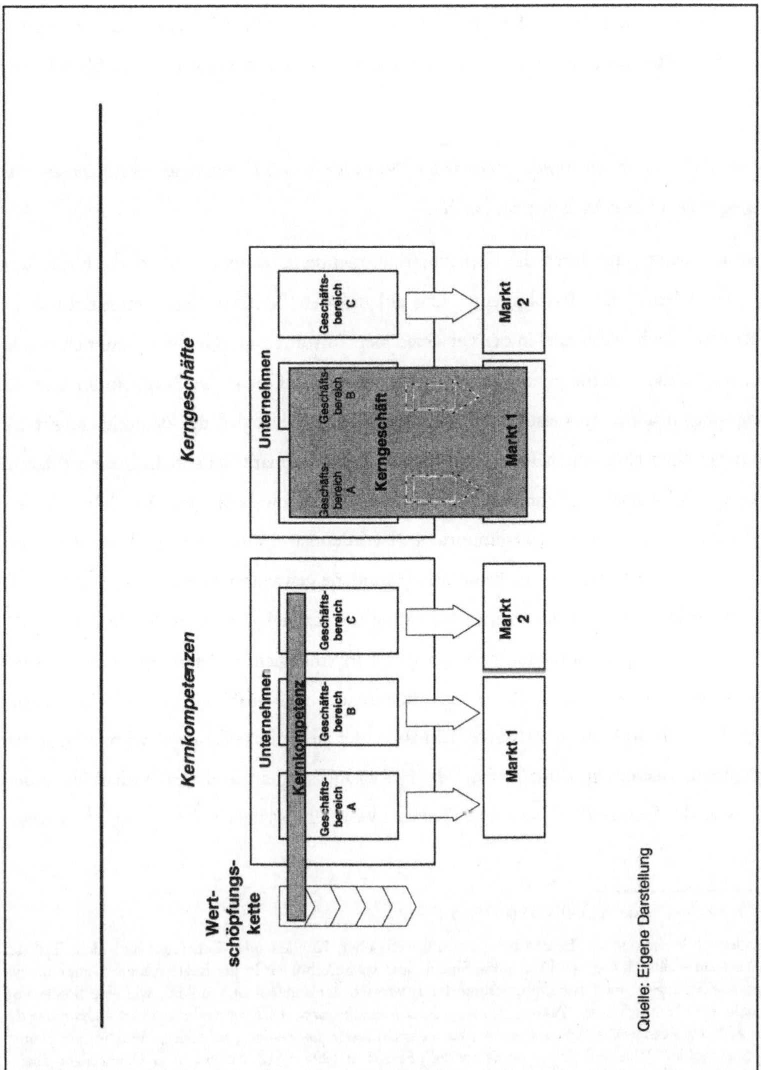

Quelle: Eigene Darstellung

2.2 Marktbewertung

Im Rahmen der vorliegenden Arbeit werden die Auswirkungen der Kerngeschäftsstrategie auf den Unternehmenswert analysiert. Dieses Kriterium wird der entscheidende Maßstab für die Beurteilung von Kerngeschäftsstrategien sein. Die Ausrichtung am Unternehmenswert oder Shareholder Value meint

> *"...eine an den Zahlungsströmen orientierte, langfristige Denkweise, die die Erwartungen der Kapitalgeber zur Meßlatte erfolgreicher Unternehmenstätigkeit macht".*[36]

Diese stark an der Bewertung durch die Kapitalmärkte orientierte Sichtweise bildet die Grundlage der vorliegenden Arbeit.[37] Die Erfolgsbeurteilung anhand des "Marktkonsens" entspricht dabei den sich ändernden Machtverhältnissen der verschiedenen Anspruchsgruppen der Unternehmen in Deutschland, auf die die Unternehmen zu reagieren haben und auf die in den Kapiteln 3.1 und 4.2 detailliert eingegangen wird. An dieser Stelle sei lediglich angeführt, daß der deutsche Markt für Eigenkapital inzwischen eher einem Käufer- als einem Verkäufermarkt entspricht. Dies ist darauf zurückzuführen, daß Deutschland zum einen durch den vereinigungsbedingten Wandel vom Netto- Kapitalexporteur zum Netto- Kapitalimporteur geworden ist und daß zum anderen durch die Globalisierung der Kapitalmärkte sowie die damit verbundene gewachsene Bedeutung von internationalen institutionellen Anlegern die Anspruchshaltung der Kapitalgeber gestiegen ist.[38] Dementsprechend erfolgt die Erfolgsbeurteilung von Kerngeschäftsstrategien in Deutschland im Rahmen dieser Arbeit anhand der Beurteilung durch den Aktienmarkt nicht aufgrund ideologischer Werte, sondern trägt den sich ändernden Machtverhältnissen der unterschiedlichen Anspruchsgruppen eines Unternehmens Rechnung. Zudem bietet die Erfolgsmessung anhand von Aktienkursen den Vorteil, daß diese die "Konsens-Erwartungen" der Investoren bezüglich der *zukünftigen* Erträge

---

[36] Bühner; R.: "Shareholder Value", in DBW 53 (1993a) 6, S. 749

[37] Interessen anderer Stakeholder wie Beschäftigte, Fremdkapitalgeber, Kunden oder Zulieferer sind nicht Teil der Arbeit. Ein Wort zur vielbeschworenen Diskussion Shareholder vs. Stakeholder: In der Regel führen unternehmenswertmaximierende Strategien auch zur Optimierung der Interessen der anderen Stakeholder, wie eine Studie von Schöder Münchmeyer Hengst zeigte: *"None of the value-oriented companies pursue a policy of worker exploitation, but rather they utilise the scope left by social and legal restrictions to achieve growth; and this benefits stakeholders."*, Schröder, Münchmeyer Hengst & Co.: "On Shareholder Value and the Value of Shares", Frankfurt 1996, S. 12. Zudem ist in Deutschland alleine durch die Mitbestimmung eine ausschließliche Aktionärsorientierung ausgeschlossen, vgl. Schmidt, R. "Das Shareholder Value-Konzept"; in Fritsch, U./Liener, G./Schmidt, R. (Hrsg.): "Die deutsche Aktie, Festschrift zum vierzigjährigen Bestehen des Deutschen Aktieninstitutes e.V.", Stuttgart 1993, S. 278. Der oft angeführte Trade-Off zwischen Eigentümerinteressen und Arbeitnehmerinteressen besteht dabei nach einer Untersuchung von Stelter nicht: Diese ermittelten sowohl bei amerikanischen als auch bei deutschen Unternehmen eine positive Korrelation zwischen Marktverzinsung und Beschäftigungswachstum. Vgl. Stelter, D.: "Shareholder Value und Beschäftigung", in Achleitner, A. K./ Thoma, G.: "Handbuch Corporate Finance", Frankfurt 1997, S. 5

[38] Vgl. Achleitner, A. K. /Achleitner, P.: "Ansatzpunkte unternehmerischer Erfolgsstrategien", in Achleitner, A. K./ Thoma, G.: "Handbuch Corporate Finance", Frankfurt 1997, S. 7

widerspiegeln und somit im Gegensatz zu bilanziellen Kennzahlen zukunftsgerichtet sind. Damit antizipieren Aktienkurse am ehesten die Auswirkungen von zukünftigen Strategien.

2.3 Divestments

Divestments sind eine mögliche unternehmerische Strategie der Marktwertsteigerung im Sinne des Shareholder Value-Konzeptes.[39] Prinzipiell lassen sich drei Handlungsalternativen der Marktwertsteigerung unterscheiden:[40] Zum einen können die Cash Flows eines Unternehmens z.B. durch **Erhöhung der operativen Effizienz** optimiert werden.[41] Zum zweiten kann der Marktwert durch **Wachstum** in den Bereichen des Unternehmensportfolios erhöht werden, in denen die Rendite die Kapitalkosten übersteigt.[42] Zum dritten kann das **Unternehmensportfolio optimiert** werden. Bei dieser dritten Handlungsalternative lassen sich die Handlungsparameter Akquisitionen, Fusionen inklusive Strategischer Allianzen und Joint Ventures sowie Divestments unterscheiden. Während zu den erstgenannten Optionen der Optimierung des Unternehmensportfolios recht umfangreiche wissenschaftliche Arbeiten vorliegen, existieren empirische Aussagen zu strategischen Divestments nur in begrenzter Zahl. Dies ist um so bemerkenswerter, wenn man den tatsächlichen Umfang der Merger & Akquisition (M&A)-Aktivitäten getrennt nach Akquisitionen und Divestments analysiert. So machen in den USA Divestments etwa 35 bis 45% der gesamten M&A-Aktivitäten aus (Vgl. Tabelle 1).

Divestments werden in der vorliegenden Arbeit entsprechend Rosenfeld abgegrenzt: [43]

> *"A divestment is an alteration of the firm's productive asset portfolio and is accomplished by either spinning-off or selling-off the unwanted assets".*

Entscheidend bei dieser Abgrenzung ist, daß zum einen lediglich die Abspaltung von wertschöpfenden Unternehmensteilen (*"productive asset portfolio"*) als Divestment bezeichnet wird und zum anderen nur freiwillige Abspaltungen (*"unwanted assets"*) Divestments darstellen. So werden Unternehmensverkäufe zum Beispiel wegen kartellrechtlicher Auflagen diesem Divestment-Begriff nicht zugeordnet. Dieser Definition von Rosenfeld folgt auch die vorliegende Arbeit, betrachtet werden

---

[39] Siehe dazu detailliert Kapitel 3.1.1.3

[40] Vgl. Deutsche Morgan Grenfell (1996), S. 18 und Stelter, D. (1997a): "Wertorientierte Unternehmensführung", in Achleitner, A. K./ Thoma, G. (Hrsg.): "Handbuch Corporate Finance", Frankfurt 1997, S. 7ff.

[41] Vgl. dazu ausführlicher Kapitel 3.1.1.3

[42] Vgl. dazu ausführlich Kapitel 3.1.1.1

[43] Rosenfeld, J.: "Additional Evidence on the Relation Between Divestiture Announcement and Shareholder Wealth", in JoF, Vol. XXXIX, No. 5, December 1984, S. 1437

damit im folgenden vorwiegend freiwillige, strategisch motivierte Unternehmensverkäufe von operativen Unternehmensteilen.

Tabelle 1: Anzahl Divestments und Anteil Divestments an den gesamten M&A-Aktivitäten in den USA

Jahr	Anzahl Divestments	Anteil Divestments an M&A-Aktivität
1980	666	35%
1981	830	35%
1982	875	37%
1983	932	37%
1984	900	36%
1985	1.218	41%
1986	1.259	38%
1987	807	35%
1988	894	40%
1989	1.055	45%
1990	940	45%
1991	849	45%
1992	1.026	40%

Quelle: Copeland, T./Koller, T./Murrin, J. (1996), S. 429

Divestments sind prinzipiell zu unterscheiden nach der **Art** der Durchführung und den zugrunde liegenden **Motiven**. Die ebenfalls gebräuchlichen Terminologien Desinvestitionen, Disinvestments und Desinvestments werden im folgenden als synonym gebraucht.

2.3.1 Arten von Divestments

In der vorliegenden Arbeit werden, wie oben ausgeführt, nur Divestments betrachtet, die zum operativen Geschäft des Verkäufers gehören. Beim Unternehmensverkauf lassen sich vier Formen unterscheiden: Spinoffs, Selloffs, Leveraged Buyouts und Equity Carve Outs.

2.3.1.1 Selloffs

Nach Alexander/Benson/Kampmeyer sind Selloffs wie folgt charakterisiert: [44]

"Selloffs are defined as the selling of some of the assets of a parent firm, such as a subsidiary, division, or product line, to another firm. Payment is generally in the form of cash and securities, where the latter generally consists of liabilities of the purchaser, and is not (at least initially) distributed to the stockholders."

Selloffs sind demnach vollständige Veräußerungen eines Unternehmensbereiches oder entsprechender Assets an ein anderes Unternehmen. Bestehende Aktionäre erhalten keine Anteile an den veräußerten Unternehmensteilen.[45]

2.3.1.2 Spinoffs

Anders als die erwähnten Selloffs werden bei Spinoffs als zweite Unterform von Divestments die abzuspaltenden Unternehmensteile nicht an ein anderes Unternehmen verkauft, sondern durch Ausgabe von neuen Aktien an bestehende Aktionäre des abspaltenden Unternehmens verteilt.[46]

Ebenso wie beim Selloff handelt sich also um eine Herauslösung eines Unternehmensbereiches aus dem Konzernverbund, bei der aber die desinvestierten Aktiva in eine neue unabhängige Unternehmung eingehen, bei der die Aktionäre der desinvestierenden Firma Aktien der neuen Gesellschaft erhalten.[47] Daraus können sich Steuervorteile von Spinoffs gegenüber Selloffs ergeben.[48]

Ein aktuelles, sehr erfolgreiches Beispiel für einen Spinoff ist Ciba Speciality Chemicals mit einer Marktkapitalisierung von 7,5 Milliarden Schweizer Franken, die von der fusionierten Life-Science

---

[44] Alexander, G./Benson, P./Kampmeyer, J.: "Investigating the Valuation Effects of Announcements of Voluntary Corporate Selloffs", in JoF, Vol. XXXiX, No. 2, June 1984, S. 503

[45] Vgl. auch Achleitner, P./ Herden, R./Reiche, C. (1997), S. 10

[46] Vgl. Carey, D./Elson, E./ Raul, R.: "When a spinoff is on the board´s agenda", in Directors & Boards, Winter 1997, S. 44

[47] Vgl.: Strutz, E.: "Wertmanagement von Banken", Bern 1993, S. 334 und Schultze, G.: "Der spin-off als Konzernspaltungsform", Frankfurt 1998, S. 12ff.. Rechtliche Grundlage für deutsche Spinoffs bildet mit Wirkung vom 1.1.1995 das "Gesetz zur Bereinigung des Umwandlungsrechtes" (UmwG) und da insbesondere § 123 II Nr. 1 und Nr. 2. Siehe dazu z. B. Bühner, R.: "Unternehmensspaltung- Motive und Aktienmarktreaktionen", in zfbf 50, 9/1998, S. 810

[48] Siehe zu möglichen steuerlichen Konsequenzen von Betriebsaufspaltungen zum Beispiel Sauer, O./Schwarz, H.: "Steuerliche Folgen der Betriebsveräußerung und Betriebsaufgabe", Bielefeld 1997, S. 203-212, Ebel, T.: "Besteuerung der Ausgliederung und Spaltung bei Unternehmensumstrukturierungen", Bielefeld 1998 und Dötsch, E.: "Das neue Umwandlungssteuerrecht ab 1995", Stuttgart 1996

Gruppe Novartis abgespalten wurde.[49] Gegenüber einer Kapitalerhöhung weisen Spinoffs nach Stewart/Glassman folgenden Vorteil auf: [50]

"Offering the public stock of a subsidiary unit stands in contrast to the method that force the disgorgement of cash. A partial public offering binds the use of cash. Investors know that the cash raised from such a public sale will be used by the unit they have chosen to invest in, unlike an offering by the parent, where the funds raised must flow through a pachinko machine of competing internal uses with no assurance they will ever reach the most promising ventures."

Danach besitzt der Spinoff eines Unternehmensteils gegenüber einer Kapitalerhöhung der Muttergesellschaft den Vorteil, daß das durch die Neuemission erzielte Kapital direkt in den abgespaltenen Unternehmensteil fließt. Dies ist bei einer generellen Kapitalerhöhung der Muttergesellschaft zu Erhöhung des Kapitals eines bestimmten Unternehmensteils so eindeutig nicht zu erwarten, da davon auszugehen ist, daß verschiedenste Unternehmensteile Ansprüche an die Erhöhung der Kapitalausstattung anmelden werden.

Nach J.P. Morgan müssen Unternehmensteile folgende drei Bedingungen erfüllen, um als Spinoff geeignet zu sein:[51]

A) Das Unternehmen ist unterbewertet

B) Die operative Performance des abzuspaltenden Unternehmensteils liegt unter ihrem Potential

C) Der abzuspaltende Unternehmensteil stellt einen substantiellen Teil der Marktkapitalisierung des Gesamtunternehmens dar.

Dabei ist das Hauptmotiv und das wesentliche Charakteristika von Selloffs und Spinoffs identisch:[52]

"In both spin-offs and sell-offs, a segment of the company is effectively separated from its existing management. Both decisions could emanate from the parent's desire to specialize in a limited number of business activities."

---

[49] Vgl. Ball, M.: "How a spin-off could lift your share value", in Corporate Finance, No. 150, May 1997, S. 24

[50] Vgl. Stewart, B./Glassman, D. (1989a), S. 91

[51] Vgl. Ball, M. (1997), S. 28

[52] Jain, P.: "The Effect of Voluntary Sell-off Announcements on Shareholder Wealth", in JoF, Vol. XI, March 1985, S. 209

Sowohl Selloffs als auch Spinoffs sind demnach Handlungsalternativen der oben abgegrenzten Kerngeschäftsstrategie, also der bewußten spezialisierten Bearbeitung von wenigen, klar abgegrenzten Märkten.

2.3.1.3 Leveraged Buyouts

Leveraged Buyouts, auch als Going Private bekannt, sind der Kauf von Unternehmensteilen oder auch ganzer Unternehmen durch einige wenige Investoren und oder Fonds, in der Regel unter Zuhilfenahme eines relativ hohen Anteils an Fremdkapital.[53] Die vormalige Börsennotierung wird aufgelöst, daß Unternehmen bzw. der Unternehmensteil geht in die Hände weniger privater Investoren.[54]

Je nach Art der Investoren werden verschiedene Unterformen von Leveraged Buyouts unterschieden. Sehr häufig erfolgen Leveraged Buyouts unter Zuhilfenahme von spezialisierten Leveraged Buyout Fonds. Diese akquirieren und verwalten Gelder von institutionellen Anlegern. Bei reinem Unternehmenskauf durch solche institutionelle Käufer wird auch von Investor Buyout gesprochen.[55] Beim Management Buyout (MBO)[56] handelt es sich um den Verkauf der Unternehmensteileinheit an das bestehende Management. In der Regel beteiligt sich ein Teil des bestehenden Managements am Unternehmenskauf, also auch bei Leveraged Buyouts und Investor Buyouts, so daß diese Abgrenzung nach Art der Investoren wenig trennscharf erscheint.[57]

Die Einbeziehung des bisherigen Managements in die neue Eigentümerstruktur des Leveraged Buyouts besitzt für die Investoren den Vorteil, daß das bisherige Management-Know-how erhalten bleibt und so die nötige unternehmerische Kontinuität gewahrt werden kann. Für das bisherige Management auf der anderen Seite bietet eine Teilnahme an dem Buyout den Vorteil, daß es unmittelbar am Erfolg der Unternehmen beteiligt wird und somit durch den Wechsel vom Angestell-

---

53 Vgl. Drukarczyk, J.: "Management Buyouts", in Regensburger Diskussionsbeiträge zur Wirtschaftswissenschaft, Nr. 248, Regensburg 1992, S. 5

54 Natürlich existieren gerade in Deutschland eine Vielzahl von Leveraged Buyouts auch von nicht börsennotierten Unternehmen.

55 Vgl. Robbie, K./Wright, M.: "Recent Developments in German and Swiss Buy-outs", in M&A Review 9/97, S. 378

56 "*In a typical management buyout, a newly formed shell corporation which is privately owned by the acquiring management team acquires the divested unit from the original parent company*". *Siehe* Hite, G./Vetsuypens, M.: "Management Buyouts of Divisions and Shareholder Wealth", in JoF, Vol. XLIV, NO. 4, September 1989, S. 953. Zudem werden noch Management Buyins unterschieden, bei denen ein unternehmensexternes Management-Team die Unternehmensleitung übernimmt.

57 Vgl. Pütter, T.: "Management Buy-Outs", in Achleitner, A. K./ Thoma, G. (Hrsg.): "Handbuch Corporate Finance", Frankfurt 1997, S. 3

tenverhältnis zum Unternehmer mit dem entsprechenden Risk-Return Exposure unmittelbare Verantwortung übernehmen kann.[58]

Der Verkauf von Randbereichen bedingt somit, daß durch die personelle Übereinstimmung von Anteilseigner und Management einerseits und den Druck der hohen Fremdkapitalkosten andererseits eine attraktive Anreizstruktur vorliegt, die die Grundlage für effizienzsteigernden unternehmerischen Einsatz bilden und attraktive Renditen ermöglichen kann.[59] Produktivitätsgewinne durch Leveraged Buyouts können damit durch Entscheidungsmanagement- und Entscheidungskontroll-Vorteile entstehen: Entscheidungsmanagement ist dabei die Initiative und Implementierung von Entscheidungen, Entscheidungskontrolle die Ratifikation und das Monitoring derselben.[60]

Analysen über den Erfolg von Leveraged Buyouts bestätigen die Erfolgsträchtigkeit dieser Option. So zeigen Hite/Vetsuypens in einer Studie von 151 Buyouts in den USA, daß die Aktionäre des verkaufenden Unternehmens signifikante Wertsteigerungen unmittelbar nach dem Verkauf erzielen. Diese begründen die Autoren mit vom Aktienmarkt erwarteten Produktivitätssteigerungen der Buyouts, an denen Anteilseigner des verkaufenden Unternehmens partizipieren. Im Durchschnitt der untersuchten Buyouts hat der Verkauf nach Hite/Vetsuypens zu einer effizienten Allokation der Unternehmensressourcen hinsichtlich der Optimierung des Unternehmenswertes beigetragen und die Aktionäre des verkaufenden Unternehmens an den erwarteten Produktivitätsfortschritten beteiligt.

Renommiertes Beispiel für Abspaltungen von Randbereichen mittels Leveraged Buyouts in Deutschland ist die Daimler-Benz AG mit ihrem Verkauf der AEG in Form von neun MBO-Gesellschaften.[61] Auch die Siemens AG trennte sich von ihrem Randbereich Dentaltechnik 1997 über einen Leveraged Buyout, ebenso die Krupp Thyssen AG in 1998 von Thyssen Schulte Bautechnik GmbH.[62]

Neben diesen Abspaltungen von Unternehmensteilen in Form von Leveraged Buyouts, also Divestments im Sinne dieser Arbeit, bildet der vollständige Verkauf von Unternehmen an neue Besitzer insbesondere auch aufgrund von Generationswechseln ein weiteres wichtiges Motiv von Buy-

---

58 Vgl. Pütter, T. (1997), S. 4

59 Siehe zur Principal Agent Theorie Kapitel 3.2 der vorliegenden Arbeit.

60 Vgl. Hite/Vetsuypens (1989), S. 955

61 Vgl.. Robbie, K./Wright, M.: "Recent Developments in German and Swiss Buy-outs", in M&A Review 9/97, S. 378

62 Siemens verkaufte den Bereich Dentaltechnik an Schroders. Krupp Thyssen verkaufte die Thyssen Schulte Bautechnik GmbH an die amerikanische Buyout-Gesellschaft Clayton, Dubillier & Rice.

outs. Ein drittes Motiv von Buyouts besteht in der Privatisierung von ehemaligem Staatsbesitz.[63] Inzwischen allerdings bilden die oben beschriebenen Abspaltungen von Konzernbereichen, also Divestments, den größten Teil des deutschen Buyout-Marktes, laut M&A Review machen Divestments im deutschen Buyout-Markt über 60% aller Transaktionen aus.[64] Das Magazin begründet die wachsende Bedeutung von Divestments für den deutschen Buyout-Markt wie folgt:[65]

> *"The rise over the past few years in Germany in the importance of local divestments reflects the increasing emphasis on corporate restructuring as companies have faced both mounting economic and financial pressures and the emergence of more emphasis on shareholder-value. After the trend in the late 1980s and early 1990s towards acquisitions as a means of diversification, a significant number of large German groups are now examining ways of re-ordering their portfolio of subsidiaries. A prepareness to divest has emerged which generally did not exist some years ago."*

Offensichtlich sind für den deutschen Buyout-Markt die im Rahmen dieser Arbeit untersuchten Abspaltungen von Randbereichen von Konzernen im Rahmen einer Kerngeschäftsstrategie der entscheidende Einflußfaktor bezüglich des Volumens dieses Marktes.

2.3.1.4 Equity Carve Outs

Ein Equity Carve Out ist *"a sale of shares in the subsidiary to the public"*[66]. Im Gegensatz zu Spinoffs werden beim Equity Carve Out neue Aktien der Tochtergesellschaft nicht an die bestehenden Aktionäre ausgegeben, sondern neuen Investoren angeboten. Dementsprechend stellt Brealey/Meyers einen Equity Carve Out als Unterform des Selloffs dar, da in beiden Fällen das Mutterunternehmen Zahlungsströme erhält, während beim Spinoff lediglich Aktien zwischen den bestehenden Aktionären ausgetauscht bzw. transferiert werden.[67]

---

[63] Ein Beispiel hierfür bildet der Verkauf der vormals der Bundesrepublik gehörenden Tank und Rast AG 1998.

[64] So schreibt das Magazin: *"Despite the perception that in many continental countries, family succession issues provide the best opportunities for the development of buy-outs, divestments remain the most important single source of deals across Europe"*, siehe Robbie, K./Wright, M. (1997), S. 379

[65] Robbie, K./Wright, M. (1997), S. 379

[66] J.P. Morgan (1997), S. 20

[67] Vgl. Brealey, R./Meyers, S. (1996), S. 679

Tabelle 2: Arten von Divestments

	Selloff	Spinoff	LBO	Equity Carve Out
Neuer Besitzer	Unternehmen B	Altaktionäre von Unternehmen A	Management A/ Investoren	Neuaktionäre
Zahlungswirsam für desinvestierendes Unternehmen A	Ja	Nein	Ja	Ja
Börsennotierung des desinvestierten Unternehmensteils	Nein	Ja	Nein	Ja
Grad der Unabhängigkeit	Gering	Mäßig	Hoch	Hoch
Beispiele	•AEG Electrocom von Daimler-Benz an Siemens •Marbert GmbH von Hoechst an Lóreal	•Ciba Speciality Chemicals (Novartis)	•Behring Diagnostics (Hoechst) •Sirona (Siemens) •AEG Sensortechnik (Daimler-Benz)	•SGL-Carbon (Hoechst)

Quelle: Eigene Darstellung

Durch Equity Carve Outs wird damit eine gesellschaftsrechtlich neue Gesellschaft geschaffen. Zusammenfassend sind die im Rahmen dieser Arbeit unterschiedenen vier Typen von Divestments, die jeweils mögliche Handlungsalternativen von Kerngeschäftsstrategien bilden, in Tabelle 2 dargestellt.

2.3.2 Motive für Divestments

Nachdem Divestments als eine strategische Handlungsalternative im Rahmen von Kerngeschäftsstrategien im vorigen Abschnitt nach ihrer *Art* unterteilt wurden, werden Divestments in diesem Abschnitt nach dem unterliegenden *Motiv* unterschieden: Prinzipiell lassen sich drei Motive für Divestments unterscheiden:[68]

---

[68] Vgl. Kaplan, S./Weisbach, M.: "The Success of Acquisitions: Evidence from Divestitures", in JOF, Vol. XLVII, No. 1, March 1992, S. 107. Zu Motiven von Divestments siehe auch Rechsteiner, U.: "Desinvestitionen zur Unterneh-

A) Strategische Gründe im Rahmen einer Kerngeschäftsstrategie

B) Trennung von einem verlustbringenden Konzernteil

C) Finanzmittelbeschaffung für andere Investitionen

Bei der **strategischen Portfolio-Optimierung** im Sinne einer Konzentration (1) im Rahmen einer Kerngeschäftsstrategie ist es das Ziel, durch unmittelbare unternehmerische Verantwortung und vergrößerte Marktnähe einerseits[69] und Reduktion von Principal-Agent-Konflikten[70] und damit verbesserte Corporate Governance andererseits den Unternehmenswert zu steigern. Divestments aufgrund eines solchen strategischen Motivs erfolgen anhand folgender Fragestellung: Ist der Unternehmensteil mehr wert, wenn er aus dem Konzernverbund herausgelöst wird, oder kann das Mutterunternehmen soviel Synergien und Kompetenzen bieten, daß der Unternehmenswert des Unternehmensteils innerhalb des bisherigen Mutterunternehmens bei seinem Optimum liegt?

Entscheidend bei der Beurteilung von potentiellen Divestments ist eine komparative Vorteilsbetrachtung: Wenn ein Unternehmensteil für einen Außenstehenden ein höheres Potential bietet als in der bestehenden Verbindung, ist ein Verkauf durchzuführen. Dabei kommt es auf den relativen Wert des Unternehmensteiles, nicht auf den absoluten an: Wenn ein Unternehmensbereich unter einer neuen Führung mehr Wert generieren kann als unter der bisherigen, ist dieser Unternehmensteil zu verkaufen; auch wenn dieser in der bisherigen Verbindung erfolgreich war: Die neue Verbindung bietet komparative Vorteile gegenüber der alten Kombination.[71]

Ein zweites entscheidendes Motiv für Divestments bildet der Fall, daß sich Unternehmen von unprofitablen und **verlustbringenden Unternehmensbereichen trennen** (2). Hier stehen keine strategischen, proaktiven Motive im Vordergrund, sondern einzig die Absicht, sich Verlustbringern zu entledigen. In gewissem Maße wird dieses Motiv konterkariert durch steuerliche Vorteile verlustbringender Unternehmensteile, die unabhängig bestehende Unternehmensteile nicht bieten.[72] So können Verluste innerhalb von Konzernen mit Gewinnen verrechnet werden. Majd/Myers

menswertsteigerung", St. Gallen 1994, S. 37ff. und Dohm, L.: "Die Desinvestition als strategische Handlungsalternative", Frankfurt 1989, S. 48ff.

69 Vgl. Bühner, R.: "Marktwert und Realteilung", in ZfB, 54. Jg. (1984), H. 10, S. 948

70 Siehe dazu Kapitel 3.1.3.

71 Vgl. Stewart, B./Glassman, D.: "The Motives and Methods of Corporate Restructuring: Part II", in JoACF, (1989b); Vol. 2, No. 2, S. 79 und Hite, G./Owers, J.: "Security Price Reactions around Corporate Spin-Off Announcements"; in JoFE 12 (1983), S. 413. Diese führen als Beispiel einen Energieversorger an, der eine Wachstums-Technologie-Firma besitzt. Während der Energieversorger zur Kapitalkostenredukion eine hohe Fremdkapitalfinanzierung anstrebt, wäre für das Tochterunternehmen eine hohe Eigenkapitalfinanzierung zur Wachstumsfinanzierung optimal. Nach Hite/Owers lohnt sich in diesem Fall ein Spinoff, wenn der Nutzen der individuell optimierten Kapitalstruktur die Kosten der Teilung übersteigen.

sprechen hier von Steuerasymmetrien[73], da undiversifizierte Unternehmen im Gewinnfall Steuern zahlen, bei Verlusten allerdings keine Zahlungen vom Finanzamt erwarten können. Dies wird zwar durch die Möglichkeit des Verlustvor- bzw. Nachtrages gemildert, aber nicht völlig beseitigt, wie Analysen von Majd/Myers zeigen.

Ein zusätzliches Hindernis von Divestments von unprofitablen Unternehmensteilen ist in der Principal-Agent-Thematik zu sehen:[74] Durch die Trennung von Eigentum und Kontrolle entstehen inhärente Konflikte: Das Management verfolgt die eigene Nutzenoptimierung. Nur wenn dies in vollem Maße mit den Interessen der Eigentümer übereinstimmt, handelt das Management im Sinne der Unternehmenseigner. Dies ist häufig nicht der Fall: Die Verringerung des Einflußbereiches des Managements reduziert zum einen in vielen Fällen dessen Entlohnung, da diese nicht selten wesentlich durch die Größe des Unternehmens bestimmt wird[75], zum anderen aber auch seine Macht. Aus diesem Rational heraus ergibt sich die Tendenz, daß das Management eines Unternehmens die Verringerung seines Einflußbereiches durch Divestments von unprofitablen Unternehmensteilen hinauszögert bzw. vermeidet.

> *"Human nature fights economic rationale. Size supplants shareholder value as the corporate goal. The company does not sell a unit even though the company no longer adds value to the unit. While the transformed units would be better off in another company that had related businesses, the restructuring company instead retains them."*[76]

Das dritte dominierende Motiv für Divestments ist in **der Finanzmittelbeschaffung für die verbleibenden Assets** und/oder zusätzliche Akquisitionen zu sehen. Auch diesem Motiv unterliegen Überlegungen zur Optimierung des Unternehmenswertes: Wenn die erwarteten zukünftigen Discounted Cash Flows des zu verkaufenden Unternehmensteils geringer sind als diejenigen anderer interner oder externer Unternehmensteile, die Investitionen erfordern, bietet sich als Finanzierung ein Divestment des bestehenden Unternehmensteils an.

---

[72] Vgl. Berger, P./Ofek. E. (1995), S. 41

[73] Vgl. Majd, S./Myers, S.: "Tax asymmetries and corporate income tax reform", in Feldstein, M. "Effects of taxation on capital accumulation", Chicago 1987

[74] Vgl. hierzu Kapitel 3.2

[75] Vgl. Vgl. Jensen, M.: "Agency Costs of Free Cash Flow, Corporate Finance and Takeovers", in AER, May 1986, S. 323 und Bühner, R. (1998), S. 811

[76] Porter, M. (1987), S. 54

1992 ermittelten Kaplan/Weisbach die Motive für amerikanische Divestments:[77] Es wurden 119 Divestments und deren Gründe erfaßt: Als Quelle diente zum einen das Motiv des Divestments, das von den Unternehmen offiziell angegeben wurde; zum anderen wurden die Begründungen in den relevanten Publikationen (Wirtschaftspresse etc.) ausgewertet. Bemerkenswert war, daß das Motiv "Konzentration/Fokussierung der Strategie" von den Unternehmen deutlich häufiger genannt wurde als in der Wirtschaftspresse, die wesentlich häufiger als Grund für das Divestment "Negative Performance" nannte. Diese Fälle wurden entsprechend der Klassifikation der externen Presse zugeordnet. Die prozentualen Anteile der Motive der Studie von Kaplan/Weisbach sind in Tabelle 3 aufgeführt.

Tabelle 3: Motive für Divestments: USA 1990-1992

Motiv	Angaben in Prozent
Change focus or corporate Strategy	41,7%
Sale to finance acquisition	28,2%
Unprofitability	21,4%
Other*	3,9%
Good Price	2,9%
Antitrust	1,9%

Quelle: Kaplan, S./Weisbach, M. (1992), S. 113
*Need Cash; to defend against takeover

Wichtig an den Ergebnissen von Kaplan/Weisbach für die vorliegende Studie ist, daß die Mehrzahl der Divestments aus strategischen Motiven im Rahmen einer Fokussierung der Unternehmenstätigkeit erfolgen und somit nicht ohne Grund einen Schwerpunkt der vorliegenden Arbeit bilden werden. Den meisten genannten Motiven amerikanischer Divestments ist zudem gemeinsam, daß über diesen Weg, sei es ein Selloff oder ein Spinoff, der Unternehmenswert gesteigert werden soll. Dies kann durch Spezialisierungsvorteile einer Corporate Focus-Politik, durch erhöhte Gewinne beim Abstoßen von unprofitablen Unternehmensteilen oder ertragreichere Verwendung der Mittel durch Divestments geschehen. Dies begründet einen weiteren Schwerpunkt dieser Arbeit, nämlich den des Shareholder Value-Konzeptes.

[77] Vgl. Kaplan, S./ Weisbach, M. (1992), S. 113ff.

Die in der vorliegenden Arbeit zu prüfende Hypothese wird sein, ob solchermaßen motivierte Divestments im Zuge einer Fokussierung auf das Kerngeschäft tatsächlich auch in Deutschland den Unternehmenswert erhöhen, wie es zum Beispiel Markides/Berg für den amerikanischen Markt vertreten:[78]

"The capital market will value a divestiture positively only if the divestiture enables a firm to become more efficient. This could be achieved, for example, if a firm sells units that are not closely related to its strategic core. It would then be able to focus its attention and resources on a few closely related businesses, and hence improve its productivity."

Dieser Argumentation zufolge fällt je nach unterliegendem Motiv die Bewertung durch den Aktienmarkt unterschiedlich aus. Auch diese Überlegung wird im empirischen Teil dieser Arbeit zu überprüfen sein.

[78] Markides, C./Berg, N.: "Good and Bad Divestments: The Stock Market Verdict", in LRP, Vol. 25, No. 2, S. 12

3. Konzentration auf das Kerngeschäft: Ökonomisches Rational

Die Strategie der Konzentration auf das Kerngeschäft wird im Rahmen der vorliegenden Arbeit sowohl aufgrund ihrer empirischen Ergebnisse in Deutschland als auch aufgrund ihres ökonomischen Rationals hin untersucht. Zur Überprüfung des ökonomischen Rationals werden im folgenden drei theoretische Konzepte herangezogen, vor deren Hintergrund eine strategische Beurteilung und Einordnung von Kerngeschäftsstrategien vorgenommen wird. Diese sind neben dem aus dem Shareholder Value-Konzept hervorgegangenen Corporate Focus die Principal-Agent-Theorie und die Rendite-Risiko-Konzepte der modernen Kapitalmarkttheorie.

3.1 Corporate Focus im Rahmen des Shareholder Value-Konzeptes

Das erste wirtschaftswissenschaftliche Konzept zur Evaluierung von Kerngeschäftsstrategien ist der Shareholder Value-Ansatz und die daraus abgeleitete Handlungsoption "Corporate Focus", die nichts anderes meint als die Konzentration auf Kerngeschäfte.

Die Vorgehensweise ist dabei wie folgt: Zuerst wird ein kurzer Überblick über die Idee und Methodik des Shareholder Value-Ansatzes gegeben. Darauf aufbauend werden unternehmerische Handlungsoptionen im Rahmen des Shareholder Value-Ansatzes aufgezeigt. Eine dieser Handlungsoptionen, die Strategie des Corporate Focus, wird dann detailliert analysiert.

3.1.1 Das Shareholder Value-Konzept

Im Mittelpunkt des Shareholder Value-Konzeptes steht die Orientierung der Unternehmensführung an den Interessen der Unternehmenseigner, bei Aktiengesellschaften also an den Interessen der Aktionäre.[79] Die Ausrichtung des Unternehmens auf die Optimierung des Aktionärsvermögens, in den angelsächsischen Ländern schon seit Jahren ein dominierendes Prinzip der Unternehmensführung, erfährt auch in Deutschland seit Anfang der neunziger Jahre zunehmende theoretische und praktische Beachtung. Die dabei zum Teil sehr emotional geführte Diskussion über die Dominanz von Shareholder vs. Stakeholder[80] Interessen erscheint dabei ebenso überflüssig wie uninteressant: Durch das veränderte politische und ökonomische Umfeld hat de facto eine Machtveränderung zwischen den Interessengruppen der Unternehmen stattgefunden, die wertneutral

---

[79] Vgl. Bühner, R. (1993a), S. 749

[80] Stakeholder sind nach Nowak wie folgt definiert: "*Stakeholders are all agents that have something at the stake in the firm*", siehe Nowak, E. "On Investment Performance and Corporate Governance", Bern 1997, S. 35

festzustellen ist.[81] Aufgrund des vereinigungsbedingten massiven Kapitalbedarfs der öffentlichen Hand ist Deutschland vom Kapitalexporteur zum Kapitalimporteur geworden. Der deutsche Kapitalmarkt kann aufgrund der veränderten (gestiegenen) Nachfrage den Kapitalbedarf der deutschen Unternehmen nicht mehr alleine decken, wie auch die Börsengänge deutscher Unternehmen an die Wall Street illustrieren.[82] Damit ändert sich zweierlei: Zum einen die Nationalität der Eigenkapital-Geber, zum anderen aber auch deren Ansprüche: Globales Aktienkapital wird im wesentlichen von institutionellen Investoren zur Verfügung gestellt, die eine ganz andere Anspruchshaltung gegenüber dem Management artikulieren als der private Einzelaktionär.[83]

Dieser Wandel vom Verkäufer- zum Käufermarkt des Eigenkapitalmarktes hat damit zwangsläufig die Machtverteilung der Anspruchsgruppen der Unternehmen verändert und die Ausrichtung des Managements an den Interessen der Eigentümer verstärkt. So schreibt Lewis: [84]

> *"Höhere Kapitalkosten und eine breitere, professionellere Aktionärsbasis veranlassen deutsche Unternehmen, auf Wert zu achten und ihr Portfolio zu überdenken. In ihren Pressemitteilungen sprechen Unternehmen immer häufiger von Kerngeschäften."*

Eine Unternehmenswertmaximierung als Unternehmensziel ist dabei im Sinne der neoklassischen Volkswirtschaftstheorie unumstritten[85]: Nach der traditionellen mikroökonomischen Theorie der Firma sind alle Firmen Gewinnmaximierer[86]. Dieses Ziel wird unter Berücksichtigung von Nebenbedingungen[87] maximiert. Diese Gewinnmaximierung der Unternehmen heißt nichts anderes als die Optimierung der Cash Flows über die Zeit.[88] Der abgezinste Wert der zukünftigen Cash Flows entspricht dabei dem Wert der Unternehmen. Daraus ergibt sich: Wenn die Unternehmen gewinnmaximierend handeln, optimieren sie damit auch die Zahlungströme. Bei vollkommenen Kapitalmärkten und Informationseffizienz entspricht der Barwert (Net Present Value) der erwar-

---

[81] Vgl. Achleitner, A. K./Achleitner, P. (1997), S. 7

[82] Beispiele hierfür sind Hoechst, Daimler-Benz, Veba und SAP, aber auch junge Wachstumsunternehmen wie Qiagen und LHS

[83] Vgl. Achleitner, A. K./Achleitner, P. (1997), S. 7

[84] Lewis, T.: "Steigerung des Unternehmenswertes", Landsberg 1995, S. 16

[85] Vgl. Richter, F.: "Konzeption eines marktwertorientierten Steuerungs- und Monitoringsystems", Frankfurt 1996, S. 12ff.. Zu alternativen Maximierungszielsetzungen siehe Schumann, J, : "Grundzüge der mikroökonomischen Theorie", Berlin 1987, S. 370ff.. Ein wesentlicher Grund der möglichen Abweichung vom Ziel der Gewinnmaximierung wird in der Trennung von Eigentum und Management großer Unternehmen gesehen, auf deren Auswirkungen detailliert in Kapitel 3.2 dieser Arbeit eingegangen wird.

[86] Vgl. z. B. J. Henderson/R. Quandt: "Mikroökononische Theorie, Eine mathematische Darstellung", München 1983, S. 79

[87] Solche Nebenbedingungen sind z.B. Preis und Menge der Inputfaktoren, vgl. a.a.o. S. 80ff.

[88] Vgl. Nowak, E. (1997), S.10

teten zukünftigen Zahlungsströme dem aktuellen Marktwert der Unternehmung. Das heißt, daß bei gewinnmaximierendem Verhalten der Unternehmen und vollkommenen Kapitalmärkten die Unternehmen ihre Entscheidungen entsprechend der Maximierung des Marktwertes der Unternehmen treffen.

Eine entscheidende Einschränkung dieses Zusammenhanges wird in Kapitel 3.2 analysiert: Der potentielle Interessenkonflikt zwischen Eigentümer der Firma und Management, der zu einer Abweichung vom Ziel der Unternehmenswertmaximierung durch das Management führen kann.

3.1.1.1 Methodenüberblick

Einer der theoretischen Grundlagen des Shareholder Value-Ansatzes (SVA) bildet die moderne Kapitalmarkttheorie, die insbesondere Markowitz mit seiner Portfolio-Theorie[89] und Sharpe/Lintner mit dem Capital Asset Pricing Model (CAPM)[90] begründet haben. Dabei haben Markowitz mit seinen Überlegungen zu Rendite-Risiko-Beziehungen und Sharpe mit Risiko-Kapitalkosten-Zusammenhängen wesentliche Komponenten zur Methodik des SVA entwickelt. Diese Überlegungen bildeten die Basis, auf der vor allem Rappaport in den siebziger Jahren das Konzept des Shareholder Value entwickelte.[91] Dabei ist vorab gleich darauf hinzuweisen, daß Rappaport selbst seinen Ansatz keineswegs als Wettbewerbs- bzw. Unternehmensstrategie konzipiert hat, sondern lediglich als Instrument zur Bewertung von Wettbewerbs- und Unternehmensstrategien im Hinblick auf ihr Wertsteigerungspotential.[92]

Die Grundgedanken des Shareholder Value-Ansatzes sind einfach: Im allgemeinen verlangt der Investor von Eigenkapital eine möglichst hohe Verzinsung auf sein investiertes Kapital. Die Verzinsung des eingesetzten Kapitals erfolgt dabei aus zwei verschiedenen Einkommensströmen: Einerseits dem Einkommen aus Dividendenzahlungen und andererseits Einkommen aus Kurssteigerungen (bzw. Kursverlusten).[93]

---

89 Vgl. Markowitz, H.(1952), S. 77-91

90 Vgl. Sharpe, W. (1964), S. 425-442 und Lintner, J. (1965), S. 13-37

91 Vgl. Rappaport, A.: "Creating Shareholder Value - the New Standard for Business Performance", New York 1986

92 Vgl. Rappaport, A. (1996), S. 112, oder Löhnert, P.: "Shareholder Value: Reflexion der Adaptionsmöglichkeiten in Deutschland", München 1996, S. 24

93 Vgl. im folgenden Brealey, M./Meyers, S. (1996), S. 59ff.

Aus diesen Überlegungen ergibt sich der heutige Preis P_0 einer Aktie aus:[94]

$$(1)\quad P_0 = \frac{DIV_1 + P_1}{1+r}$$

DIV_1 bezeichnet die erwartete Dividendenzahlung pro Aktie im Zeitraum eins und P_1 den erwarteten Preis der Aktie im Jahr eins. Durch Abzinsung mit dem Faktor $(1+r)$ ergibt sich der Preis der Aktie zum heutigen Zeitpunkt null. Der Zins r, mit dem die erwarteten zukünftigen Zahlungsströme der Eigenkapitalinvestoren auf den heutigen Zeitpunkt null abgezinst werden, entspricht den Opportunitätskosten der Anleger. Diese verlangen dem Risiko der Anlage entsprechend eine Verzinsung, die in der Höhe von vergleichsweise risikobehafteten Anlagen liegt. Den theoretischen Zusammenhang zwischen Risiko und erwarteter Rendite geben die Modelle von Sharpe (Capital Asset Pricing Modell), Markowitz (Portfolio-Selection) und Ross (Arbitrage Price Theory) an, nach denen sich damit auch die Kapitalkosten eines Unternehmens bzw. der Abzinsungsfaktor für eine Aktie berechnen lassen. Entscheidende Frage ist aber, was den zukünftigen Preis des Unternehmens P_1 determiniert. Hierbei gilt der gleiche Zusammenhang, der den Preis heute bestimmt:

$$(2)\quad P_1 = \frac{DIV_2 + P_2}{1+r}$$

Der Preis in Periode eins wird wiederum vom erwarteten Preis in Periode zwei und den erwarteten Dividendenzahlungen in Periode zwei bestimmt. Damit ergibt sich für den Preis der Aktie im Zeitpunkt Null durch Einsetzen von (2) in (1):

$$(3)\quad P_0 = \frac{1}{1+r}(DIV_1 + P_1) = \frac{1}{1+r}\left(DIV_1 + \frac{DIV_2 + P_2}{1+r}\right) = \frac{DIV_1}{1+r} + \frac{DIV_2 + P_2}{(1+r)^2}$$

Dementsprechend ergibt sich für P_2 wiederum durch Abzinsung der Erwartungswerte in Periode drei, so daß bei N-Perioden für den Preis einer Aktie gilt:

$$(4)\quad P_0 = \frac{DIV_1}{1+r} + \frac{DIV_2}{(1+r)^2} + \ldots + \frac{DIV_N + P_N}{(1+r)^N}$$

[94] Zur exakten Berechnung der Zahlungsströme der Kapitalgeber gehört zusätzlich der Einbezug aller Nettoeinnahmen wie z. B. Bezugsrechte, verdeckte Gewinnausschüttungen, Steuerrückerstattungen etc.. Vgl. dazu Hostettler, S.: "Economic Value Added (EVA): Darstellung und Anwendung auf Schweizer Aktiengesellschaften", Bern 1997, S. 238, Fußnote 1080

$$(5)\ P_0 = \sum_{t=1}^{N} \frac{DIV_t}{(1+r)^t} + \frac{P_N}{(1+r)^N}$$

Zusammenhang (5) ergibt nun eine interessante Erkenntnis: Wenn N gegen unendlich läuft, also der Betrachtungszeitraum auf viele Jahre ausgeweitet wird, spielt die Veränderung des Kurses keine Rolle mehr und lediglich die erwarteten Dividendenströme und der die Opportunitätskosten widerspiegelnde Abzinsungsfaktor r determinieren den Kurs heute.[95]

$$(6)\ \xrightarrow[\lim N \to \infty]{} P_0 = \sum_{t=1}^{N} \frac{DIV_t}{(1+r)^t}$$

Gehen wir nun weiter davon aus, daß das Unternehmen zu einhundert Prozent eigenfinanziert sei und keine Steuern existieren.[96] Dann ergibt sich der Unternehmenswert (SV) aus dem Produkt des heutigen Aktienpreises P_0 und der Zahl der ausstehenden Aktien im Zeitpunkt null m_0:

$$(7)\ \xrightarrow[\lim N \to \infty]{} SV_0 = m_0 P_0 = m_0 \sum_{t=1}^{N} \frac{DIV_t}{(1+r)^t} \quad \text{bzw.}$$

$$(8)\ \xrightarrow[\lim N \to \infty]{} SV_0 = m_0 P_o = \sum_{t=1}^{N} \frac{DIV_t^U}{(1+r)^t}$$

mit DIV_t^U, das die gesamten Dividendenzahlungen des Unternehmens U zum Zeitpunkt t angibt.[97] Wie ergibt sich nun aber die Höhe der Dividendenzahlung? Entscheidend ist der ökonomische Gewinn, der nicht der buchhalterischen Definition entspricht.

Quellen dieses ökonomischen Gewinns sind:

U_t = Umsatz in Periode t

$n_t A_t$ = Kapitalerhöhungen mit n_t Anzahl neuer Aktien und A_t Kurs pro Aktie

Ausgaben des Unternehmens sind:

[95] Vgl. Brealey, R./Meyers, S. (1996), S. 62 und Copeland, T./Weston, J. (1992), S. 22. An dieser Stelle sei von der unterschiedlichen steuerlichen Behandlung von Dividendenzahlungen und Kursgewinnen abstrahiert. Eine ausführliche Darstellung des Unternehmenswertes bei Berücksichtigung der unterschiedlichen steuerlichen Behandlung von Dividenden und Kursgewinnen gibt zum Beispiel Copeland, T./Weston, J. (1992), S. 554ff.

[96] Die Ergebnisse dieses Modells bleiben auch bei Aufhebung dieser Annahmen identisch, siehe Copeland, T./Weston, J. (1992), S. 554ff. Vgl. im folgenden Copeland, T./Weston, J. (1992), S. 23f. und Brealey, R./Meyers, S. (1996), S. 71f.

[97] Annahme dabei ist, daß die Zahl der ausstehenden Aktien über die Zeit gleich bleibt.

DIV_t^U = Die gesamten Dividendenzahlungen des Unternehmens U in der Periode t

K_t = Kosten des Unternehmens (Löhne, Gehälter, Faktorkosten) in t

I_t = Investitionen in Periode t

Damit gilt für jede Periode t die folgende Gleichung:

$$(9)\ U_t + n_t A_t = DIV_t^U + K_t + I_t$$

Unter der Annahme, daß keine Kapitalerhöhungen stattfinden, ergibt sich durch Auflösung nach DIV_t^U:

$$(10)\ DIV_t^U = U_t - K_t - I_t$$

Nach dieser Definition ist die Dividende die Größe, die nach Deckung aller Kosten und Investitionen verbleibt. Dies ist nichts anderes als die einfachste Definition des Free Cash Flow[98], der Betrag, der nach Deckung aller Aufwendungen, Abschreibungen und Investitionen den Kapitalgebern verbleibt.

> *"Free cash flow is the correct cash flow for this valuation model, because it reflects the cash flow that is generated by a company's operations and available to all the company's capital providers, both debt and equity."*[99]

Dementsprechend bezeichnet Copeland et al. den Free Cash Flow auch als "Cash Flow available to investors". In dem obigen Beispiel eines Unternehmens, das zu einhundert Prozent eigenfinanziert ist, entspricht der Free Cash Flow dem Betrag, der den Eigenkapitalgebern verbleibt und in Form der Dividende ausgeschüttet werden kann. Der Free Cash Flow ist ein entscheidendes Charakteristikum des Shareholder Value-Ansatzes: Für die Kapitalgeber ist einzig der ökonomische Gewinn, gemessen in tatsächlichen Zahlungsströmen relevant, der durch den Cash Flow gemessen wird. Dementsprechend werden zum Beispiel bei der Ermittlung des Gewinnes über den Cash Flow zahlungswirksame Investitionen im Gegensatz zum buchhalterischen Ansatz bereits voll im Jahr der Zahlung berücksichtigt.

Durch Einsetzen von (10) in (8) ergibt sich unter den genannten Annahmen, insbesondere die der einhundertprozentigen Eigenfinanzierung, der Wert des Eigenkapitals zu:

---

[98] Eine exakte Definition des freien betriebswirtschaftlichen Cashflow liefert Schmidt: Vgl. Schmidt, R. (1993), S. 283. Ein Beispiel für eine Free Cashflow-Berechnung eines deutschen Unternehmens zeigen Copeland, T./Koller, T./Murrin, J.: "Valuation: Measuring and Managing the Value of Companies", New York (1996), S. 399ff.

[99] Copeland, T./Koller, T./Murrin, J. (1996), S. 139

$$(11)\quad \xrightarrow[\lim N \to \infty]{} SV_o = \sum_{t=1}^{N} \frac{U_t - K_t - I_t}{(1+r)^t}$$

Unter der Annahme der vollständigen Eigenfinanzierung entspricht dieser Wert auch dem Wert des Unternehmens. Da $(U_t - K_t - I_t)$ den Free Cash Flow des Unternehmens in der Periode t darstellt (FCF_t), ergibt sich der Wert des Eigenkapitals bei einem Planungshorizont von n-Jahren und hundertprozentiger Eigenkapitalfinanzierung zu[100]:

$$(12)\quad SV_o = \underbrace{\frac{FCF_1}{1+r} + \frac{FCF_2}{(1+r)^2} + \ldots + \frac{FCF_n}{(1+r)^n}}_{\text{Barwert des Free Cashflow in Planungsperiode}} + \underbrace{\frac{SV_n}{(1+r)^n}}_{\text{Terminal Value}}$$

Der Barwert des Free Cash Flows, der die explizite Planungsperiode von n-Jahren übersteigt, wird als Terminal Value bezeichnet und als Barwert zum Zeitpunkt n berechnet und auf den heutigen Zeitpunkt abgezinst.

Grundidee des SVA ist also die Überlegung, daß die Anteilseigner eines Unternehmens eine Verzinsung ihres Investments verlangen, die sich an der Verzinsung vergleichbarer Anlagen mit vergleichbarem Risiko orientiert.[101] Daher ist der SV nichts anderes als die Summe der erwarteten zukünftigen Zahlungsströme des Unternehmens, jeweils abgezinst auf den heutigen Tag mit einem dem Risiko entsprechenden Zinssatz. Der Barwert dieser Zahlungsströme entspricht dabei dem Wert des Eigenkapitals, wenn zu hundert Prozent eigenfinanziert wird. Der SVA beantwortet damit die Frage, wie hoch der Wert des Eigenkapitals eines Unternehmens (Shareholder Value) ist. Dabei besteht folgender Zusammenhang:[102]

Unternehmenswert = Marktwert des Fremdkapitals + Marktwert des Eigenkapitals (Shareholder Value)

Dementsprechend kann bei üblicherweise vorliegender Mischfinanzierung der Wert des Unternehmens durch Berechnung des Unternehmenswertes errechnet werden, also Abzinsung des zukünftigen Free Cash Flows. Dieser Barwert (=Unternehmenswert) ist bei Unternehmensfinan-

[100]Der explizite Planungshorizont beträgt üblicherweise zwischen 4 und 10 Jahren. Siehe dazu auch Copeland, T./Koller, T./Murrin, J. (1996), S. 300f.

[101]Vgl. Rappaport, A.: "Shareholder Value, Wertsteigerung als Mass-Stab für die Unternehmensführung", Stuttgart 1995, S. 53

[102]Vgl. Rappaport, (1995), S. 54

zierung sowohl mit Eigen- als auch mit Fremdkapital um den Wert des Fremdkapitals zu reduzieren, um den Wert des Eigenkapitals zu erhalten.[103] Der Wert des Fremdkapitals wird dabei oft vereinfachend durch den Buchwert des Fremdkapitals angegeben.[104]

Diese grundlegenden Gedanken des Shareholder Value-Konzeptes kann man also wie folgt zusammenfassen:[105]

A) Der Wert wird an den langfristigen, **zukünftigen Zahlungsströmen** gemessen.

B) Kriterium für die Erfolgsbeurteilung sind die Erwartungen der Kapitalgeber, die sich aus deren Opportunitätskosten ergeben. Die Opportunitätskosten bestehen aus Renditemöglichkeiten vergleichbarer Investments und spiegeln sich bei den Berechnungen des Unternehmenswertes in den **Kapitalkosten** wieder.

C) Unternehmen schaffen dann Wert, wenn die **Rendite** von durchgeführten Investitionen deren **Kapitalkosten übersteigt**.

Entscheidend für den SVA ist die Abkehr von aus Bilanz und Gewinn- und Verlustrechnung abgeleiteten jahresabschlußbezogenen Kenngrößen zur Unternehmensbewertung.[106] Dieses soll die Neutralisierung von Bewertungs- und Ansatzwahlverfahren des Rechnungswesens bewirken.[107] Insbesondere die Erfahrungen der achtziger Jahre in den USA, in denen Unternehmen derartig unterbewertet waren, daß sie schlußendlich durch Hostile Takeovers und Leveraged Buyouts aufgekauft wurden, wird auf eine Unternehmenssteuerung mit bilanziellen Kennzahlen zurückgeführt. Nach Stern/Stewart führten diese an der Bilanz und Gewinn- und Verlustrechnung orientierten Steuerungsmaße zu erheblichen Abweichungen des tatsächlichen vom potentiellen Unternehmenswert. Demgegenüber gewährleistet eine Unternehmenssteuerung anhand der projizierten

[103] Dieser Weg entspricht der **Entity-Methode**, bei der zuerst der Unternehmensgesamtwert mittels Abdiskontierung des Free Cash Flows mit den durchschnittlichen gewogenenen Kapitalkosten, den Weighted Average Cost of Capital, ermittelt wird und davon der Wert des Fremdkapitals subtrahiert wird, um den Wert des Eigenkapitals zu erhalten. Demgegenüber ermittelt die **Equity-Methode** den Wert des Eigenkapitals direkt, indem zuerst die entziehbaren, dem Eigentümer zustehenden Cash Flows ermittelt werden und dann mit den Kosten des Eigenkapitals abdiskontiert werden. Eine dritte Methode stellt die **Adjusted Present Value-Methode** dar (APV), die zuerst den Unternehmenswert bei fiktiver hundertprozentiger Eigenkapitalfinanzierung berechnet, um dann die Vor- und Nachteile der tatsächlichen Kapitalstruktur (meist inklusive Fremdfinanzierung) wie Steuervorteile und Insolvenzrisiken zu berücksichtigen und so den Wert des Eigenkapitals zu ermitteln. Vgl. Drukarczyk, J.: "Discounted Cash Flow-Methoden", in Achleitner, A. K./Thoma, G. (1997), S. 3ff.

[104] Vgl. Schmidt, R. (1993), S. 284 und CSFB (1996): "Shareholder Value in Europe Part II", London 1996, S. 11

[105] Vgl. Bühner, R. (1993a), S. 749

[106] Vgl. Schmidt, R. (1993), S. 281

[107] Vgl. Rappaport, A. (1995), S. 19-46, Löhnert, P. (1996), S. 16, Schmidt, R. (1993), S. 281, Bühner, R. (1993), S. 750 und zu einer Zusammenfassung der Möglichkeiten des sogenannten "window-dressing" Bühner, R.: "Das Management-Wert-Konzept: Strategien zur Schaffung von mehr Wert im Unternehmen", Stuttgart 1990, S. 13ff

zukünftigen Cash Flows eine Unternehmensführung anhand des tatsächlichen Unternehmenswertes:[108]

"The actual value of a company cannot be determined from its balance sheet. It includes not only tangible assets, but also intangible ones such as customer base, R&D activities, and product image. The economic value of such intangibles is expressed in the long-term earnings prospects of the company. In addition, the greater the likelihood of future long-term earnings, the greater the value of the company. As a result, changes in the value of the company will depend on its present and projected levels of earnings, dividend payouts, and also on capital increases and discount rates."

Dementsprechend ist das meist verwendete Verfahren des SVA die Discounted Cash Flow (DCF)-Berechnung, die auf dem freien betriebswirtschaftlichen Cash Flow beruht und diesen mit jeweils relevanten Kapitalkosten auf den Gegenwartswert abzinst. Den im Detail unterschiedlichen Methoden des SVA ist gemeinsam... [109]

..."to estimate the market values of companies by calculating the discounted value of their expected future cash flows. Cash flows are typically projected for the next five years, and then discounted to their present values using market-based rates (generally based on the Capital Asset Pricing Model) that reflect the risk associated with those expected cash flows."

Diese aus der betriebswirtschaftlichen Investitionsrechnung schon lange bekannten und praktisch angewandten Ansätze werden somit auf die Unternehmensbewertung übertragen. Ebenso wie bei Überlegungen zu betriebswirtschaftlichen Investitionen, die aufgrund von Barwert-Berechnungen getroffen werden, beurteilen die Investoren eines Unternehmens dem SVA folgend ihr Investment anhand der entsprechend der Risikostruktur des Unternehmens abgezinsten zukünftigen Zahlungen des Unternehmens.[110]

Um die Verläßlichkeit der *Prognose* zukünftigen Cash Flows, die häufig als Kritik am DCF-Verfahren angeführt werden, zu überprüfen, untersuchten Kaplan/Ruback 1996 bei 51 abgeschlossenen Highly Leveraged Transactions (HLTs), die zum Teil durch Zuhilfenahme von DCF-Methoden, zum Teil mit Comparables abgeschlossen wurden, wie hoch die Schätzgenauigkeit der

[108]Schröder Müchmeyer Hengst & Co., (1996), S. 3

[109]Kaplan, S./Ruback, R.: "The Market Pricing of Cash Flow Forecasts: Discounted Cash Flow vs. the Method of "Comparables", in JoACF, Vol. 8, No. 4, Winter 1996, S. 45. Dabei wird die DCF-Methode mit der im Investmentbanking immer noch am häufigsten verwendeten Comparables-Analyse verglichen. Hierbei zeigen sich die Ergebnisse der DCF-Berechnungen denen der Comparables überlegen, wobei die besten Ergebnisse bei Verwendung von beiden Methoden erzielt wurden.

[110]Vgl. Bühner, R. (1993a), S. 750

DCF- Methoden im Vergleich zum tatsächlich gezahlten Preis der Transaktionen war. Kaplan/Ruback kommen dabei zum Ergebnis, daß die Berechnungen des Marktwertes auf Basis des DCF-Modells Schätzungen mit einem Median-Schätzfehler innerhalb von 10% gegenüber dem tatsächlich erzielten Preis erlauben.[111]

> *"Our recent study of the valuation of 51 HLTs provides evidence that the discounted cash flow valuation methods produce reliable estimates of market value"*[112]

Die hier skizzierten Grundgedanken sind allen Methodiken des SVA gemein; Unterschiede liegen einzig in der Verwendung des Entscheidungskriteriums.[113]

Die ursprünglichen Shareholder Value-Ansätze beruhen auf dem Entscheidungskriterium der **Kapitalwertmethode**. So ist nach Rappaport ein Unternehmen dann wertschaffend, wenn der Kapitalwert der zukünftigen Zahlungsströme, abgezinst mit den individuellen Kapitalkosten, positiv ist. Das gleiche Kriterium verwenden Copeland et al.[114], die allerdings den Free Cash Flow anstatt wie Rappaport den Operating Cash Flow verwenden.[115].

Ein zweites, ebenfalls weit verbreitetes Entscheidungskriterium im Sinne der genannten Gedanken des SVA ist die **Methode des internen Zinsfußes**, die auf die Rendite als Entscheidungsgröße zurückgreift. Nach diesem Kriterium sind die Unternehmen respektive Strategien respektive Projekte wertschaffend, bei denen der interne Zinsfuß über dem von den Kapitalgebern verlangten liegt. Ein solches Maß stellt zum Beispiel der Cash Flow Return on Investment (CFROI) dar[116], ähnlich der Cash Return on Capital Invested (CROCI).[117]

Das dritte, zunehmend an Bedeutung gewinnende, aus dem SVA abgeleitete Entscheidungskriterium bildet der von Stewart entwickelte Market Value Added (MVA). Diese **marktwertorientierte Residualgröße** errechnet sich aus der Differenz des Marktwertes des Unternehmens (Fremd- und

---

[111]Vgl. Kaplan, S./Ruback, R. (1996), S. 60

[112]Kaplan, S./Rubak, R. (1996), S. 60

[113]Vgl. Bühner, R. (1993a), S. 750

[114]Vgl. Copeland, T./Koller, T./Murrin, J. (1996), S. 139ff.

[115]Vgl. dazu die Unterscheidung bei Bühner, R. (1993a), S. 751. Während der Operating Cash Flow noch vor Zinszahlungen sowie Erweiterungsinvestitionen für Anlagen und Working Capital definiert ist, ist der Free Cash Flow als die Liquiditätsgröße abgegrenzt, die nach Zins- und Tilgungszahlungen und Erweiterungsinvestitionen in Anlage- und Umlaufvermögen verbleibt. Vgl. Löhnert, P. (1996), S. 146

[116]Vgl. z.B. Lewis, T. (1995) oder Stelter, D.: "Management der richtigen Rentabilität", in Achleitner, A. K./ Thoma, G. (1997), S. 8ff.

[117]Vgl. Deutsche Morgan Grenfell (1996), S. 65ff.

Eigenkapital) und dem investierten Kapital.[118] Damit gibt MVA einerseits das in der Vergangenheit absorbierte Kapital an (total capital employed in net assets) und andererseits das durch den Markt bewertete Vertrauen in die Zukunft der Firma.[119] Zum Teil wird anstatt der Differenz zwischen Marktwert und investiertem Kapital auch das Verhältnis dieser Werte als Value Added Ratio (VAR) gebildet, um so relative Wertsteigerungen auch kleinerer Firmen identifizieren zu können.

Zusammenfassend läßt sich festhalten, daß der Shareholder Value-Ansatz (SVA) zum einen eine Methodik darstellt, den Erfolg eines Unternehmens aus Eigentümersicht zu evaluieren und dabei übliche Probleme der rein auf bilanzielle Größen zurückgreifenden Ansätze vermeidet. Zum anderen ermöglicht dieser Ansatz durch seine Zukunftsorientierung eine probate Möglichkeit, langfristige Wertsteigerungspotentiale zu entdecken und unternehmerisch umzusetzen.

An dieser Stelle sei erwähnt, daß die hier skizzierten Überlegungen von deutschen Unternehmen zwar in den letzten Jahren sehr intensiv thematisiert und zum Teil propagiert wurden, die tatsächlichen Resultate aber mit den Ankündigungen scheinbar nicht Schritt halten. So kam die internationale Investmentbank CS First Boston in einer Studie über den Market Value Added (MVA) deutscher Unternehmen 1996 zu folgendem Ergebnis:[120]

> *"German companies have destroyed a large amount of value for shareholders over the last decade. More specifically, the total MVA produced by German groups has cumulated to a negative DM 229bn representing nearly 50% of the total capitalization of the German equity market. ...Conglomeration and expensive investments have destroyed large amounts of value as illustrated by the big utilities in particular (aggressive acquisition policy by VIAG, heavy capital investment by all of them), by Mannesmann and by the striking example of Daimler-Benz...We except the concept of shareholder value to make limited progress in Germany although the process is likely to be slow and painful."*

---

[118]Vgl. CSFB (1996), S. 11 und Stewart, G. : "Announcing the Stern Stewart Performance 1,000: A new way of viewing corporate America", in JoACF, Vol. 3 (1989), S. 38ff.

[119]Damit entspricht der MVA dem Barwert des Economic Value Added, vgl. CSFB (1996), S. 6. EVA ist wie folgt definiert: (Kapitalverzinsung minus Kapitalkosten) x Eingesetztes Kapital. Dabei ergibt sich die Kapitalverzinsung aus dem Verhältnis des Net Operating Profit After Tax (Nopat) und dem eingesetzten Kapital. Vgl. Stewart, G. (1989) und Stern, J./Stewart, G./Chew, D.: "The EVA® Financial Management System", in JoACF, Vol. 8, No. 2, Summer 1995, S. 40ff.

[120]CSFB 1996, S. 21

Abbildung 4: Die Methodik des Market Value Added

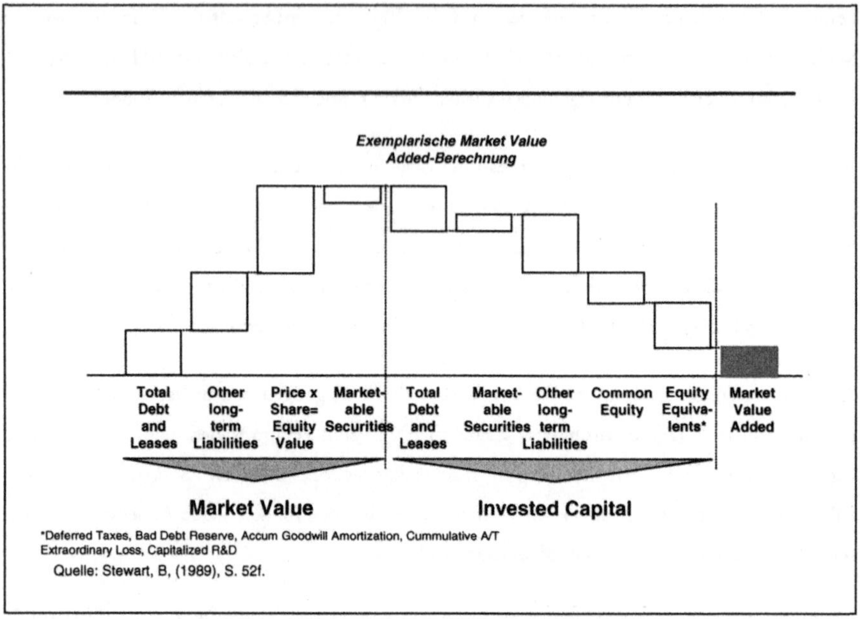

Es bleibt festzuhalten, daß trotz der immer wieder genannten Orientierung an den Interessen der Anteilseigner die konkreten Handlungen des deutschen Managements noch nicht zu den Unternehmenswertsteigerungen beigetragen haben, die möglich gewesen wären.

3.1.1.2 Marktwert

"Embedded in all share prices is a long-term forecast about a company's productivity - that is, its ability to create value in excess of the cost of producing it."[121]

Die Konzeption des SVA als einem "fiktiven Marktwert des Unternehmens"[122] eignet sich insbesondere zur zukunftsgerichteten strategischen Planung von unternehmerischen Handlungsalternativen und der Einschätzung der Auswirkungen auf den Marktwert. Zudem dient die Ermittlung des Unternehmenswertes mittels der DCF-Methode auch dem Vergleich mit der tatsächlichen Bewertung durch den Markt, dem Börsenkurs. Hier setzt das Pentagon-Konzept von Copeland et al. an. (Vgl. Abbildung 5)

[121]Rappaport, A. (1986), S. 84

Abbildung 5: Das Pentagon-Konzept

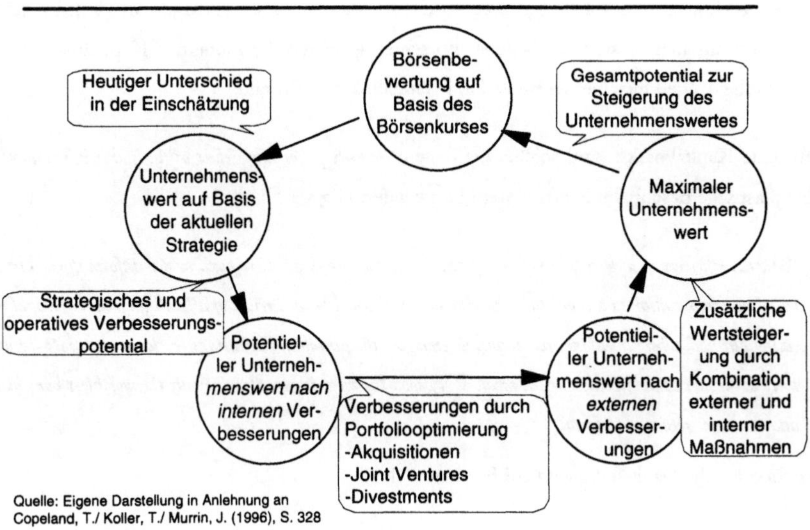

Quelle: Eigene Darstellung in Anlehnung an Copeland, T./ Koller, T./ Murrin, J. (1996), S. 328

Weicht der tatsächliche, durch den Markt bewerteten Kurs von dem selbst eingeschätzten ab, gilt es als erstes zu hinterfragen, ob dem Markt alle relevanten Informationen zur Verfügung stehen oder gegebenenfalls eine aktivere Investor Relation einsetzten sollte.[123] Trotz solcher Maßnahmen kann aber eine unterschiedliche Einschätzung des Marktes und des Unternehmens über den "wahren Wert" bestehen bleiben. Hier sehen sich oftmals Unternehmen durch den Markt "falsch" bewertet. Hierzu führt Rappaport an: [124]

"Let's begin by looking at the ubiquitous difference between the market value of a company's share and the value managers place on those shares. Surveys consistently show that a majority of managers do not believe the market fairly values their company's shares. A month before the market crashed in October 1987, Louis Harris and Associates conducted a poll of 1,000 CEOs. The pollsters asked: "Is the current price of your company's stock an accurate indicator of its real value?" Of the 58% who responded "no", virtually all believed the market was undervaluing their shares."

[122]Schmidt, R. (1993), S. 278

[123]Vgl. Rappaport, A. (1986), S. 86 und Schmidt, R. (1993), S. 288

[124]Rappaport, A. (1986), S. 86

Rappaport geht davon aus, daß die Börse die beste Bewertung von Unternehmen und deren Strategie bietet und sieht in der Orientierung an der Beurteilung durch den Markt den effektivsten und kompromißlosesten Weg, um den Interessen der Anteilseigner zu entsprechen und damit den Wert des Unternehmens zu erhöhen. Die theoretische Fundierung dieser These gehört zu den detailliertesten und umfangreichsten bearbeiteten Forschungsgebieten der modernen Kapitalmarkttheorie. Die entscheidende Frage hierbei lautet: Sind Kapitalmärkte effizient?

Effiziente Kapitalmärkte sind solche, bei denen "*security prices fully reflect all available information*"[125]. Eine plastische Beschreibung effizienter Märkte liefert Higgins:[126]

> *"Market efficiency is a description of how prices in competitive markets respond to new information. The arrival of new information to a competitive market can be likened to the arrival of a lamb chop to a school of flesh-eating piranha, where investors are - plausible enough - the piranha. The instant the lamb chop hits the water, there is turmoil as the fish devour the meat. Very soon the meat is gone, leaving only the worthless bone behind, and the water returns to normal."*

Die theoretische Darstellung geht auf Fama zurück:[127]

$$p_t = \frac{E\left(p_{t+1}\middle|\Phi_t\right)}{\left(1+E\left(R_{t+1}\middle|\Phi_t\right)\right)}$$

mit

p_t = Momentaner Marktpreis
R_{t+1} = Gleichgewichtsrendite
p_{t+1} = Zukünftiger Marktpreis
Φ_t = Informationsstand zum Zeitpunkt t

In einem informationseffizienten Markt ergibt sich der aktuelle Preis eines Titels damit aus dem Erwartungswert des zukünftigen Marktpreises, abgezinst mit der erwarteten Rendite. Die beiden Erwartungswerte hängen von dem jeweiligen Informationsstand Φ_t ab. In einem effizienten Markt nach Fama ist der Kursverlauf gleich einem Random Walk. Es gilt dann:

$$E\left(p_{t+1} - E\left(p_{t+1}\middle|\Phi_t\right)\right) = 0$$

---

[125]Fama, E.: "Efficient Capital Markets II", in JoF, Vol. 46, Nr. 5, Dezember 1991, S. 1575-1617

[126]Higgins, R.: "Analysis for Financial Management", Boston 1992, S. 168

[127]Vgl. Fama, E. (1970), "Efficient Capital Markets: A Review of Theory and Empirical Work", in JoF, Vol. 25, Mai 1970, S. 384f.

und

$$E\left(R_{t+1} - E\left(R_{t+1} \middle| \Phi_t\right)\right) = 0$$

Das heißt, daß es in einem informationseffizienten Markt nur zufällige, aber keine systematische Abweichungen zwischen realisiertem und erwartetem Kurs existieren. Dementsprechend sind in einem effizienten Markt Preise verläßliche Signale für die Kapitalallokation. Eine gemilderte Definition der Kapitalmarkteffizienz liefert Jensen. Für diesen sind Märkte dann effizient, wenn die Preise alle Informationen beinhalten, bei denen der Grenzertrag der Informationen die Grenzkosten der Informationsgewinnung übersteigt.[128]

Welche Informationen Φ_t werden aber nun bei der Erwartungsbildung berücksichtigt? Prinzipiell unterscheidet Fama drei Formen der Kapitalmarkteffizienz:[129]

A) **Die schwache Form:** Die Kurse reflektieren zu jedem Zeitpunkt alle Informationen über das Marktgeschehen in der Vergangenheit. Kein Investor kann überdurchschnittliche Renditen aufgrund vergangener Informationen erzielen.

B) **Die halbstrenge Form:** Die Kurse reflektieren zu jedem Zeitpunkt alle allgemein verfügbaren Informationen. Kein Investor kann überdurchschnittliche Renditen aufgrund öffentlich zugänglicher Informationen erzielen.

C) **Die strenge Form:** Kurse beinhalten zu jedem Zeitpunkt alle überhaupt verfügbaren Informationen, also privat und öffentlich zugängliche Informationen. Kein Investor kann überdurchschnittliche Renditen aufgrund jedweder Art von Informationen erzielen.

Wenn auch die strenge Form der Informationseffizienzhypothese durch empirische Studien widerlegt zu sein scheint[130], gilt die Annahme der Informationseffizienz zumindest in der schwachen [131] bzw. halbschwachen[132] Form als empirisch größtenteils belegt[133]. So konnte Ball in einer Untersu-

---

128 Vgl. Fama, E. (1991), S. 1575

129 Vgl. Franke, G./Hax, H.: "Finanzwirtschaft des Unternehmens und Kapitalmarkt", Berlin 1990, S. 318, Brealey, R./Myers, S. (1996), S. 332

130 Vgl. Fama, E. (1991), S. 1575

131 Siehe zu einer umfassenden Darstellung der empirischen Ergebnisse zur schwachen Kapitalmarkteffizienz Ross, S./Westerfield, R./Jaffe, J.: "Corporate Finance", Chicago 1996, S. 344

132 Der bekannteste Beweis für die Gültigkeit der halbstrengen Form der Kapitalmarkteffizienz stammt von Fama, E./Fisher, L./Jensen, M./Roll, R.: "The Adjustment of Stock Prices to New Information", in International Economics Review 10 (Februar 1969), S. 1-31, die mit Event Studies zeigen konnten, daß bei Stock-Splits vor und während der Bekanntmachung abnormale Renditen gemessen werden konnten, nach Bekanntgabe wurden keine abnormalen

chung von 2.300 Jahresabschlußbekanntgaben zeigen, daß der Markt bereits 80% der Informationen verarbeitet hatte, als die Zahlen bekanntgegeben wurden. Ball zeigt, daß zusätzliche überdurchschnittliche Erträge in den sechs Monaten nach Bekanntwerden der Information nicht erzielt wurden und bestätigt damit die Kapitalmarkteffizienz der halbstrengen Form.[134]

"Although there are exceptions, the event-study tests generally support the view that the market is semistrong-form (and therefore also weak-form) efficient. In fact, the tests even tend to support the view that the market is gifted with a certain amount of foresight. By this we mean that news tend to leak out and be reflected in stock prices even before the official release of the information."[135]

Nach Jensen ist die Informationseffizienzhypothese die am stärksten und häufigsten bewiesene Hypothese der Ökonomie:[136]

'I believe there is no other proposition in economics which has more solid empirical evidence supporting it than the Efficient Market Hypothesis."

Zusammenfassend kann also festgestellt werden, daß bei Vorliegen von effizienten Kapitalmärkten zumindest in der schwachen Form der Marktwert respektive Aktienkurs einer Unternehmung ein profunder Maßstab für den Erfolg eines Unternehmens im Sinne der Optimierung der Interessen der Eigentümer darstellt. Nach der Effizienztheorie gibt es keinen besseren Maßstab für den Unternehmenserfolg als den Aktienkurs.[137] Nach dieser Theorie ist der Börsenkurs ein geeignetes Mittel, um langfristige Strategien zu bewerten und ihre Erfolgsträchtigkeit hinsichtlich der Steigerung des Wertes für die Anteilseigner zu bewerten. Liefert die DCF-Methode ein geeignetes Instrument für die Performancebeurteilung von Strategien im Sinne von Unternehmenswertsteigerungen ex-ante, ist die Marktbewertung durch die Börse die direkteste und unmittelbarste Form der Beurteilung von unternehmerischen Handlungsalternativen ex-post. Allerdings sei hier noch angemerkt, daß die jeweiligen Aktienkurse vor allem durch die Erwartungen der Investoren über zukünftige Zahlungsströme determiniert werden und insofern immer eine entscheidende Zukunftskomponente enthalten. Die Kapitalmarkteffizienztheorie ist "*a dominant paradigma in finance and the*

Renditen mehr erzielt. Wäre der Markt nicht effizient in der halbstrengen Form, hätten Investoren auch nach Bekanntgabe der Information noch abnormale Renditen erzielen können.

[133]Vgl. Higgins, R. (1992), S. 169, Ross, S./Westerfield, R./Jaffe, J. (1996), S. 347, Brealey, R./Myers, S. (1996), S. 336f., Drukarczyk, J.: "Theorie und Politik der Finanzierung", München 1993, S. 89

[134]Vgl. Ball, R.: "The Theory of Stock Market Efficiency: Accomplishments and Limitations", in JoACF, Vol. 8, Nr.1, Spring 1995, S. 5

[135]Ross, S./Westerfield, R./Jaffe, J. (1996), S. 347

[136]Jensen, M.: "Some anomalous Evidence regarding Market Efficiency", in JoFE, Nr. 6 (1978), S. 95

[137]Vgl. Strutz, E.: "Wertmanagement von Banken", Bern 1993, S. 16

basis of an emerging revolution in macroeconomics"[138]. Aufbauend auf diesem Paradigma wird der Erfolg von Kerngeschäftsstrategien deutscher Unternehmen im empirischen Teil der Arbeit auch an den Reaktionen der Aktienmärkte gemessen. Dem zum Teil geäußerten Vorbehalt[139] bezüglich der Annahme von effizienten Kapitalmärkten bei kleinen Unternehmen wurde insofern Rechnung getragen, daß die im Rahmen dieser Arbeit durchgeführten Analysen nur auf den Daten der einhundert größten börsennotierten Unternehmen Deutschlands basieren. Bei diesen ist von einer ausreichenden Liquidität und Fungibilität auszugehen und somit von einer aktiven respektiven effizienten Informationsverarbeitung. Festzuhalten bleibt, daß kein Mittel objektiver die Reaktionen des Marktes auf Strategien reflektiert als der Markt selbst: Ein Management, daß sich kompromißlos dem Urteil seiner Eigner stellt, sollte sich dementsprechend an der Performance gegenüber vergleichbaren Investitionsalternativen messen lassen. Nichts anderes wird in der vorliegenden Arbeit vorgenommen. Dementsprechend äußert sich Rappaport:

"By closely reading the stock market, managers can find out whether proposed strategies will be effective."[140]

3.1.1.3 Unternehmerische Handlungsalternativen im Rahmen von Shareholder Value

Grundidee des Shareholder Value-Ansatzes (SVA) ist, wie oben ausgeführt, die Ausrichtung an der Wertschaffung für die Anteilseigner. Dementsprechend ist der Aktienkurs, der nichts anderes darstellt als den Konsens des Marktes (also der potentiellen Eigentümer des Unternehmens), der direkteste und kompromißloseste Maßstab für die Unternehmensleitung, um ihre Strategien hinsichtlich der Unternehmenswertmaximierung zu überprüfen. Wie können nun aber Unternehmen ihren Unternehmenswert systematisch steigern?

Nach dem SVA steigern diejenigen Investitionen den Unternehmenswert, die den Eigentümern eine Rendite bieten, die diejenigen Renditen übersteigt, die Investoren bei Anlage in vergleichsweise risikobehaftete Anlagen erzielen könnten. Kriterium sind also die Kapitalkosten. Die Rendite, die vergleichbare Anlagen bieten, entspricht somit den Opportunitätskosten und somit den Kapitalkosten eines Unternehmens.

Potentielle Wertquellen für ein Unternehmen bestehen sowohl in dem operativen Geschäft als auch im Finanzmanagement: Einerseits die **Aktivseite**, bei der eine Optimierung der Cash Flows oder aber auch ein profitables Wachstum im Vordergrund stehen. Zum anderen kann die **Passiv-**

---

[138]Jensen, M. (1978), S. 96

[139]Vgl. Röttger, B.: "Das Konzept des Added Value als Maßstab für finanzielle Performance", Kiel 1994, S. 8

[140]Rappaport, A.: "Stock market signals to managers", in HBR November-December 1997, S. 57

seite wertschaffend optimiert werden, also durch Verbesserung der Kapitalstruktur die Kapitalkosten gesenkt werden. Nach Bühner entstehen allerdings nahezu 80% der Wertschaffung aus operativen Restrukturierungen und nur etwa 20% aus Kapitalstruktur- oder Leverage- Entscheidungen.[141]

Stern/Stewart unterscheiden drei Wege zur Erhöhung des Shareholder Value:[142]

"First, increase the return derived from the assets already tied up in the business. Run the income statement more efficiently without investing any more capital on the balance sheet. Second, invest additional capital and aggressively build the business so long as the return earned exceeds the cost of that new capital. Third, stop investing in, and find ways to release capital from, activities that earn substandard returns. This means everything from turning working capital faster and speeding up cycle times to consolidating operations and selling assets worth more to others"

Darauf aufbauend lassen sich prinzipiell drei Arten der Unternehmenswertsteigerung differenzieren:[143]

A) **Optimierung des Cash Flows.** Dies kann durch erhöhte operative Effizienz geschehen (insbesondere Kostensenkung), oder durch Verringerung des eingesetzten Kapitals (z.B. durch eine geringe Bindungsdauer des Working Capital),

B) **Wachstum** in den Bereichen, in denen die Rendite die Kapitalkosten übersteigt[144],

C) **Portfoliooptimierung**. Das Unternehmen kann sowohl die internen Geschäftsbereiche auf ihre Wertschaffungspotentiale analysieren und gegebenfalls ausbauen bzw. veräußern und andererseits externe Möglichkeiten zur Wertsteigerung wahrnehmen (Unternehmenskauf und Fusionen).

Die vorliegende Arbeit konzentriert sich im folgenden auf die dritte unternehmerische Handlungsalternative, die Optimierung des Unternehmensportfolios durch eine Strategie der Kerngeschäftsfokussierung.

---

[141]Vgl. Bühner, R. (1990a), S. 38

[142]Stern, J./Stewart, B./Chew, D. (1995), S. 40

[143]Vgl. Deutsche Morgan Grenfell (1996), S. 2-3

[144]Dazu Schröder Münchmeyer Hengst & Co.: *"In Germany, however, this was not reality during the last couple of years. Restructuring was the name of the game and it meant cost-cutting"*, vgl. SMH (1997), S. 5

3.1.2 Corporate Focus

3.1.2.1 Bedeutung und Rational

Eine Möglichkeit der Steigerung des Unternehmenswertes ist die Optimierung des Geschäftsportfolios. Hierbei ist in der jüngsten Zeit sowohl in der wissenschaftlichen Literatur als auch in der unternehmerischen Praxis ein Konzept verstärkt in den Blickpunkt geraten: Die Kerngeschäftsstrategie, im angelsächsischen z.T. auch Corporate Focus[145] oder Corporate Clarity[146] genannt.

> *"Focus is the benefit that comes when unrelated activities have been divested and management can concentrate on solving problems and finding attractive investment opportunities in the remaining businesses. With the simplification of the company, moreover, superfluous bureaucratic layers often can be slashed, speeding decision-making and promoting initiative."*[147]

Einer der eindrucksvollsten Bestätigungen bezüglich der empirischen Relevanz von Corporate Focus Strategien als entscheidende unternehmerische Handlungsalternative im Rahmen des SVA lieferte die Studie von Comment/Jarrell, die in den USA in den achtziger Jahren bei den an der New York Stock Exchange (NYSE) und der American Stock Exchange (ASE) notierten Unternehmen einen deutlichen Trend zur Konzentration auf das Kerngeschäft messen konnten (Vgl. Abbildung 6)[148]. Danach stieg die Anzahl der Firmen, die nur in einem Segment tätig sind, von unter 40% in 1978 auf fast 65% in 1989. Analog dazu sank die durchschnittliche Anzahl an Segmenten pro Firma von 2,6 in 1978 auf unter 1,8 in 1989.[149]

---

[145] Vgl. z.B. Comment, R./Jarrell, G. (1995), S. 67 oder Berger, P./Ofek, E.: "Bustup Takeovers of Value-Destroying Diversified Firms", in JoF, Vol. LI, No. 4, September 1996, S. 1176

[146] Vgl. z.B. J.P. Morgan (1997), S. 19ff. oder Ball, M. (1997), S. 23

[147] Stewart, B./Glassman, D. (1989), S. 80

[148] Vgl. Comment, R./Jarrell, G. (1995), S. 69ff. Das Sample umfaßte ca. 2.000 Unternehmen p.a..

[149] Diese Ergebnisse beruhen *nicht* auf der Veränderung der Grundgesamtheit über der Zeit, die etwa durch den Börsengang vieler kleiner fokussierter Unternehmen in den achtziger Jahren oder durch das Going Private von Konglomeraten im gleichen Zeitraum beeinflußt sein könnte. Comment/Jarrell bildeten neben der oben beschriebenen Grundgesamtheit aller an der NYSE und der ASE notierten Unternehmen ein Sub- Sample mit allen von 1979 bis 1989 an den besagten Börsen durchgängig notierten Unternehmen. Der Konzentrationsgrad stieg, gemessen an dem Herfindahl-Index, von 0,691 in 1979 auf 0,744 in 1989, eine Veränderung, die mit einer t-Statistik von 8,21 statistisch signifikant ist. Demnach ist die Entwicklung in den USA in Richtung Konzentration *nicht* auf eine Änderung der Struktur der börsennotierten Unternehmen an den genannten Börsen zurückzuführen.

Abbildung 6: Trend zu Corporate Focus in den USA

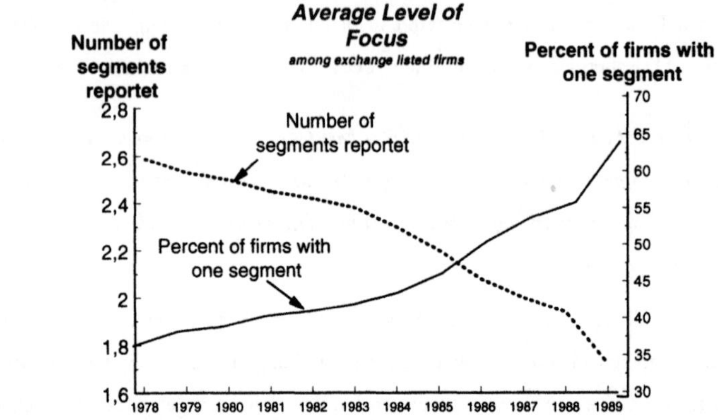

Quelle: Comment, R./Jarrell, G. (1995), S. 71

Dieser Trend in den USA hat sich nach einer Studie der Investmentbank J.P. Morgan zwischen 1988 und 1996 weiter deutlich fortgesetzt.[150] So ist in dieser Zeit die Zahl der Einproduktunternehmen an den untersuchten Firmen um 44% gestiegen, während die Zahl diversifizierter Unternehmen um über 9% zurückgegangen ist.[151]

Damit ist empirisch belegt, daß in den USA ein klarer Trend zur Konzentration auf das Kerngeschäft und ein Abspalten von Randbereichen festzustellen ist. Dieser Trend erklärt damit auch die starke Bedeutung von Divestments für das amerikanische M&A-Geschäft (Vgl. Tabelle 1). Viele Unternehmen verkaufen nicht mehr zu ihren Kernaktivitäten gehörende Teile, um auf der anderen Seite die Erträge für Zukäufe im Kerngeschäft, zum Beispiel für einen internationalen Ausbau zu nutzen.[152]

150 Vgl. J.P. Morgan (1997), S. 21

151 Vgl. ebenda, S. 22

152 Vgl. ebenda, S. 19, Schäfer, M. (1997), S. 6 und Achleitner, P./ Herden, R./ Reiche, C. (1997), S. 9-10

Welches strategische Rational steht nun aber hinter diesem Trend? Eine mögliche Erklärung liefert die Deutsche Morgan Grenfell: [153]

"Je mehr Aktivitäten ein Unternehmen verfolgt, desto größer ist die Wahrscheinlichkeit, daß diese suboptimal gemanagt werden. Darüber hinaus werden oftmals schwächere Geschäftseinheiten durch stärkere subventioniert. Die Ressourcenallokation erfolgt nicht immer nach rein wirtschaftlichen Gesichtspunkten. Zudem zwingt die internationale Wettbewerbsverschärfung die Unternehmen, starke Geschäftsfelder international auf- bzw. auszubauen und schwächere auch aufgrund begrenzter Ressourcen abzugeben."

Diese Argumentation widerspricht der Meinung derjenigen, die Vorteile in einer Diversifikationsstrategie sehen.[154] Die Vielzahl der empirischen Studien zum Thema Diversifikation ergibt bei der Beurteilung von Diversifikationsstrategien kein einheitliches Bild. Berger/Ofek faßt den bisherigen Forschungsstand hierzu wie folgt zusammen:[155]

"There is no clear prediction about the overall value effect of diversification."

Wie ist aber dann der Trend zum Kerngeschäft, zumindest in Amerika zu erklären? Einen Hinweis liefern Comment/Jarrell, die die Abhängigkeit von feindlichen Unternehmensübernahmen von der Breite des Geschäftes des zu übernehmenden Unternehmens untersuchten. Dabei kamen Comment/Jarrell zu dem Ergebnis, daß bei großen Unternehmen die Wahrscheinlichkeit eines Hostile Takeovers mit der Zahl der Segmente steigt, die ein Unternehmen managt (Vgl. Abbildung 7).

---

153 Deutsche Morgan Grenfell (1996), S. 22

154 Zu den potentiellen Vorteilen von Diversifikationsstrategien siehe Kapitel 2.1 dieser Arbeit.

155 Berger, P./Ofek, E. (1995), S. 40. Zu einem ähnlichen Resultat kommt Schüle mittels Metaanalyse von 43 Studien zur Diversifikation: *"Die Streuung der Befunde und die oft geringen Effektstärken führen deshalb zu der Erkenntnis, daß sich den untersuchten Studien keine konsistenten, generalisierbaren Aussagen zur Erfolgswirsamkeit der Diversifikation entnehmen lassen."* Siehe Schüle, F.: "Diversifikation und Unternehmenserfolg", Wiesbaden 1992, S. 161. Zur ähnlichen Aussage kommt Weinberger, H.: "Marktwertsteigernde Diversifikation im Mischkonzern", Frankfurt 1994, S. 34. Dagegen zeigen jüngste Studien eher eine Wertminderung durch Diversifikationsstrategien: "*Recent evidence suggests that, on average the cost of diversification outweight the benefits*", siehe Denis, D./Denis, D./Sarin, A. (1997)

Abbildung 7: Zusammenhang zwischen Zahl der Segmente pro Unternehmen und Zahl der feindlichen Übernahmeangebote

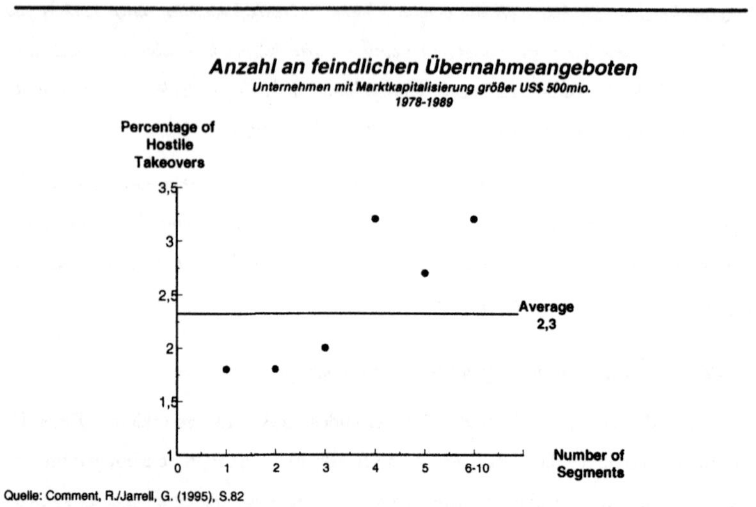

Offensichtlich gaben in den USA der achtziger Jahre diversifizierte Unternehmen eher Anlaß, übernommen zu werden und durch Umstrukturierungen verbessert zu werden als Unternehmen, die fokussiert in einem Segment tätig waren.[156] Eine Erklärung hierfür gibt Jensen mit der Free Cash Flow Theorie[157], die Diversifikationsbestrebungen zum einen mit der im Vergleich zu den Unternehmenseignern risikoaverseren Einstellung des Managements und zum anderen mit eher die Nutzenfunktion des Managements optimierenden Faktoren wie Prestige, Größe und Macht erklärt.[158]

[156]Zu ähnlichen Ergebnissen kommen Berger/Ofek, die bei einem Vergleich von Unternehmenswerten von Konglomeraten mit den Werten der einzeln bewerteten Unternehmensteile feststellen, daß bei den Konglomeraten mit den höchsten Wertverlusten zwischen Gesamtunternehmenswert und Wert der einzelnen Teile die Wahrscheinlichkeit einer Übernahme auch am höchsten ist. Vgl Berger, P./Ofek, E. (1996), S. 1175-1200

[157]Nach Jensen bezeichnet der Free Cash Flow den Cashflow, der nach Finanzierung aller Projekte verbleibt, deren Net Present Value bei Diskontierung mit den jeweils relevanten Kapitalkosten positiv sind, vgl. Jensen, M. (1986), S. 323

[158]Vgl. Jensen, M. (1986), S. 323-329 und ausführlich zum Principal Agent Konflikt Kapitel 3.2 und zu Risikoeinstellungen Kapitel 3.3

"Therefore, the theory implies managers of firms with unused borrowing power and large free cash flow are more likely to undertake low-benefit or even value-destroying mergers. Diversification programs generally fit this category, and they will generate lower total gains."[159]

Die genannten Motive des Managements widersprechen denen der Unternehmenseigner, so daß nach Jensen eine so motivierte Diversifikationsstrategie durch Hostile Takeovers im Sinne einer Unternehmenswertsteigerung wieder umgekehrt wird. Dementsprechend bieten Unternehmen, die ihren Free Cash Flow in nicht die Renditeerwartungen der Aktionäre entsprechende diversifizierende Investments verwenden, Anlaß zu feindlichen Übernahmen, wie dies Comment/Jarrell zeigen. Dieser Analyse folgend, scheinen somit nicht zuletzt feindliche Übernahmen in den USA die dortige zunehmende Fokussierung ("Corporate Focus") ausgelöst zu haben.

Was ist aber mit Fokussierungsstrategie genau zu verstehen? Nach Porter lassen sich drei generische Wettbewerbstrategien unterscheiden (Vgl. auch Abb. 8):[160]

A) **Cost Leadership**: Das Unternehmen strebt die Kostenführerschaft in seiner Industrie an.

B) **Differentiation**: Das Unternehmen strebt an, einzigartig in seiner Industrie zu sein; diese Einzigartigkeit muß auf Gebieten erzielt werden, die die Kunden wertschätzen. Dieser Wettbewerbsvorteil durch Differenzierung führt zu Premiumpreisen. Dabei muß dieses Premium die Extrakosten der Differenzierung übersteigen.

C) **Focus**: Diese Strategie basiert auf einer konzentrierten Bearbeitung eines eng abgegrenzten Bereiches einer Industrie.

Nach der Fokus-Strategie von Porter grenzt ein Unternehmen ganz bewußt seinen relevanten Markt ab. Innerhalb dieses eng abgegrenzten Bereiches stehen ihm die ersten zwei generischen Strategien, Cost Leadership und Differentiation zur Verfügung. Nach Porter bietet diese Konzentration den Vorteil, daß Risiken der Diversifikation vermieden werden können:[161]

> *"Diversification inevitably adds costs and constraints to business units. A business unit must explain its decisions to top management, spend time complying with planning and other corporate systems, live with parent company guidelines and personnel policies, and forgo the opportunity to motivate the employees with direct equity ownership. These costs and constraints can be reduced but not entirely eliminated."*

---

[159] Ebenda, S. 328

[160] Vgl. im folgenden Porter, M. "Wettbewerbsstrategie: Methoden und Analyse von Branchen und Konkurrenten", Frankfurt am Main 1992, S. 67f

[161] Porter, M. (1987), S. 46

Abbildung 8: Die drei generischen Strategien nach Porter

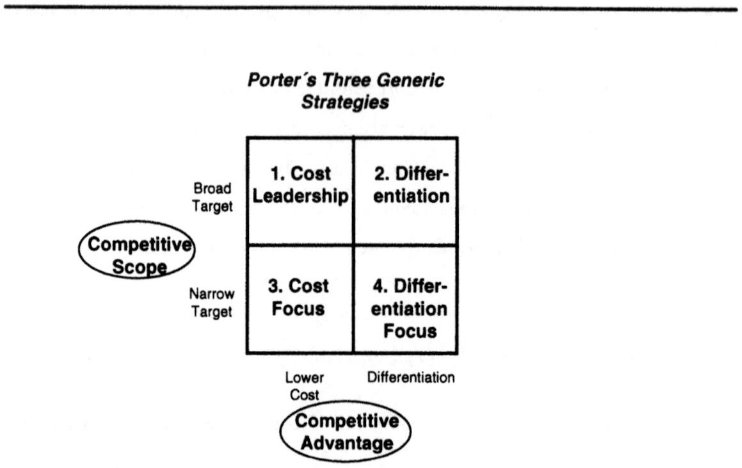

Quelle: Porter, M. (1995), S. 11

Während Diversifikationsstrategien immer wieder mit Synergieffekten begründet werden, beurteilt Porter diese skeptisch:[162]

> *"If you believe the text of the countless corporate annual reports, just about anything is related to just about anything else! But imagined synergy is much more in common than real synergy."*

Ein Unternehmen sollte nur dann ein unverwandtes Unternehmen kaufen, wenn entweder das gekaufte oder das kaufende Unternehmen dadurch signifikante Wettbewerbsvorteile erzielen kann.[163] Dieser "Better-Off Test"[164] muß zeigen, daß durch die Verbindung tatsächlich Wert und nicht nur Größe geschaffen wird. Ansonsten ist eine Fokus-Strategie vorzuziehen. Eine solche Strategie bietet sich insbesondere dann an, wenn das Zielsegment hochspezialisiert und kein

[162]Ebenda, S. 54

[163]Vgl. Hinterhuber, H./Friedrich, S.: "Strategischer Rückzug als Ausweg aus Unternehmenskrisen", in Hinterhuber, H. (Hrsg.): "Die Herausforderungen der Zukunft meistern", Frankfurt 1995, S. 292

[164]Vgl. Porter, M. (1987), S. 46

"Commodity-Business" ist, da in solchen Segmenten der volle Management- und Produktionseinsatz gefordert ist:[165]

"Here highly focused peers channel all their resources into a narrow product sector."

An dieser Stelle sei noch einmal auf das Argument der Deutschen Morgan Grenfell am Beginn des Kapitels eingegangen, die einen stärkeren Focus auch deswegen fordern, weil die Verschärfung des internationalen Wettbewerbs eine Bündelung der Kräfte erfordere.[166] Zur Analyse dieses Gedankens sei von Porter´s Generic Strategies Matrix ausgegangen. Diese wird, um den zunehmenden internationalen Wettbewerb darstellen zu können, um eine dritte Dimension, die der Competitive Area, erweitert (Vgl. Abbildung 9).

Innerhalb der dritten Achse wird nun zusätzlich zwischen den Dimensionen National Target und International Target unterschieden. Konzentriert man sich nun auf die zwei Achsen Competitive Area und Competitive Scope, so lassen sich vier generische Wettbewerbsstrategien in Weiterentwicklung zu Porter ableiten.

① **National Focus:** Ein fokussiertes Unternehmen (Einproduktunternehmen bzw. auf wenige Bereiche beschränktes Unternehmen) bietet nur auf dem nationalen Markt an.

② **International Focus:** Ein fokussiertes Unternehmen bietet seine Produkte auf den internationalen Märkten an.

③ **National Broad Target:** Ein diversifiziertes Unternehmen ist national tätig.

④ **International Broad Target:** Ein diversifiziertes Unternehmen ist international mit seinen Produkten tätig.[167]

---

[165]J.P. Morgan (1997), S. 36. Die Bank führt als Beispiele Pharmaceuticals, Medical Equipment, Information Technology, Semiconductors und Automotive Components an und zeigt anhand der Earnings Before Depreciation, Interest and Taxes (EBDIT), daß Konglomerate in diesen Segmenten unterdurchschnitlich zu Einproduktunternehmen agieren.

[166]Vgl. Deutsche Morgan Grenfell (1996), S. 22

[167]Siehe zu internationaler Diversifikation auch Schmidt, R.: "Internationale Diversifikation", in Macharzina, K./Welge, M.: "Export und Internationale Unternehmung", Stuttgart 1994, S. 361-367

Abbildung 9: Internationale Wettbewerbsstrategien : Erweiterung von Porter's three generic strategies

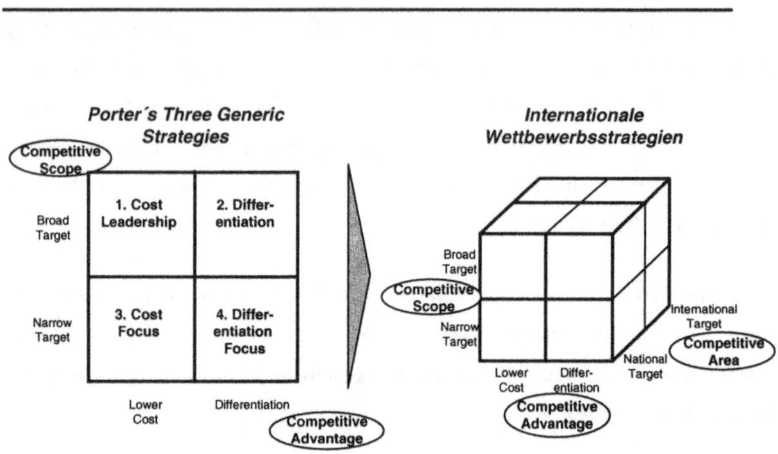

Hierbei ist zu vermuten, daß eine Produktdiversifikation und gleichzeitige internationale Expansion Management-, Produktions- und Logistikressourcen sehr stark fordern wird. Dies bestätigen auch Analysen von Bühner.[168] Dieser unterteilt deutsche Unternehmen je nach Produktbreite und internationaler Tätigkeit. In den jeweiligen Kategorien bildet er das langfristige "Sharpe-Maß" als risikojustierten Performance Maßstab.[169] Nach diesem Maß sind Einproduktunternehmen mit Internationalisierungsstrategie am erfolgreichsten, diversifizierte Unternehmen mit Internationalisierungsstrategie am wenigsten erfolgreich (Vgl. Abb. 10).

Diese Zahlen scheinen also die oben ausgeführte Hypothese zu bestätigen, daß eine parallele Diversifikations- und Internationalisierungsstrategie problematisch sein kann. Dagegen scheint eine Strategie, die sich auf Kerngeschäfte beschränkt, diese aber international ausbaut, am meisten Erfolg zu versprechen.

---

[168] Vgl. Bühner, R. (1983), S. 1023-1041

[169] Das Sharpe-Maß ist wie folgt definiert: $(R(i) - R(f))/\sigma(i)$. Das Sharpe-Maß ist die um eine risikofreie Rendite R(f) (z.B. Festgeldzinssatz der Deutschen Bundesbank) bereinigte durchschnittliche Aktienrendite R(i) relativ zum totalen Risiko der Aktie $\sigma(i)$. Vgl. Bühner, R. (1983), S. 1028

Abbildung 10: Erfolg von Internationalisierungs- vs. Diversifikationsstrategien

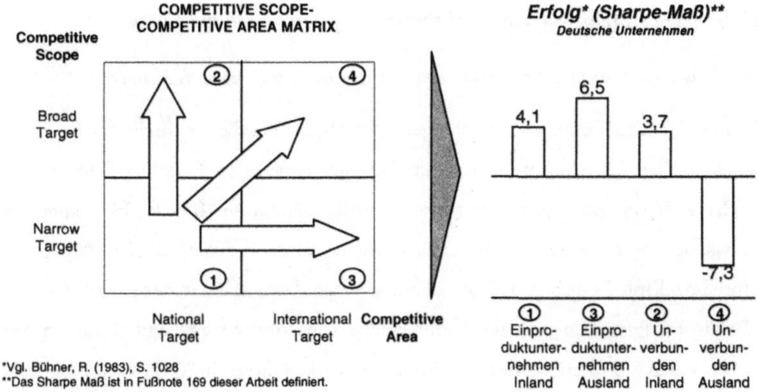

*Vgl. Bühner, R. (1983), S. 1028
**Das Sharpe Maß ist in Fußnote 169 dieser Arbeit definiert.

Quelle: Eigene Darstellung

In diesem Sinne argumentiert auch die amerikanische Bank J.P. Morgan:[170]

> *"European corporates are under pressure to build greater scale and achieve bigger market share to compete more efficiently in global markets. This can often only be achieved by devoting more resources to the core business and divesting of periphery businesses...The major drivers of increasing clarity are internationalization, particularly the need to compete on a pan-European basis, increasing international competition, deregulation and the growing influence of shareholder value."*

Somit kann als weiteres Motiv für die zunehmende Fokussierung von Unternehmen in den letzten Jahren neben dem Druck durch den Markt für Corporate Control auch die zunehmende Internationalisierung angesehen werden[171], die eine Bündelung der Kräfte in den Kerngebieten zu erfordern scheint, um internationale Wachstumschancen nutzen zu können. Dieser Druck wird sich durch die Einführung einer gemeinsamen europäischen Währung und der fortschreitenden Deregulierung in Europa aller Voraussicht nach weiter verstärken und damit die Entwicklung in Richtung Kerngeschäfte weiter forcieren.

---

[170] J.P. Morgan (1997), S. 1f.

[171] Zu Begriff und Bedeutung des Internationalisierungsgrades siehe Schmidt, R. "Internationalisierungsgrad", in Macharzina, K./Welge, M.: " Export und Internationale Unternehmung", Stuttgart 1984, S. 964-974

Im folgenden Kapitel wird der Frage nachgegangen, ob bisherige Untersuchungen zum Zusammenhang zwischen Konzentrationsstrategien und deren Marktbewertung eine systematische Korrelation zwischen solchen Strategien und dem Shareholder Value solcher Handlungen identifizieren konnten.

3.1.2.2 Bisherige Ergebnisse zur Marktbewertung von Corporate Focus

"The existing evidence on the relation between focus and economic performance is inconclusive."[172]

Aufbauend auf den Erkenntnissen des vorigen Kapitels, in dem die durchschnittliche Entwicklung der amerikanischen Unternehmen im Untersuchungszeitraum in Richtung Konzentration auf Kerngeschäfte ("Corporate Focus") festgestellt wurde, soll nun im vorliegenden Kapitel analysiert werden, welche Konsequenzen sich aus einer solchen Strategie bezüglich der Bewertung durch den Markt für Eigenkapital ergeben. Die zu klärende Frage dieses Abschnittes ist, ob die oben definierte Fokussierungsstrategie auf die Kernbereiche vom Aktienmarkt und damit im Sinne des Shareholder Value-Konzeptes honoriert wird. Dazu wird an dieser Stelle ein kurzer Überblick über den derzeitigen Stand der Forschung zu dieser Fragestellung gegeben.

Im Gegensatz zu den Forschungsergebnissen bezüglich der Marktbewertung von Diversifikationsstrategien ist die Forschungsbreite und Tiefe bezüglich Fokussierungsstrategien respektive Kerngeschäftsstrategien vergleichsweise gering. Erst seit Mitte der neunziger Jahren gibt es gezielte amerikanische Untersuchungen zu dieser unternehmerischen Handlungsalternative. Davor existierten lediglich indirekte Aussagen zur Marktbewertung von Kerngeschäftsstrategien, nämlich in Untersuchungen über den Erfolg von Unternehmensverkäufen und Unternehmenskäufen. Relevante deutsche Untersuchungen speziell zu Kerngeschäftsstrategien sind dem Autor nicht bekannt. Sowohl die erwähnten aktuellen gezielten Untersuchungen zu Kerngeschäftsstrategien als auch die relevanten indirekten sollen im folgenden kurz zusammengefaßt werden.

Prinzipiell lassen sich vier Untersuchungstypen unterscheiden: Zum einen wurde im Rahmen von **Analysen von Unternehmenskäufen**, meist in Form von Event Studies, der Erfolg in Abhängigkeit von der Verbundenheit des zugekauften Unternehmens zum kaufenden Unternehmen untersucht. Dies impliziert indirekt auch Rückschlüsse bezüglich der Erfolgsträchtigkeit von Kerngeschäftsstrategien.

---

[172] Comment, R./Jarrell, G. (1995), S. 73

Zum zweiten existieren **Analysen zu Unternehmensverkäufen**, die teilweise direkt, teilweise indirekt die Fragestellung der Erfolgsträchtigkeit von Fokussierung behandeln.

Zum dritten wurden in den letzten Jahren sogenannte **Comparables Analysen** durchgeführt, um die Fragestellung zu untersuchen, ob konzentrierte Unternehmen höher bewertet sind als konglomeral diversifizierte.

Als letztes sind auch Untersuchungen zum **Markterfolg von Konglomeraten** an dieser Stelle relevant, da diese ebenfalls Rückschlüsse auf den Erfolg einer Fokussierung vs. einer Diversifikation erlauben.

Im folgenden werden die Haupterkenntnisse dieser Untersuchungstypen bezüglich der Marktbewertung von Kerngeschäftsstrategien kurz dargestellt, um darauf aufbauend in den späteren Kapiteln ein eigenes Versuchsdesign abzuleiten und empirische Aussagen für den deutschen Markt zu gewinnen.

3.1.2.2.1 Analysen von Akquisitionen

Aus den Studien zum Thema Unternehmenskäufe lassen sich zum Teil interessante Erkenntnisse bezüglich der Marktbewertung von Kerngeschäftsstrategien gewinnen. Hierzu wird an dieser Stelle auf solche Analysen zurückgegriffen, die im Rahmen von Unternehmensakquisitionen untersuchen, ob der Erfolg derselben mit der Verbundenheit des zugekauften Unternehmens zusammenhängt. Die vier hierzu relevantesten Studien sind die von Porter, Kaplan/Weisbach, Morck/Shleifer/Vishny und Bühner.

> *"I studied the diversification records of 33 large, prestigious U.S. companies over the 1950-1986 period and found that most of them had divested many more acquisitions than they had kept. The corporate strategies of most companies have dissipated instead of created shareholder value".*[173]

Zu diesem Schluß kommt **Porter** in seiner berühmten Studie von 1987. Porter untersuchte das Verhältnis zwischen Akquisitionen und späteren Desinvestitionen derselben für 33 große amerikanische Unternehmen. Während Porter zu dem Ergebnis kommt, daß 53,4% aller Akquisitionen in verbundene Bereiche innerhalb der folgenden sieben Jahre wieder verkauft werden, beträgt diese Relation bei unverbundenen Akquisitionen sogar 74%.

---

[173] Porter, M. (1987), S. 43

Die gleiche Kennzahl, nämlich die Relation Desinvestitionen von vergangenen Akquisitionen zu vergangene Akquisitionen benutzt auch **Kaplan/Weisbach**[174] in einer Studie von 1992: Die Analyse von 271 amerikanischen Akquisitionen in den siebziger und achtziger Jahren kommt zu gleichgerichteten Ergebnissen wie die von Porter: Während die Desinvestitionsrate bei Unternehmenskäufen, bei denen Käufer und Kaufobjekt den gleichen *vierstelligen* SIC-Code aufweisen, 13,3% beträgt, ist die Rate bei Übereinstimmung nur des *dreistelligen* SIC-Codes bereits 26,3%. Stimmen zwischen Käufer und Akquisitionsobjekt nur der *zweistellige* SIC-Code überein, beträgt die Desinvestitionsrate bereits 55,6% und steigert sich sogar auf 60,2%, wenn der SIC-Code zwischen Käufer und Kaufobjekt nicht übereinstimmen.

Während aber Porter diese Ergebnisse als Bestätigung des Mißerfolges von Unternehmensstrategien sieht, die den unternehmerischen Tätigkeitsbereich ausweiten, beurteilen dieses Kaplan/Weisbach differenzierter: Nach Kaplan/Weisbach steht nicht jedes Divestment für einen Mißerfolg: Die Autoren unterteilen die untersuchten Divestments früherer Unternehmenskäufe durch einen Vergleich des ursprünglichen Kaufpreises mit dem erzielten Verkaufspreis in erfolgreiche und nicht erfolgreiche Divestments: Danach kommen Kaplan/Weisbach zu dem Resultat, daß 56% der Divestments einen gleichen bzw. höheren Verkaufspreis als den ursprünglichen Kaufpreis erzielten und somit nicht jedes Divestment als erfolglos gelten kann: Nach dieser Studie gibt es also in Übereinstimmung mit den Ergebnissen von Porter eine hohe Korrelation zwischen dem Grad der Unverbundenheit zwischen Käufer und Akquisitionsobjekt und der Desinvestitionsrate der Akquisitionen. Dies impliziert aber nach Kaplan/Weisbach noch nicht den Mißerfolg von Diversifikationsstrategien.

Zu einem ähnlichem Schluß kommt **Weston**:

> *"Divestiture/acquisition ratios do not provide unambiguous evidence on the success or failure of corporate strategies. Divestitures seem as likely to reflect past successes as mistaken attempts at diversification."*[175]

Hilfreicher bei der Überprüfung von Marktbewertungen von Kerngeschäftsstrategien sind sogenannte Event Studies zu Unternehmensakquisitionen.

Diese zeigen, daß Unternehmenskäufe außerhalb des Kerngeschäftes vom Aktienmarkt deutlich schlechter bewertet werden als Zukäufe im Kerngeschäft: So zeigte eine Analyse von **Morck/Shleifer/Vishny**, daß die durchschnittliche Börsenkursreaktion auf Unternehmenskäufe

---

174 Vgl. Kaplan, S./Weisbach, M. (1992), S. 131ff.

175 Vgl. Weston, F. (1989), S. 75

im Stammgeschäft in den Tagen nach Bekanntgabe bei +2,38%, bei Käufen außerhalb des Stammgeschäftes bei -1,89% lag[176] (Vgl. Abbildung 11).

Abbildung 11: Bewertung von Unternehmenskäufen innerhalb und ausserhalb des Kerngeschäfts durch den Kapitalmarkt

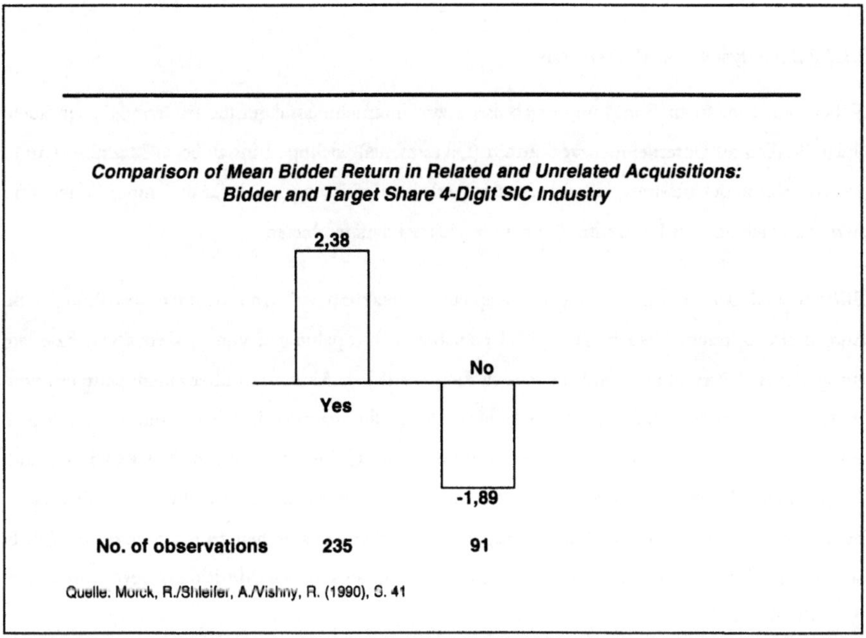

Bühner kommt in einer Studie bezüglich des deutschen Marktes, bei dem im Zeitraum von 1973 bis 1985 90 Unternehmenszusammenschlüsse untersucht werden, zu einem relativ übereinstimmenden Ergebnis, wobei nach Bühner die kaufenden Unternehmen unterdurchschnittlich bewertet werden. Im Zeitraum von 24 Monaten vor der Bekanntgabe bis 24 Monate nach der Bekanntgabe erzielen horizontale Zusammenschlüsse ohne Produktausweitung bei den übernehmenden Unternehmen eine abnormale Rendite von -9,95%, horizontale Zusammenschlüsse mit Produktausweitung -3,61%, vertikale Fusionen -3,61% und konglomerate Fusionen eine kumulierte abnormale Rendite von -37,31%.[177] Somit werden auch nach der Untersuchung von Bühner Akquisitionen außerhalb des Kerngeschäftes am schlechtesten durch den Kapitalmarkt bewertet.

---

176 Vgl. Morck, R./Shleifer, A./Vishny, R. (1990), S. 31 45.

177 Vgl. Bühner, R.: "Reaktionen des Aktienmarktes auf Unternehmenszusammenschlüsse", in ZfbF 42 (4/1990), S. 307

Zusammenfassend zeigen die Analysen bezüglich der Marktreaktion auf Unternehmenskäufe, daß tendenziell der Aktienmarkt Zukäufe im Kerngeschäft eher honoriert als Käufe in nicht verwandten Produktbereichen und daß letztere zudem auch eher wieder verkauft werden als die Zukäufe im Stammgeschäft.

3.1.2.2.2 Analysen von Divestments

Neben den genannten Forschungsergebnissen zu Unternehmensakquisitionen ermöglichen auch einige Studien zu Unternehmens**verkäufen** (Divestments) wichtige Einsichten in Marktbewertungen von Kerngeschäftsstrategien, die einen zusätzlichen Erklärungsgehalt für die empirisch identifizierte Entwicklung zur Konzentration der Geschäftsaktivitäten bieten.

Bühner analysiert in einer Studie die Kapitalmarktreaktion auf Unternehmensabspaltungen in Europa im Zeitraum 1993 bis 1997.[178] Er analysiert 34 Spaltungen von großen diversifizierten europäischen Unternehmen und die Auswirkungen auf den Aktienkurs über einen Zeitraum von 20 Tagen vor und 20 Tage nach der Bekanntmachung der Spaltung. In Übereinstimmung mit den amerikanischen Ergebnissen kommt auch Bühner zu signifikant positiven Kursreaktionen auf Abspaltungen: Nach seiner Studie betrug der kumulierte abnormale Rendite über den kurzfristigen Beobachtungszeitraum bei 3,48%. Die Ergebnisse von amerikanischen Event Studien bezüglich der abnormalen Renditen des verkaufenden Unternehmens fassen **Markides/Berg** zusammen (Vgl. Tabelle 4)[179].

[178]Vgl. Bühner, R.: "Unternehmensaufspaltung - Motive und Aktienmarktreaktionen", in zfbf 50, 9/1998, S. 822ff.. Bühner unterscheidet entsprechend dem Umwandlungsgesetz aufspaltende, abspaltende und ausgliedernde Unternehmen. Nach Bühner wird die Ankündigung einer Auf- und Abspaltung durch den Aktienmarkt deutlich positiv bewertet, die Bekanntgabe einer Ausgliederung (Verkauf eines Teilbereiches) führt dagegen zu einer negativen abnormalen Rendite. Vgl. Bühner, R. (1998), S. 827-828

[179]Markides, C./Berg, N.: "Good and Bad Divestments: The Stock Market Verdict", in Long Range Planning, Vol. 25, No. 2 (1992), S. 11

Tabelle 4: Durchschnittliche abnormale Aktienkursreaktion des verkaufenden Unternehmens bei freiwilligen Divestments

	Tag vor Bekanntgabe	Tag der Bekanntgabe
Sell-offs	+1 bis 4%	+1 bis 3%
Spin-offs	+3 bis 7%	+2 bis 5%
LBO´s	+8 bis 12%	+21 bis 23%
Equity Carve Outs	+9 bis 25%	+2%

Quelle: Markides, C./Berg, N. (1992), S. 11

Demnach sind alle Arten von Divestments mit einer durchschnittlichen positiven Reaktion für das verkaufende Unternehmen verbunden. Für die vorliegende Untersuchung ist allerdings entscheidend, ob die jeweiligen Divestments den Fokussierungsgrad des verkauften Unternehmens erhöht haben und somit im Rahmen einer Kerngeschäftsstrategie erfolgt sind und ob dementsprechend die Marktbewertung anders ausfällt als bei anderen Motiven. Hierzu Markides/Berg:[180]

"Over and over, we see that the only divestitures that create value are the one that allow firms to get ´back to basics´ and refocus their strategic orientation. According to the stock market, if a divestiture is not grounded in such strategic logic, a company should not undertake it."

Diese Aussagen bestätigt eine Studie von **Montgomery/Thomas/Kamath**, die die kumulierten durchschnittlichen Überrenditen von Divestments nach unterliegenden Motiven unterscheiden:[181] Danach erzielen strategische Divestments, die im Rahmen einer Konzentration auf Kerngeschäfte erfolgen, statistisch signifikante positive Überrenditen, während unfreiwillige und aus Liquiditätsgründen durchgeführte Divestments unterdurchschnittliche Aktienrenditen vor und während der Bekanntgabe erzielten.

Diese Ergebnisse bestätigt auch eine Untersuchung von **Dahley/Mehrotra/Sivakumar**[182] von 1997, die Divestments unterscheiden, die zum einen den Konzentrationsgrad erhöhen und zum anderen diesen verringern. Ebenfalls im Rahmen einer Event Studie am Vortag und am Tag der Bekanntgabe des Divestments kommen die Autoren zum Ergebnis, das solche Divestments von Unternehmensteilen, die nicht zum Kerngeschäft gehören und somit den Fokussierungsgrad erhö-

[180]Markides, C./Berg, N. (1992), S. 13

[181]Vgl. Montgomery, C./Thomas, A./Kamath, R.: "Divestiture, Market Valuation, and Strategy", in Academy of Management Journal 1984, Vol. 27, No. 4, S. 830ff.

hen, eine kumulierte überdurchschnittliche Rendite von plus 4,5% erzielen.[183] Divestments von Unternehmensteilen im Kerngeschäft erzielen dagegen keine statistisch signifikanten Überrenditen.[184] Auch **Hite/Owers** registrieren in einer Event Studie von Spinoffs die größten Überrenditen bei den Divestments, die den "Spezialisierungsgrad" der verkaufenden Unternehmung erhöhen.[185]

Diese Ergebnisse bilden Indizien dafür, daß der Eigenkapitalmarkt unternehmerische Handlungsalternativen, die den Konzentrationsgrad von Unternehmen durch Verkauf von Randgeschäften erhöhen, mit überdurchschnittlichen Renditen bewerten. Zudem zeigen **John/Ofek**, daß die operative Performance von Firmen, die im Rahmen einer Erhöhung des Corporate Focus einen Asset Sale betreiben, sich nach der Abspaltung von Randbereichen verbessert.[186] Diese messen die operative Performance anhand (i) Earnings Before Interest, Taxes, and Depreciation (EBITD) to Sales, (ii) EBITD to book value of assets, und (iii) EBITD to market value of assets. So erhöht sich die Kennzahl EBITD zu Sales der Kerngeschäfte nach Verkauf von Randgeschäften im Durchschnitt im ersten Jahr nach Verkauf um 8,4% und im zweiten Jahr nach Verkauf um nochmals 9,8%.[187] John/Ofek fassen ihre Ergebnisse wie folgt zusammen:[188]

> *"We find that asset sales lead to an improvement in the operating performances of the seller's remaining assets in each of the three years following the asset sale. The improvement in performance occurs primarily in firms that increase in focus; this change in focus is positive related to the seller's stock return at the divestiture announcement."*

Interessant ist im Zusammenhang mit den Motiven für Divestments, daß Divestments ein Jahr vor der Abspaltung eine durchschnittlich schlechtere finanzielle Performance aufweisen als entsprechende nicht abgespaltene Unternehmensteile. So kommen **Montgomery und Thomas** in einer Untersuchung von Divestments zu folgenden Ergebnissen:[189] (Vgl. Tab. 5)

---

182 Vgl. Dahley, L./Mehrotra, V./Sivakumar, R.: "Corporate focus and value creation: Evidence from spinoffs", in JoFE 45 (1997), S. 257

183 Dieser Wert ist nach der t-Statistik signifikant bei einer einprozentiger Irrtumswahrscheinlichkeit.

184 So kommen Dahley/Mehrotra/Sivakumar zu dem Ergebnis: "In summary, our evidence supports the theory that increased corporate focus through spinoffs creates value". Vgl. Dahley, L./Mehrotra, V./Sivakumar, R. (1997), S. 280

185 Vgl. Hite, G./Owers, J.: "Security price reactions to spin-off announcements", in JoFE 12 (1983), S. 409ff.

186 Vgl. John, K./Ofek, E.: "Asset sales and increase in focus", in JoFE 37 (1995), S. 105ff.

187 Diese Werte sind nach der t-Statistik signifikant mit einprozentiger Irrtumswahrscheinlichkeit.

188 John, K./Ofek, E. (1995), S. 105

189 Vgl. Montgomery, C./Thomas, A.: "Divestments: Motives and Gains", in Strategic Management Journal, Vol. 9 (1988), S. 93ff.

Tabelle 5: Performancevergleich zwischen Unternehmen mit und ohne Divestments[190]

Reason	Divesting Firms	Non divesting firms	t-statistic
Return on total assets	4,8%	7,4%	4,12*
Debt to total assets	0,29%	0,22%	3,85*
Times interest earned	6,4	12,1	3,07*

*Irrtumswahrscheinlichkeit < 1%

Quelle: Montgomery, C./Thomas, A.: "Divestments: Motives and Gains", in Strategic Management Journal, Vol. 9 (1988), S. 93ff.

Zu ähnlichen Ergebnissen kommen Duhaime/Grant.[191] Diese Ergebnisse zeigen, daß Divestments von überdurchschnittlich erfolgreichen Unternehmensteilen unwahrscheinlich sind und erst die nicht zufriedenstellende Performance den "Leidensdruck" erzeugt, um die strategische Ausrichtung zu ändern.

"..poor relative performance appears to trigger re-evaluation of firm strategy."[192]

Zusammenfassend ergibt die Analyse der Vielzahl an Studien zu Unternehmensverkäufen, daß Divestments, die den Konzentrationsgrad einer Unternehmung erhöhen und aus strategischen Motiven erfolgen, den Marktwert der Unternehmen steigern. Diese für die USA gültige Aussage ist allerdings auf ihre Anwendbarkeit auf den deutschen Markt hin zu überprüfen.

3.1.2.2.3 Analysen mittels Multiplikatoren

Neben den oben genannten Untersuchungsmethoden zur Marktbewertung von Unternehmenskäufen respektive Unternehmensverkäufen hat sich in den letzten Jahren eine weitere Methodik zur Bewertung von Unternehmensstrategien etabliert, die sogenannte Multiplikatoren Analyse.[193] Diese Methode bildet aus einem diversifizierten Unternehmen quasi einen Nachbau aus spezialisierten Unternehmen. Die Bewertung der einzelnen Unternehmensteile erfolgt somit auf Basis einer "stand-alone" Betrachtung.[194] Das heißt, der einzelne Unternehmensteil wird mit den für diese

---

190 Vgl. Montgomery, C./Thomas, A. (1988), S. 93ff.

191 Vgl. Duhaime, I./Grant, J.: "Factors influencing the divestment decision", in Strategic Management Journal, 1984, S. 301ff.

192 Vgl. Montgomery/Thomas (1988), S.95

193 Siehe dazu z.B. Krahnen, J.P.: "Diversifikation, ein Überblick", Vorlesungsunterlagen der Vorlesung Corporate Finance des FB Betriebswirtschaftslehre der Johann-Wolfgang-Goethe-Universität des WS 97/98, S. 5 und Kaplan, S./Ruback, R. (1996), S. 45ff. sowie Berger, P./Ofek, E. (1995), S. 60ff.

194 Vgl. dazu Berger, P./Ofek, E. (1995), S. 40

Branche wirksamen Multiplikatoren bewertet.[195] Dieser Bewertungsmaßstab wird üblicherweise in die drei Multiplikatoren Marktwert zu (i) Bilanzsumme, (ii) zu Umsatz und (iii) zu Gewinn vor Steuern und Zinsen (EBIT) unterschieden. Mittels dieser am Markt für Eigenkapital tatsächlich gezahlten Multiplikatoren der jeweiligen Bewertungsmaßstäbe wird das diversifizierte Unternehmen als Summe von spezialisierten Unternehmen bewertet.

Der Vergleich zwischen der Bewertung der Summe der einzelnen Unternehmensteile mit den Multiplikatoren für spezialisierte Unternehmen einerseits und der de facto Bewertung des diversifizierten Unternehmens andererseits ermöglicht dann eine Beurteilung der Frage, ob Spezialisierung Werte schafft oder vernichtet.[196]

Abbildung 12: Der Conglomerate Discount

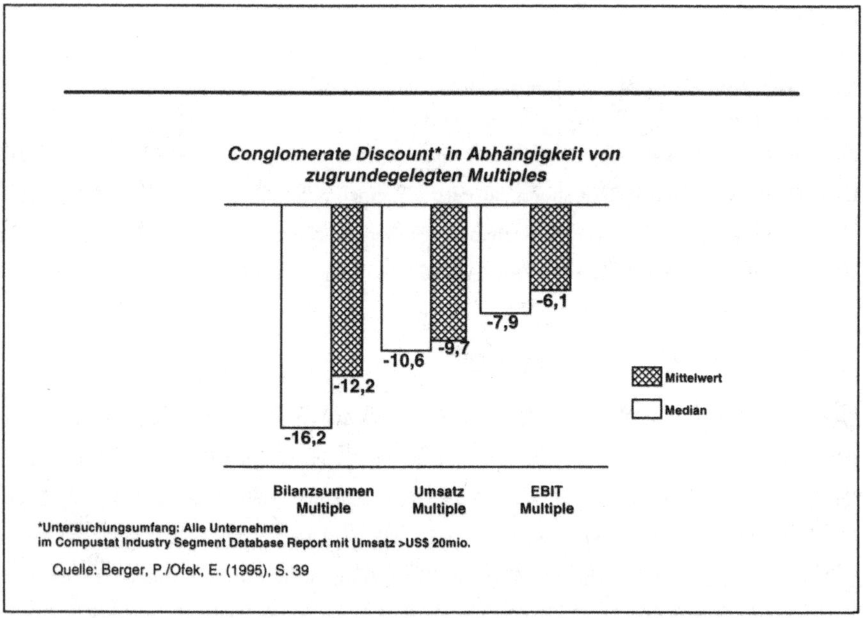

[195]Dabei wird üblicherweise der Median der Branche gebildet. Siehe dazu Krahnen, J. (1997), S. 5 und Berger, P./Ofek, E. (1995), S. 43

[196]So schreibt Berger/Ofek: *"To examine whether diversification enhances or decreases corporate value, we measure the percentage difference between a firm's total value and the sum of imputed values for ist segments as stand-alone entities...The sum of the imputed values of a company's segments estimates the value of the firm if all of ist segments are operated as stand-alone businesses."*. Siehe Berger, P./Ofek, E. (1995), S. 46

In einer entsprechenden Studie für den amerikanischen Markt, bei dem 16.181 Beobachtungen in den Jahren 1986 bis 1991 ausgewertet wurden, kommen **Berger/Ofek** zu dem Ergebnis, daß Diversifikation je nach verwendetem Multiplikator durchschnittlich zwischen 13% und 15% des Wertes vernichtet, den die einzelnen Unternehmensteile bei spezialisierter "stand-alone" Bewertung erzielen würden.[197] Dieses Phänomen wird in den USA als "Conglomerate Discount" bezeichnet.[198] (Vgl. Abbildung 12).

Dieser Abschlag wird mit der mangelnden Transparenz von Konglomeraten erklärt. Auf die Frage, ob Analysten mit der Bewertung von Konglomeraten überfordert seien und deshalb eben diese niedriger bewerteten, antwortete Sherman:[199]

"I think it's the analyst who believe that management doesn't understand what is going on in those conglomerates - the ones with lots of different businesses. And therefore, the analysts' expectation is that the management, by getting rid of some of the businesses, can better manage the remaining ones."

Nach Sherman ist es also nicht die Überforderung der Analysten mit Konglomeraten, sondern vielmehr die potentielle Überforderung des Managements mit einer Vielzahl von Geschäftsfeldern, die zum "Conglomerate Discount" führen.

Eine nach der gleichen Methode strukturierte Analyse führten verschiedene Analysten[200] für das deutsche Wirtschaftsmagazin **Capital** 1996 durch.[201] Untersuchungsgegenstand waren die 16 größten deutschen Mischkonzerne, als Multiplikator wurde der EBIT-Multiplikator verwendet. Die Ergebnisse sind in Tabelle 6 wiedergegeben.

Diese Analyse ergibt zwar kein eindeutiges Ergebnis, zeigt aber, daß nach dem Multiplikatoren-Ansatz zumindest einige große deutsche diversifizierte Unternehmen erhebliche Werte durch mangelnde Spezialisierung zu vernichten scheinen.

Zusammenfassend scheinen also die Analysen mittels Multiplikatoren-Methodik zwischen diversifizierten Unternehmen und der Bewertung der einzelnen Segmente auf stand-alone Basis zumindest

---

[197]Vgl. Berger, P./Ofek, E. (1995), S. 39

[198]Vgl. z.B. Brealey, R./Myers, S. (1996), S. 824

[199]Sherman, M. in einer Roundtable-Diskussion zum Thema "The Restructuring of Corporate America: A discussion of the reverse merger movement", in Stern, J./Chew, D. (1986), S. 177

[200]Analysten der Institute BHF-Bank, Goldman Sachs, Merrill Lynch, Morgan Stanley, Salomon Brothers, UBS und Williams de Broe

[201]Vgl. Luber, T.: "Riesen in Fesseln", in Capital 7/1996

eine positive Bewertung von Fokussierungsstrategien durch den Markt für Eigenkapital nicht auszuschließen.

Tabelle 6: Multiplikatoren-Analyse für deutsche Konglomerate im Vergleich zur stand-alone Bewertung

	Börsenwert Anfang 6/96 (in Mrd. DM)	stand alone Wert (in Mrd. DM)	Differenz in Prozent
RWE	29,7	39,6	-25,0
Hoechst	29,6	39,4	-24,9
Bayer	35,9	45,7	-21,4
Krupp-Hoesch	5,0	6,2	-19,4
Veba	38,4	46,9	-18,1
Viag	15,5	17,3	-10,4
Mannesmann	19,4	21,5	-9,8
Degussa	4,5	4,9	-8,2
MAN	5,7	6,2	-8,1
Thyssen	8,8	9,3	-7,4
Siemens	46,8	49,6	-5,6
Metallgesellschaft	3,8	3,7	+2,7
Linde	8,2	7,6	+7,9
Preussag	6,3	5,8	+8,6
Daimler-Benz	42,5	38,0	+11,8
Deutsche Babcock	0,6	0,3	+100,0

Quelle: Luber, T. (1996), S. 119

3.1.2.2.4 Markterfolg von Konglomeraten

Neben den oben genannten Untersuchungsdesigns bezüglich der Auswirkungen von Unternehmensstrategien auf die Marktbewertung, nämlich einerseits den Studien zur Reaktion des Aktienmarktes auf Unternehmenskäufe respektive Unternehmensverkäufe und andererseits den Comparables Analysen läßt sich als dritte Versuchsanordnung der langfristige Vergleich zwischen den Aktienrenditen von diversifizierten und denen von fokussierten Unternehmen unterscheiden. Obertitel dieser Untersuchungen ist meist der langfristige Erfolg von Konglomeraten gegenüber dem von spezialisierten Unternehmen. Dabei werden Konglomerate bzw. spezialisierte Unternehmen in der Regel mit eigens gebildeten Konzentrationsmaßen identifiziert und kategorisiert. Darauf aufbauend wird dann die durchschnittliche Aktienrendite, häufig auch die damit verbundenen Risikokomponenten ermittelt und daraus auf die Erfolgswirkung von Unternehmensstrategien geschlossen.[202]

Die ersten Studien bezüglich des risikoadjustierten Erfolges von Konglomeraten in den USA wurden für den Zeitraum Ende der sechziger und Anfang der siebziger Jahre durchgeführt. In einer Analyse von **Weston/Smith/Shrievers** wurde gezeigt, daß im Zeitraum von 1960 bis 1969 die Prämie für das systematische Risiko bei Konglomeraten signifikant über der von Aktienfonds lag.[203] Demgegenüber kamen **Melicher/Rush** für den Zeitraum von 1965 bis 1971 in einem Vergleich der risikoadjustierten Performance von Konglomeraten zu Nicht- Konglomeraten zu dem Ergebnis, daß Konglomerate zwar ein höheres systematisches Risiko, aber keine statistisch signifikanten Überrenditen erzielen konnten.[204]

Ähnlich den Ergebnissen von Melicher/Rush kommt **Palepu** in einer Studie unter Verwendung des Jacquemin/Berry-Maßes zu keinen signifikanten Unterschieden zwischen der Performance von diversifizierten und nicht diversifizierten Unternehmen.[205] Allerdings zeigen Palepus Ergebnisse, daß die Wachstumsrate der Unternehmensgewinne bei Unternehmen, die in verwandte Märkte diversifizieren, signifikant über der von Unternehmen liegt, die in unverwandte Märkte diversifizieren.

Bühner gelangt zu ähnlichen Ergebnissen für den deutschen Markt Ende der siebziger/Anfang der achtziger Jahre. Er mißt den Grad der Spezialisierung bzw. Diversifizierung mittels des Berry-Maßes und verwendet als risikogewichtetes Performance-Maß den Sharpe-Index.[206] Nach den Ergebnissen von Bühner verzeichnen stark diversifizierte Unternehmen eine deutlich unterdurchschnittliche Überrendite gegenüber wenig diversifizierten Unternehmen, gemessen an der Aktienrendite abzüglich dem Zins einer sicheren Anlage. Allerdings sind diese geringeren Überrenditen von stark diversifizierten Unternehmen auch mit geringeren Schwankungen (Risiko) verbunden.

---

[202] Zu einem Überblick über die relevante Literatur zu diesem Versuchsdesign siehe Palepu, K.: "Diversification Strategy, Profit Performance and the Entropy Measure", in Strategic Management Journal, Vol. 6, 1985, S. 241-243

[203] Vgl. Weston, J./Smith, K./Shrievers, R.: "Conglomerate Performance Using the Capital Asset Pricing Model", in Review of Economics and Statistics, November 1972, S. 357-363

[204] Vgl. Melicher, R./Rush, D.: "The Performance of Conglomerate Firms: Recent Risk and Return Experience", in JoF, 3/1973, S. 381-388. Für eine Zusammenfassung anderer früherer Studien zu Konglomeraten siehe Copeland, T./ Weston, J. (1992), S. 707f.

[205] Vgl. Palepu, K. (1985), S. 250

[206] Vgl. Bühner, R. (1983), S. 1030ff.

Spindler verwendet in einer Studie zum Diversifikationserfolg deutscher Unternehmen Ende der achtziger Jahre ebenfalls das Sharpe-Maß.[207] Spindler unterscheidet nach jeweiligem konjunkturellem Umfeld zwei Situationen: Situationen mit positivem und Situationen mit negativem konjunkturellem Umfeld. Während er in Zeiten günstiger wirtschaftlicher Phasen keinen Unterschied zwischen dem Erfolg von konzentrierten vs. konglomeral diversifizierten Unternehmen feststellen kann, schneiden in schwierigen konjunkturellen Phasen diversifizierte Unternehmen schlechter ab. Spindler führt diesen Befund auf den vergleichsweise hohen Koordinationsaufwand von Konglomeraten in Rezessionen zurück, der mögliche Synergie-Potentiale übersteigt. Zu eindeutigeren Ergebnissen kommen **Comment/Jarrell**: Diese untersuchen amerikanische Unternehmen im Zeitraum von 1978 bis 1989.[208] Dabei unterscheiden Comment/Jarrell die zwei Cluster (i) Unternehmen mit Erhöhung des Fokussierungsgrades und (ii) Unternehmen mit Reduktion des Fokussierungsgrades. Dabei fanden die Autoren heraus, daß die Unternehmen mit erhöhter Fokussierung die Gruppe mit reduzierter Fokussierung um durchschnittlich 7,4% über den Zeitraum von drei Jahren "outperformten". Zusätzlich konnten Comment/Jarrell nachweisen, daß eine Erhöhung des Fokussierungsgrades im Durchschnitt zu einer Überrendite im Vergleich zum Marktindex führt. Demgegenüber kommen Copeland/Weston in ihrer Analyse zu folgendem Schluß:[209]

> *"Risk-adjusted measures of conglomerates are not likely to be significantly different from those of others firms and portfolios."*

Zusammenfassend kann also festgestellt werden, daß die Ergebnisse bezüglich des Erfolges von Konglomeraten, gemessen an der Marktbewertung, keineswegs eindeutig sind, obwohl neuere Studien zunehmend eine positive Bewertung von Konzentrationsstrategien signalisieren[210]. Allerdings erscheinen diese Ergebnisse aufgrund unterschiedlicher Untersuchungszeitpunkte und Untersuchungsdesigns keineswegs auf den deutschen Markt vorbehaltlos übertragbar zu sein.

3.1.2.3 Zusammenfassung: Corporate Focus aus Shareholder Value-Sicht

Insgesamt bleibt festzuhalten, daß der amerikanische Markt, bei dem von einer starken praktischen Relevanz des Shareholder-Value-Ansatzes und von wirksamen Sanktionsmechanismen der Unternehmenseigentümer gegenüber dem Management auszugehen ist, mit seiner empirisch nachgewiesenen Entwicklung seit 1980 bis heute in Richtung einer Konzentration auf Kerngeschäfte ein

---

[207] Vgl. Spindler, H.: "Diversifikation in Konjunkturkrisen", in ZfB 58. Jg. (1988), S. 858-875

[208] Vgl. Comment, R./Jarrell, G. (1995), S. 67-87

[209] Vgl. Copeland, T./Weston, J. (1992), S. 708

[210] Vgl. Servaes, H. (1996), S. 1222

Indiz dahingehend bildet, daß Kerngeschäftsstrategien im Sinne der Unternehmenseigner sind. So schreiben Comment/Jarrell:[211]

"We find that the increase in focus measured across exchange-listed firms...is consistent with shareholder wealth maximization...."

Diese Meinung für den amerikanischen Markt bestätigen zum Teil die meisten aktuellen Analysen zu Corporate Focus aus Shareholder Value-Sicht, wobei, wie oben angeführt, nicht alle Studien für den amerikanischen Markt diesen Zusammenhang bestätigen. Im empirischen Teil dieser Arbeit wird zu prüfen sein, ob ein solcher Zusammenhang zwischen Kerngeschäftsstrategien ("Corporate Focus") und Marktbewertung im Sinne des Shareholder Value-Konzeptes in Deutschland existiert, das sich strukturell bezüglich Corporate Governance-Systemen und Bedeutung von Shareholder Value-Konzepten deutlich vom amerikanischen Markt unterscheidet.

3.2 Kerngeschäftsstrategie aus Sicht der Principal-Agent-Theorie

Im folgenden wird eine Beurteilung der Kerngeschäftsstrategie auf Basis der Principal-Agent-Theorie vorgenommen. Dabei wird zuerst eine kurze Darstellung der Principal-Agent-Theorie gegeben, um darauf aufbauend eine Einschätzung von Kerngeschäftsstrategien aus Sicht dieser Theorie vorzunehmen. Abschließend werden komprimiert nationale Unterschiede in den Sanktionsmechanismen zur Minimierung von Agency-Problemen (Corporate Governance) dargestellt, um den möglicherweise divergierenden Entwicklungsstand von Kerngeschäftsstrategien in den angelsächsischen Ländern einerseits und Deutschland andererseits zu erklären.

[211]Comment, R./Jarrell, G. (1995), S. 86

3.2.1 Die Principal-Agent-Theorie

Der klassischen volkswirtschaftlichen Theorie folgend, streben Unternehmer nach der Maximierung des Gewinnes. Dabei sind die Eigentümer und die Manager eines Unternehmens identisch.[212] Andererseits zeichnen sich die modernen, effizienten Volkswirtschaften durch einen hohen Grad an Arbeitsteilung aus. Entsprechend ist die Realität heutiger Unternehmensstrukturen durch eine Trennung von Kapitalgebern und Kapitalnehmern gekennzeichnet:[213] Bei börsennotierten Gesellschaften übertragen die Eigentümer ihre Property Rights an das Management[214]: Aufgrund von Spezialisierungsvorteilen werden Eigentums- und Verfügungsrechte getrennt.[215] Da entsprechend der klassischen mikroökonomischen Theorie jedes Individuum seinen individuellen Nutzen optimiert, optimieren bei Aktiengesellschaften das Management einerseits und der/die Eigentümer andererseits ihren jeweiligen Nutzen. Die Nutzen dieser beiden Gruppen weichen der Principal-Agent-Theorie folgend potentiell voneinander ab:

> *'If both parties to the relationship are utility maximizers there is good reason to believe that the agent will not always act in the best interest of the principal.'*[216]

Die aus dieser individuellen Nutzenmaximierung des Agenten potentiell resultierenden Abweichungen von den Interessen des Principalen werden Agency Probleme genannt.[217]

'The agency problem in this context refers to the difficulties financiers have in assuring that their funds are not expropriated or wasted on unattractive projects.'[218]

---

[212]Vgl. Fama, E. .:"Agency problems and the theory of the firm", in JPE, Vol. 88 (1980), No. 2, S. 289: *"In the classical theory, the agent who personifies the firm is the entrepreneur who is taken to be both manager and residual risk bearer."*

[213]Die ersten Überlegungen zu diesem Sachverhalt werden Berle, A./Means, G. zugeschrieben. Siehe Berle, A./Means, G.: "The Modern Corporation and Private Property", New York 1932. Grundlegende Arbeiten zur Principal Agent-Theorie stammen von Jensen, M./Meckling, W.: "Theory of the firm: Managerial behaviour, agency costs and ownership", in JoFE, Vol. 3, S. 305-360, Fama, E. (1980), S. 288-307 und Fama, E./Jensen, M.: "Separation of Ownership and Control", in Journal of Law and Economics, Vol. 26 (1983), S. 301-325

[214]Die typischerweise beschriebenen Principal-Agent-Beziehungen im Unternehmen sind die hier beschriebenen zwischen Management und Unternehmenseignern. Darüber hinaus existieren allerdings noch Principal-Agent-Beziehungen zwischen z.B. den Fremdkapitalgebern und dem Management, und zwischen dem Top-Management und dem Middlemanagement. Siehe zu anderen Principal-Agent-Beziehungen außerhalb des Unternehmens Jensen, M./Meckling, W. (1976), S. 309

[215]So schreibt Shleifer/Vishny: "The financiers need the managers specialized human capital to generate returns on their funds. The manager needs the financiers funds, since he either does not have enough capital of his own to invest or else wants to cash out his holdings." Vgl. Shleifer, A./Vishny, R.: "A Survey of Corporate Governance", in JoF, Vol. LII, No. 2, 1997, S. 740

[216]Vgl. Jensen, M./Meckling, W. (1976), S. 308

[217]Interessant sind auch neuere Überlegungen zu sogenannten Principal-Principal-Agent Beziehungen, wie sie zum Beispiel zwischen Aktionären, Aufsichtsräten und der Unternehmensleitung oder Aktionären, Aktienfonds und dem Unternehmen bestehen.

Während für die Unternehmenseigner die Erzielung einer angemessenen Rendite auf ihr investiertes Kapital in Form von Dividendenzahlung und Kurssteigerung im Vordergrund steht, kann es dem individuellen Nutzen des Managements durchaus eher entsprechen, nach Größe, Prestige und Risikominimierung zu streben:[219]

"For example, the self-interest of managers to acquire influence and reputation by expanding the operations of the firm may well run counter to the profit motive of owners."[220]

Zudem können Unternehmenseigner entsprechend der Portfolio-Theorie ihre Beteiligungen mit dem Ziel der Risikoreduktion zu geringen Kosten diversifizieren und sind somit bei einem Einzelengagement durchaus risikofreudig, wenn dies mit entsprechenden Renditen verbunden ist, während das Management sein Arbeitsplatzrisiko bei einem Scheitern einer Investition schwerlich "wegdiversifizieren" kann.[221] So kann unter Umständen die Risikoneigung bezüglich der Unternehmenspolitik der Manager einerseits und der Unternehmenseigner andererseits erheblich voneinander abweichen.

Nach Jensen treten Differenzen zwischen Managern und Unternehmenseignern insbesondere bei Unternehmen mit hohem Free Cash Flow[222] auf. In diesem Falle ist nach Jensen das Management geneigt, diese Überschüsse nicht an die Eigner auszuzahlen, um so bei zukünftigen Investitionen nicht auf den Kapitalmarkt angewiesen zu sein, der nach Jensen eine vom Management unerwünschte Kontrolle durch die Kapitalgeber darstellt.

Möglich werden Abweichungen von Eigentümerinteressen und Managementhandlungen der Principal-Agent-Theorie folgend durch sogenannte *Informationsasymmetrien* zwischen den beiden Gruppen. Danach haben die Agents aufgrund der Kontrollprobleme der Principals einen Informationsvorsprung, der sie relativ unabhängig von den Interessen des Principals handeln läßt.

Für die Kosten der Kontrolle des Managements haben Jensen/Meckling den Begriff der *"Monitoring Costs"* geprägt[223]. Diese Kosten stellen die Hauptursache für das Auftreten von Informationsassymetrien dar, da viele Aktionäre die Kosten der Informationsgewinnung scheuen und so das Mana-

---

[218]Shleifer, A./Vishny, R. (1997), S. 741

[219]Vgl. z.B. Denis, D./Denis, D./Sarin, A. (1997), S. 136, Jensen, M. (1986), S. 323 und Nunnen-kamp, P.: "The German Model of Corporate Governance", Kiel Working Papers No. 713, Kiel 1995, S. 2

[220]Denis, D./Denis, D./Sarin, A. (1997), S. 136

[221]Vgl. Amihud, Y./Lev, B.: "Risk reduction as a managerial motive for conglomerate mergers", in Bell Journal of Economics, 12 (1981), S. 607

[222]Vgl. Jensen, M. (1986), S. 323

[223]Vgl. Jensen, M./Meckling, W. (1976), S. 308

gement einen Informationsvorsprung behält. Insbesondere Kleinanleger werden bei Vergleich der Kosten der Informationsgewinnung und dem Nutzen dieser Information zur Überwachung des Managements vielfach diese "Monitoring Costs" vermeiden.

Dieses auch als *Free Rider Problem* bekannte Phänomen[224] erlaubt es dem Management insbesondere bei breit gestreutem Aktienbesitz, von Eigentümerinteressen abweichend zu handeln. Demzufolge hängt das Ausmaß des Principal-Agent-Konfliktes von der Stärke der Informationsasymmetrien ab. Die zweite entscheidende Determinante bezüglich potentieller Agency-Problem bildet das jeweilige *Corporate Governance System.* Corporate Governance ist der Oberbegriff aller Möglichkeiten der Unternehmenseigner, auf die Handlungen des Managements einzuwirken. Nach Rappaport lassen sich vier prinzipielle Faktoren unterscheiden, die das Management zu einer Orientierung an den Interessen der Unternehmenseigner bewegen können:[225]

A) Eine vergleichsweise bedeutsame Beteiligung des Managements am Eigentum,

B) eine Verknüpfung der Entlohnung des Managements mit der Eigentümerrendite,

C) drohende Übernahmen und/oder

D) lebhafte Konkurrenz auf dem Arbeitsmarkt für Führungskräfte.

Nach Shleifer/Vishny ist es vor allem die Disziplinierung durch den Kapitalmarkt, die eine Übereinstimmung zwischen Eigentümern und Management erzeugen sollte.[226] Danach werden Investoren bei allzu starker Abweichung der Management-Handlung von den Eigentümer-Interessen weniger Mittel in das Unternehmen anlegen wollen und so einerseits die Kapitalkosten des Unternehmens erhöhen[227] und andererseits den Marktwert senken. Diese Reduktion des Marktwertes bietet wiederum Chancen für Unternehmenskäufer, das Unternehmen zu kaufen und durch Implementierung einer effizienteren Strategie wieder an den maximal möglichen Unternehmenswert heranzuführen. Diese Mechanismen des "*Market for Corporate Control*", also einerseits die Reaktion des Marktes auf Unternehmensstrategien und damit auf die Kapitalkosten und andererseits die

[224] Vgl. dazu Shleifer, A./Vishny, R. (1997), S. 741

[225] Vgl. Rappaport, A. (1995), S. 7

[226] Vgl. Shleifer, A./Vishny, R. (1997), S. 746

[227] Der Zusammenhang ist wie folgt: Der Aktienmarkt dient der Eigenkapitalfinanzierung der Unternehmen. Diese nehmen durch Initial Public Offering oder Kapitalerhöhung Kapital auf. Damit werden die Kosten durch die Emissionskurse bestimmt. Um so höher der Emissionskurs, um so günstiger sind für das Unternehmen ceteris paribus die Finanzierungskosten. Der Emissionskurs hängt hierbei wiederum entscheidend von den erwarteten zukünftigen Zahlungsströmen ab, wobei die Erwartungen der Zukunft auch die Erfahrungen der Vergangenheit widerspiegeln. Bei negativen Erwartungen des Kapitalmarktes bezüglich der zukünftigen Erlöse, ausgelöst z.B. durch schlechte Erfahrungen in der Vergangenheit oder schlechte Investor Relation Arbeit, ermäßigen sich die Erlöse aus Kapitalerhö-

Gefahr des Hostile Takeovers bei suboptimalen Strategien bewirken dieser Theorie entsprechend eine an den Eigentümern orientierte Handlung des Managements. (Vgl. Abbildung 13)

Abbildung 13: Die Principal-Agent-Theorie

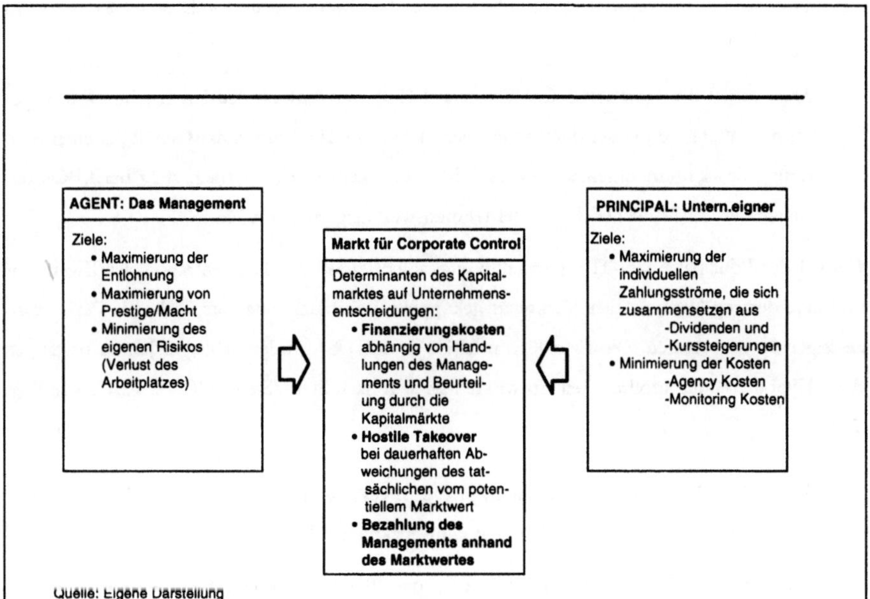

Quelle: Eigene Darstellung

Die empirische Evidenz für das Vorliegen von Agency-Kosten[228] belegt insbesondere die Auswirkung der Leveraged Buyouts (LBO´s) in den USA in den achtziger Jahren. Die Unternehmen, die durch Leveraged Buyouts übernommen wurden, zeichneten sich nach Jensen wie folgt aus:[229]

"Desirable leveraged buyout candidates are frequently firms or divisions of larger firms that have stable business histories and substantial free cash flow (i.e., low growth prospects and high potential for generating cash flows) - situations where agency costs of free cash flow are likely to be high."

---

hungsmaßnahmen, die Kapitalkosten steigen. Vgl. z.B. Schäfer, A.: "Die These der kurzfristigen Aktienbewegungen, theoretische und empirische Analyse", Köln 1997, S. 114

[228]Nach Jensen/Meckling gehören zu den Agency-Kosten neben den angesprochenen **Monitoring-Kosten** auch **Bonding Kosten**. Dies sind spezielle Prämien des Kapitalgebers an das Management zur Durchführung bzw. Unterlassung bestimmter Handlungen. Als dritte Komponente der Agency-Kosten wird der **Residual-Verlust** gerechnet, der Wertverlust, der durch Abweichungen der Handlungen des Managements von den durch die Kapitaleigner gewünschten trotz monitoring und bonding entsteht. Vgl. Jensen, M./Meckling, W. (1976), S. 308

[229]Vgl. Jensen, M. (1986), S. 325

Bei LBO´s der achtziger Jahre waren insbesondere drei Faktoren charakteristisch:

A) Die erhebliche Beteiligung des Managements am Kapital des Unternehmens. Die durchschnittliche Beteiligung des Managements am Eigenkapital der Firma lag bei ca. 20%.[230]

B) Darüber hinaus kontrollierte die LBO Firma über ihren Buyout Fonds ca. 60% des Eigenkapitals.[231]

C) Das Gehalt des Chef Executive Officers (CEO) war stark an den Unternehmenswert gekoppelt: Während bei der durchschnittlichen Fortune 1000-Firma das Gehalt bei einer Steigerung des Unternehmenswertes um $1000 um weniger als $3 stieg, stieg bei LBOs das Gehalt des CEOs bei gleicher Unternehmenswertsteigerung um $64.[232]

Gemäß der Principal-Agent-Theorie müßte eine solche drastische Konzentration des Eigentums und eine derartig klare, an den Marktwert gekoppelte Bezahlung eine entsprechende Performancesteigerung hervorrufen. Die Erfolge von LBOs in den USA in den achtziger Jahren bestätigen diese Hypothese zum größten Teil. So wirkten sie sich nach Stern/Stewart/Chew LBOs wie folgt aus:[233]

A) Beim Kauf des Unternehmens durch private Investoren erhielten die alten Aktionäre einen Aufschlag von 40-50% gegenüber dem damals aktuellen Börsenkurs

B) Der operative Cash Flow des LBOs stieg um 40% im Zeitraum zwischen zwei und vier Jahren nach dem Buyout

C) In den Fällen eines Exits über einen Börsengang bzw. Verkauf stieg der Unternehmenswert, verglichen mit dem Wert zwei Monate vor dem Buyout, um 235%. (Bereinigt um die allgemeine Marktentwicklung betrug die Steigerung immer noch 96%)

D) Es gibt keine Hinweise auf einen Rückgang der Beschäftigung

Daraus läßt sich folgern: Offensichtlich existierten vor dem LBO gravierende Agency-Kosten, sonst wären solche Verbesserung der Performance nicht möglich gewesen. Damit erscheint mindestens eine der Ursachen für die Steigerung der Performance durch LBOs in der Verminderung des Interessenkonfliktes zwischen Management und Eigner zu liegen, die durch Kapitalbeteiligungen

---

[230]Vgl. Stern, J./Stewart, G./Chew, D.(1995), S. 37

[231]Vgl. Ebenda, S. 37

[232]Vgl. Stern, J./Stewart, G./Chew, D.(1995), S. 37

[233]Vgl. Stern, J./Stewart, G./Chew, D. (1995), S. 37-38

des Managements einerseits und durch erfolgsabhängige Bezahlung andererseits in typischen LBOs erreicht wird.[234]

"The directors of a typical LBO don't merely represent the outside shareholders, they **are** *the principal shareholders."*[235]

Dementsprechend begründet auch die bekannteste LBO-Firma, Kohlberg Kravis Roberts & Co., den Erfolg der LBOs:[236]

"A key of these successes has been the creation of an enterprise in which management has an ownership stake so that control, ownership and management of the enterprise rest in the same hand, thereby creating an incentive to maximize the long run value of the enterprise."

Zu einem ähnlichen Schluß kommt der Chairman der amerikanischen Notenbank, Alan Greenspan:[237]

"So far, various pieces of evidence indicate that the trend toward more ownership by managers and tighter control by other owners and creditors has generally enhanced operational efficiency."

Zusammenfassend läßt sich sagen, daß die Trennung zwischen Eigentum und Kontrolle offensichtlich Kosten verursacht, die sogenannten Agency-Kosten, die die Principal-Agent-Theorie thematisiert. Allerdings sind diese den oben angesprochenen Spezialisierungsvorteilen der Kapitaleigner einerseits und der Manager andererseits entgegenzustellen, die eine Übertragung der Verfügungsrechte überhaupt erst ausgelöst haben. Offensichtlich überwiegen bei den heutigen börsennotierten Gesellschaften die Spezialisierungsvorteile immer noch gegenüber den Agency-Kosten, die allerdings, wie das Beispiel der LBOs zeigt, durch verstärkte Partizipation des Managements an Wertsteigerungen verringert werden können.

---

[234]Ein anderer, sicherlich nicht zu unterschätzender Faktor für die Performance-Verbesserung bildete sicherlich auch der hohe Verschuldungsgrad eines typischen LBO Unternehmens, der durch die steuerliche Bevorteilung entsprechende Cash Flow Effekte nach sich gezogen haben dürfte. Zudem werden durch einen solch hohen Verschuldungsgrad potentiell auch wertschaffende Maßnahmen durch das Management durch die erhöhte Insolvenz-Gefahr gefördert.

[235]Stern, J./Stewart, G./Chew, D.(1995), S. 38

[236]Kohlberg Kravis Roberts & Co. (with Deloitte Haskins & Sells): "Leveraged Buy-Outs", in JoACF, (1989), S. 65

[237]Greenspan, A. (1989): "Statement by Alan Greenspan, Chairman, Board of Governors of the Federal Reserve System before the Senate Finance Committee", in JoACF, 1989, S. 33

3.2.2 Beurteilung der Kerngeschäftsstrategie aus Sicht der Principal-Agent-Theorie

In diesem Abschnitt werden die Erkenntnisse der Principal-Agent-Theorie auf die Strategie der Konzentration auf das Kerngeschäft übertragen. Es wird der Frage nachgegangen, welche Anreize für die Durchführung einer solchen Strategie für das Management einerseits und für die Eigentümer andererseits bestehen und welche möglichen Interessengegensätze zwischen beiden Seiten bezüglich Kerngeschäftsstrategien auftreten können. Abschließend wird darauf eingegangen, wie ein möglicher Ausgleich divergierender Interessen zwischen Eigentümern und Management über das Ausmaß von Kerngeschäftsstrategien über den Kapitalmarkt zum Ausgleich gebracht werden kann.

Anhand des oben entwickelten Analyse-Rasters zur Principal-Agent-Theorie (Abbildung 15) wird eine Einordnung der Kerngeschäftsstrategie in dieses Rational vorgenommen. Folgende Faktoren können aus Sicht der Principal-Agent-Theorie zu unterschiedlichen Beurteilungen von Kerngeschäftsstrategien durch den Principal einerseits und den Agenten andererseits führen:

Generell geht die Principal-Agent-Theorie von einem **Streben des Managements nach Unternehmensgröße** aus[238]: Dies wird mit Macht- und Prestigestreben einerseits[239] und mit der zum Teil an die Unternehmensgröße gekoppelten Entlohnung anderseits[240] erklärt. Diese entscheidenden Parameter der Entscheidungen des Managements stehen nicht in direkter Korrelationen mit dem Unternehmenswert. Damit verfolgt das Management potentiell Ziele, die den unmittelbaren Interessen der Unternehmenseigner, die in erster Linie nicht an der Unternehmensgröße, sondern an der Profitabilität des Unternehmens interessiert sind, widersprechen. Dieser Argumentation folgend liegt eine Konzentrationsstrategie auf wenige Kerngeschäfte, die mit einem Abstoßen von Randbereichen verbunden wäre, potentiell *nicht* im Interesse des Managements, auch wenn diese Strategie den Unternehmenswert erhöhen würde und somit im Interesse der Eigentümer läge.

Eine zweite wesentliche Interessendivergenz bezüglich des Konzentrationsgrades besteht in der gewünschten **externen Transparenz** eines Unternehmens für Investoren. Während die Investoren (die "Principale") über die erwarteten Renditen und Risiken möglichst umfassend informiert sein wollen, ist ein intensives Monitoring durch die Kapitalmärkte vom Management größtenteils uner-

---

[238]Vgl. Morck, R./Shleifer, A./Vishny, R. (1990), S. 32

[239]Vgl. Jensen, M. (1986), S. 323 und Denis, D./Denis, D./Sarin, A. (1997), S. 136. Eng verwandt mit dieser Argumentation ist die Hybris-Hypothese von Roll, der argumentiert, daß das Management seine Fähigkeiten bei Unternehmenskäufen systematisch überschätzt. Vgl. Roll, R.: "The Hybris Hypothesis of Corporate Takeovers", in Journal of Business, Vol. 59 (1986), S. 198

wünscht, da es den eigenen Handlungsspielraum einengt.[241] Während ein auf seine Kerngebiete konzentriertes Unternehmen dem Aktienmarkt eine klare Einschätzung über Markt, Risiken und potentielle Renditen erlaubt, ist die externe Evaluierung eines breit gefächerten Konglomerates mit erheblichen Monitoring Kosten verbunden und vergrößert damit potentielle Informationsasymmetrien. Dies könnte aus eben diesem Grunde im Interesse des Managements liegen und somit zusätzlich eine Spezialisierung auf wenige Bereiche durch das Management verhindert, auch wenn dies dem Interesse der Eigner aufgrund der Erhöhung der Transparenz entsprechen würde.

Der dritte fundamentale Interessenkonflikt zwischen Management und Unternehmenseignern bezüglich des Grades der Fokussierung liegt in der Beurteilung des **Unternehmensrisikos.**[242] Während der Investor durch Risikostreuung seines Portefeuilles das Einzelrisiko des Unternehmens diversifizieren kann, ist das individuelle Risiko des Unternehmens für das Management bedeutend: Dieses kann in der Regel sein Arbeitsplatzrisiko nicht diversifizieren und ist somit im Gegensatz zu den Aktionären deutlich risikoaverser.[243] Die mit einer Konzentration auf wenige Kerngeschäftsgebiete verbundene Risikoerhöhung stellt dieser Argumentation zufolge für das Management eine unerwünschte Erhöhung des individuellen Risikos dar, das im Gegensatz dazu von den Anteilseignern durch Portfolio Streuung verringert werden kann und somit für letztere unerheblich ist. Auch dieser Argumentation zufolge dürfte das Management in einem wesentlich geringerem Umfang Kerngeschäftsstrategien verfolgen als dies für die Unternehmenseigentümer optimal wäre.

Diesen Gedanken zufolge besteht also ein gravierender potentieller Interessengegensatz zwischen Management und Aktionären in der Beurteilung von Kerngeschäftsstrategien: Während aus Sicht der Eigentümer eine Zunahme der Konzentration wünschenswert ist, entspricht eine Verringerung des Fokus ("Defokus") den Eigeninteressen des Managements oftmals mehr. Eine empirische Analyse von Denis/Denis/Sarin bestätigt genau diese Hypothese: Nach dieser Studie steigt mit der finanziellen Beteiligung des Managements am Unternehmen auch die Konzentration des Unternehmensportfolios, die Anzahl der durchschnittlichen Segmente pro Unternehmen sinkt.[244] Offenbar wächst mit steigender Eigentümerorientierung, ausgelöst durch die direkte finanzielle Beteili-

[240]Vgl. Jensen, M./Murphy, K.: "Performance pay and top management incentives", in Journal of Political Economics 98,(1990), S. 225-264

[241]Vgl. Jensen, M. (1986), S. 323

[242]Vgl. hierzu auch Kapitel 3.3, daß die Risikobeurteilung von Unternehmen detailliert anhand der modernen Kapitalmarkttheorie aufzeigt. Zur Definition und Aufgliederung des Unternehmensrisikos siehe Templin, H.: "Unternehmensrisiko und Bilanzkennzahlen", Wiesbaden 1998, S. 5ff.

[243]Vgl. Jensen, M./Murphy, K. (1990), S. 244 und Morck, R./Shleifer, A./Vishny, R. (1990), S. 32

[244]Vgl. Denis, D./Denis, D./Sarin, A. (1997), S. 144

gung des Managements an den Ergebnissen des eigenen Unternehmens, die Konzentration auf Kerngeschäfte. (Vgl. Abbildung 15)[245] Auch diese Studie scheint danach die im vorigen Kapitel geäußerte Hypothese, daß eine Konzentration auf Kerngeschäfte im Sinne des Shareholder Value sei, zu bestätigen.

Dementsprechend ziehen Denis/Denis/Sarin folgenden Schluß:

> *"Overall, these findings support the hypotheses that (1) agency problems are responsible for firms maintaining value-reducing diversification strategies, and (2) the general increase in focus in the 1980s can be attributed to increased monitoring associated with the market for corporate control."*[246]

Diese Ergebnisse (Vgl. Abbildung 14) zeigen, daß die Konzentration auf Kerngeschäfte im Interesse der Unternehmenseigner ist und davon abweichende Strategien auf Principal-Agent-Konflikte zurückzuführen sind. Offensichtlich konnten diese Konflikte seit Anfang der achtziger Jahre in den USA verringert werden, denn, wie die Ergebnisse von Comment/Jarrell zeigen[247], fand seit dieser Zeit eine eigentümerorientierte Fokussierung der Unternehmen auf ihre Kerngeschäfte statt.

Wie aber hat nun der Markt für Unternehmenskontrolle diese Entwicklung zur Konzentration auf das Kerngeschäft ausgelöst? Wie konnten die Interessen der Eigentümer gegenüber dem Management durchgesetzt werden?

Nach der Theorie des Marktes für Corporate Control bewirkt eine Zuwiderhandlung des Managements dem Eigentümerinteresse gegenüber einen relativen Kursverlust, effiziente Kapitalmärkte unterstellt. Dies erhöht zum einen die Finanzierungs- und damit die Kapitalkosten eines Unternehmens[248] und zum anderen die Wahrscheinlichkeit einer feindlichen Übernahme, wie im vorigen Kapitel gezeigt werden konnte. Damit schließt ein effizienter Markt für Corporate Control die langfristige Abweichung der Unternehmenspolitik von den Eigentümerinteressen aus. Dies könnte damit auch in den letzten Jahren in den USA die Rückkehr bzw. die Entwicklung hin zum Kerngeschäft erklären.

---

[245]Dabei testen die Autoren auch andere mögliche Einflußfaktoren auf den Konzentrationsgrad mittels einer multiplen Regressionsrechnung. Demnach haben auch andere Faktoren einen statistisch signifikanten Einfluß auf den Fokussierungsgrad, so z.B. auch die Firmengröße, aber der statistisch signifikante negative Einfluß des Beteiligungsgrades des Managements auf die Zahl der Segmente bleibt mit einem t-Wert von -3,74 bestehen. Vgl. Denis, D./Denis, D./Sarin, A. (1997), S. 143. "We document a strong negative relation between the extent of diversification and managerial equity ownership. This negative relation holds over time and after controlling for other well-known factors related to the level of diversification." Vgl. Denis, D./Denis, D./Sarin, A. (1997), S. 158

[246]Denis, D./Denis, D./Sarin, A. (1997), S. 136

[247]Vgl. Comment, R./Jarrell, G. (1995), S. 67 und den Ausführungen dazu in Kapitel 3.1 dieser Arbeit.

[248]Vgl. dazu die Erklärung in Fußnote 227 dieser Arbeit.

Abbildung 14: Zusammenhang zwischen Beteiligung des Managements am Unternehmen und Konzentrationsgrad des Unternehmens

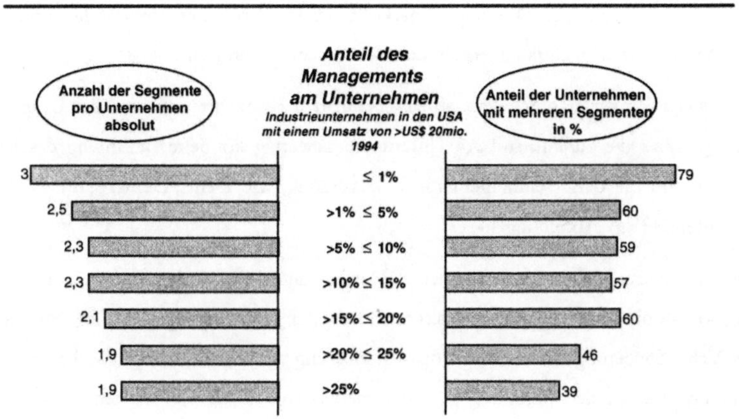

Quelle: Denis, D./Denis, D./Sarin, A. (1997), S. 141

Empirische Untersuchungen in den USA bestätigen diese Hypothese: Diese zeigen, daß die **Finanzierungskosten von nicht kerngeschäftsfokussierten Unternehmen höher** sind als von Einproduktunternehmen:

A) Zum einen beträgt der oben angesprochene sogenannte "Conglomerate Discount" in den USA nach aktuellen Studien ca. 13-15% des gesamten Unternehmenswertes[249], was nichts anderes heißt, als daß im Durchschnitt Konglomerate höhere Kapitalkosten zu tragen haben als auf Kerngeschäfte spezialisierte Unternehmen.

B) Zum anderen zeigen Event Studies, daß Unternehmenskäufe außerhalb des Kerngeschäftes vom Aktienmarkt deutlich schlechter bewertet werden als Zukäufe im Kerngeschäft: So zeigte die oben angesprochene Analyse von Morck/Shleifer/Vishny, daß die durchschnittliche Börsenkursreaktion auf Unternehmenskäufe im Stammgeschäft unmittelbar

[249]Vgl. Berger, P./Ofek, E. (1995), S. 39

nach Bekanntgabe bei plus 2,38 Prozent lag, während bei Käufen außerhalb des Kerngeschäftes die Reaktion bei minus 1,89 Prozent lag[250] (Vgl. Abbildung 11).

C) Außerdem konnten Comment/Jarrell (Vgl. Abbildung 7) zeigen[251], daß es eine positive Korrelation zwischen Anzahl der Segmente pro Unternehmen und Wahrscheinlichkeit von Hostile Takeovers gibt. Der Kapitalmarkt "bestraft" also Unternehmen, die entgegen den Eignerinteressen zu stark außerhalb des Kerngeschäftes tätig sind.

D) Die vierte Einwirkung des Kapitalmarktes auf den Konzentrationsgrad der Unternehmen erfolgt über die zunehmend am Unternehmenswert gekoppelte Bezahlung des Managements und die damit einhergehende Fokussierung, wie Denis/Denis/Sarin 1997 zeigen konnten[252] (Vgl. Abbildung 14).

Offensichtlich waren diese vier wesentlichen Determinaten des Market for Corporate Control wirksam, so daß die aufgezeigte amerikanische Entwicklung zum Kerngeschäft im Sinne der Shareholder Value-Steigerung einerseits und der Minimierung von Agency-Kosten andererseits in den USA durchgesetzt werden konnte (Vgl. zusammenfassend zu dem erörterten Zusammenhang Abbildung 15).

Im folgenden Kapitel sollen unterschiedliche strukturelle Voraussetzungen der Möglichkeiten der Einflußnahme durch die Unternehmenseigner aufgezeigt werden.

---

[250]Vgl. Morck, R./Shleifer, A./Vishny, R. (1990), S. 31-45. Generell stellen Morck/Shleifer/Vishny fest, daß Akquisitionen insbesondere aus individuellen Nutzenmaximierungskalkülen des Managements erfolgen und dementsprechend häufig eine zu hohe Prämie gezahlt wird: *"Another view of overpay is that managers of bidding firms pursue personal objectives other than maximization of shareholder value...Some investments are particularly attractive from the former perspective: they contribute to long term growth of the firm, enable the manager to diversify the risk of his human capital, or improve his job security*", Morck, R./Shleifer, A./Vishny, R. (1990), S, 31/32

[251]Vgl. Comment, R./Jarrell, G. (1995), S. 82

[252]Vgl. Denis, D./Denis, D./Sarin, A. (1997), S. 141

Abbildung 15: Beurteilung der Kerngeschäftsstrategie aus Principal Agent-Sicht

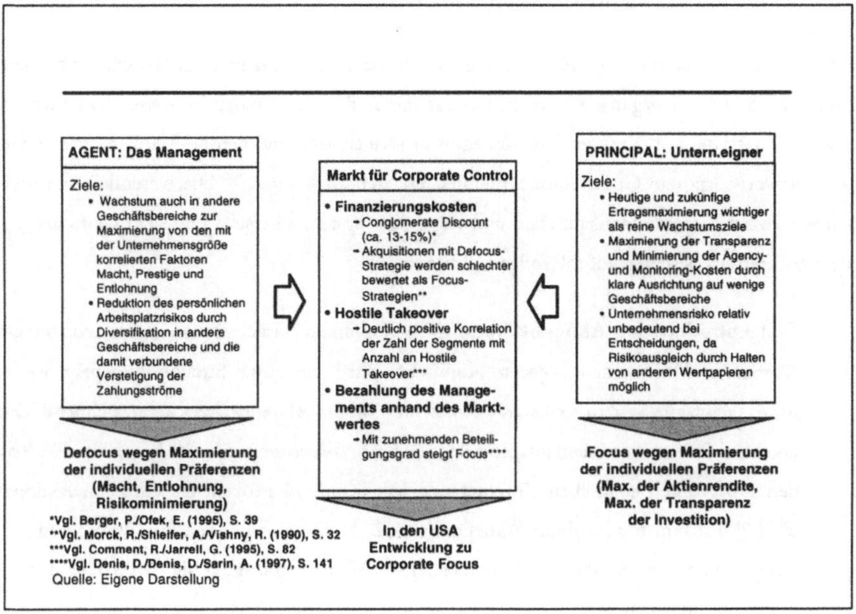

3.2.3 Corporate Governance und die Auswirkungen auf Kerngeschäftsstrategien

Die oben beschriebenen Aktionen des Marktes für Corporate Control zur Reduktion von potentiellen Principal-Agent-Problemen im allgemeinen und der verstärkten Konzentration auf Kerngeschäfte im speziellen sind typische Beispiele der Einflußnahme der Kapitalmärkte auf die Aktionen der Unternehmen. Das gesamte System der Kontrolle der Kapitalgeber über die Handlungen der Kapitalnehmer wird **Corporate Governance** bzw. Unternehmensaufsicht genannt.[253]

> *"Corporate Governance deals with the ways in which suppliers of finance to corporations assure themselves of getting a return on their investment."*[254]

Corporate Governance umfaßt neben den Instrumenten des Marktes für Unternehmenskontrolle zum Beispiel auch die Eigentümerstruktur der Unternehmen (Streubesitz vs. dominierende Ein-

[253]Zur Definition von Corporate Governance bzw. Unternehmensaufsicht siehe z.B. Malik, F. (1997): "Wirksame Unternehmensaufsicht", Frankfurt 1997, S. 91ff.

[254]Shleifer, A./Vishny, R. (1997), S. 737

zelaktionäre), die Bedeutung der jeweiligen Eigenkapitalmärkte oder die institutionalisierte Überwachung durch Gremien (Aufsichtsrat, Hauptversammlung).

An dieser Stelle soll kurz auf wesentliche Unterschiede zwischen dem amerikanischen und dem deutschen System eingegangen werden, um auf dieser Basis den möglicherweise abweichenden Entwicklungsstand von Kerngeschäftsstrategien in Deutschland und den USA anhand von unterschiedlichen Corporate Governance Strukturen erklären zu können.[255] Die wesentlichen Unterschiede zwischen dem amerikanischen und englischen System einerseits und dem deutschen System andererseits bestehen auf folgenden Gebieten:

A) **Konzentration des Aktienbesitzes**. Während im angelsächsischen Raum von einem *"market-based"* Governance-System gesprochen wird, das durch Streubesitz geprägt ist, ist für das deutsche System eine starke Konzentration des Aktienbesitzes kennzeichnend. Das deutsche System wird dementsprechend auch als *"relationsship-oriented"* bezeichnet.[256] Von den 170 größten englischen Unternehmen hält in nur 16 Prozent ein einzelner Aktionär über 25 Prozent des gesamten Aktienbesitzes, in Deutschland haben die 170 größten Unternehmen zu fast 85 Prozent zumindest einen Aktionär mit mehr als 25 Prozent Aktienbesitz am Unternehmen.[257]

B) **Liquidität der Kapitalmärkte**. Während die Aktienmarktkapitalisierung in den USA 1997 bei 129% des nominalen Bruttoinlandsproduktes und in Großbritannien 1997 sogar bei über 155 Prozent lag, betrug die deutsche Aktienmarktkapitalisierung in 1997 nur 39 Prozent des BIPs[258] (Vgl. Tabelle 7).

[255]Für eine detaillierte Darstellung des deutschen Governance-Systems siehe Drukarczyk, J./ Honold, D./ Schüler, A.: "Shareholders and Intensity of Control", Regensburg 1996, Schmidt, H./ Drukarczyk, J./ Honold, D./ Prigge, S./ Schüler, A./ Tetens, G.: "Corporate Governance in Germany", Baden Baden 1997 und Baums, T.: "Corporate Governance Systems in Europe -Differences and Tendencies of Convergence - Crawford Lecture - ", Osnabück 1996

[256]Vgl. Kaplan, S.: "Corporate Governance and Corporate Performance: A comparison of Germany, Japan, and the U.S.", in JoACF Winter 1997, Volume 9, Number 4, S. 86

[257]Vgl. Franks, J./ Mayer, C. (1997), S. 33. Siehe auch Shleifer, A./Vishny, R. (1997), S. 754 oder Drukarczyk, J./ Honold, D./ Schüler, A. (1996), S. 28

[258]Vgl. Deutsche Bundesbank, Monatsbericht April 1998, Frankfurt 1998, S. 58

Tabelle 7: Aktienmarktkapitalisierung im internationalen Vergleich

Land/ Gruppe	Aktienmarkt-kapitalisierung in Mrd. DM	Aktienmarktkapitalisierung in % des BIP	Jährliches Wachstum in den neunziger Jahren**
Deutschland	1.479	39%	11%
Großbritannien	3.707	155%	12%
USA	19.028	129%	18%
Japan	3.737	48%	-10%
EU-11*	5.327	44%	-

Quelle: Deutsche Bundesbank, Monatsbericht April 1998, S. 58
*Europäische Union ohne Dänemark, Griechenland, Großbritannien und Schweden
**Bezogen auf den Zeitraum 1989 bis 1997

C) **Struktur des Aktienbesitzes.** In den USA und Großbritannien halten institutionelle Anleger[259] über 50 Prozent des gesamten handelbaren Aktienbesitzes.[260] Dagegen liegt der Besitz deutscher Versicherungen und Kapitalanlagegesellschaften am Gesamtaktienumlauf unter 11 Prozent. Größte deutsche Aktienbesitzer sind mit fast 40 Prozent Unternehmen ("Intercorporate Holdings").[261] Ebenfalls charakteristisch für das deutsche Corporate Governance System ist die bedeutende Stellung der Banken in der Unternehmensüberwachung. So halten die Banken 8,3 Prozent des deutschen Aktienbesitzes, üben aber durch das Depotstimmrecht einen entscheidenden Einfluß auf die börsennotierten deutschen Unternehmen aus. So vertreten Kreditinstitute bei Hauptversammlungen deutscher Großunternehmen bei z.T. über 80 Prozent des anwesenden Kapitals.[262] Dementsprechend ist von einem erheblich abweichenden Anforderungsprofil des amerikanischen im Vergleich zum deutschen Aktienmarkt gegenüber dem Management auszugehen.

Diese deutlichen strukturellen Unterschiede zwischen dem angloamerikanischen und dem deutschen Governance-System lassen aber noch keine klare Beurteilung der Überlegenheit eines Sy-

[259]Pensionsfonds, Investmentfonds, Versicherungen und Stiftungen

[260]Vgl. Schäfer, A. (1997), S. 8/9

[261]Deutsche Bundesbank: "Wertpapierdepots", August 1995, Frankfurt

[262]So kam Gottschalk in einer Analyse der Stimmrechtsanteile von Kreditinstituten auf Hauptversammlungen bei 32 Großunternehmen 1986 zu dem Ergebnis, daß 83% des anwesenden Kapitals durch Kreditinstitute vertreten wurden, vgl. Gottschalk, A.: "Der Stimmrechtseinfluß der Banken in Aktionärsversammlungen der Großunternehmen", in WSI-Mitteilungen, 41. Jhg., S. 294-304. Übereinstimmend kommen Baums/Fraune 1992 in einer Untersuchung der 24 größten deutschen Unternehmen auf einen Stimmrechtseinfluß der Banken bei Aktionärsversammlungen von 84,09%. Vgl. Baums, T./Fraune, C.: "Institutionelle Anleger und Publikumsgesellschaft: Eine empirische Untersuchung", in: Die Aktiengesellschaft, Vol. 40, S. 97-112, 1994

stems zu. Von einem konzentrierten Aktienbesitz (wie in Deutschland) wird häufig auf eine Reduktion der Agency-Kosten geschlossen: Große Aktionäre haben die Möglichkeit, ein intensives Monitoring des Managements zu betreiben und damit das Free-Rider Problem von AGs in Streubesitz zu vermeiden.[263] Außerdem ist bei großen Investoren von einer direkten Beeinflussung auf die Handlungen des Managements auszugehen.

"The benefits of large investors are at least theoretically clear: they have both the interest in getting their money back and the power to demand it."[264]

Diese theoretisch richtige Überlegung ist allerdings nur begrenzt anwendbar auf das deutsche System. So birgt der große Aktienbesitz in Unternehmenshand nach Franks/Mayer die Gefahr der mangelnden Kontrolle:[265]

"Intercorporate holdings, while possibly achieving some coordination benefits, are also likely to create insider systems that are largely immune to necessary corrective intervention by outside investors."

Zudem ist das deutsche System durch die Arbeitnehmermitbestimmung gekennzeichnet: Zusammen mit dem Aktienbesitz bei Banken und anderen Unternehmen ist bei allen drei Gruppen eine starke Interessenübereinstimmung mit dem Management zu erwarten: Sowohl das Management als auch die kontrollierenden Banken[266], Arbeitnehmervertreter und Unternehmen verfolgen vorrangig Ziele wie Wachstum und Sicherheit und stehen damit potentiell im Gegensatz zu Kleinanlegern und institutionellen Anlegern, die eher eine Rentabilitäts- respektive Unternehmenswertmaximierung anstreben.

Resümierend kann an dieser Stelle kein abschließendes Urteil über die relative Vorteilhaftigkeit der unterschiedlichen Governance Systeme getroffen werden: Der Erfolg der amerikanischen/britischen Volkswirtschaft einerseits und der deutschen anderseits zeigt, daß beide Systeme als erfolgreich zu bewerten sind. Allerdings gibt es Anlaß für die Vermutung, daß das deutsche "relationship-oriented" Governance System in der **ex- post** Bereinigung von Abweichungen der Managerhandlungen von den Kapitalgeberinteressen schneller und effizienter ist.[267] Dies wird mit

---

263 Vgl. Shleifer, A./Vishny, R. (1997), S. 754 und Nunnenkamp, P. (1995), S. 3

264 Vgl. Shleifer, A./Vishny, R. (1997), S. 758

265 Franks, J./Mayer, C. (1997), S. 45

266 So schreibt Drukarczyk *"Man könnte das Entscheidungsverhalten verkürzt als Management-orientiert bezeichnen: Kreditinstitute stehen in Publikumsgesellschaften eher auf der Seite der zu Kontrollierenden als auf der Seite derer, von der sich ihre Stimmenmacht vorrangig herleitet."* Vgl. Drukarczyk, J. (1993), S. 636. Als Beispiele nennt Drukarczyk das Stimmen der Kreditinstitute für Bezugsrechtsausschlüsse, für Höchststimmrechte und für Abfindungsangebote, die alle im Interesse des Managements, aber keineswegs im Interesse der Einzelaktionäre liegen.

267 Vgl. Franks, J./Mayer, C. (1997), S. 44

den oben beschriebenen Informations- und Einflußnahmevorteilen konzentrierten Aktienbesitzes begründet. Dagegen wird das amerikanische "market-based" System in der **ex-ante** Vermeidung von Principal-Agent-Abweichungen für effizienter gehalten: Das Management richtet sich in Antizipation drohender feindlicher Übernahmen respektive Kursverluste frühzeitig an den Interessen der Shareholder aus.

"...while perhaps better suited to some corporate activities with longer-term payoff, concentrated ownership could also lead to costly delays in undertaking necessary corrective action.."[268]

Es kann festhalten werden, daß aufgrund der obigen Ausführungen zu erwarten ist, daß die in den USA empirisch festgestellte Entwicklung hin zur Konzentration auf Kerngeschäfte im Sinne einer Ausrichtung am Shareholder Value einerseits und der Reduktion von Principal-Agent-Kosten andererseits in Deutschland später und mit weniger starker Deutlichkeit vollzogen wurde, da das deutsche Corporate Governance System bei Großunternehmen weniger deutlich an den Interessen der Unternehmenseigner ausgerichtet ist und weniger Handlungsparameter besitzt als das anglo-amerikanische System.[269] Diese aus den oben identifizierten Zusammenhängen abgeleitete Hypothese wird im empirischen Teil dieser Arbeit, insbesondere in Kapitel vier, zu überprüfen sein.

3.3 Rendite-Risiko-Konzepte

Im folgenden werden die wesentlichen Konzepte der Kapitalmarkttheorie, das Modell der Portfolio-Selection von Markowitz sowie das Capital Asset Pricing Model (CAPM) von Sharpe und Lintner vorgestellt[270], die wichtige Implikationen bezüglich die Vorteilhaftigkeit von Kerngeschäftsstrategien und deren Marktbewertung beinhalten und in den nächsten Abschnitten abgeleitet werden.

---

[268]Franks, J./Mayer, C. (1997), S. 45

[269]So ist in Deutschland der Corporate Governance Mechanismus der feindlichen Unternehmensübernahmen längst noch nicht politisch akzeptiert, wie der Übernahmeversuch der Krupp Hoesch AG bezüglich der Thyssen AG 1997 gezeigt hat.

[270]Die Bedeutung der vorzustellenden Modelle zeigt sich neben der praktischen Verwendung dieser Modelle auch in der Vergabe der Nobelpreise an Markowitz und Sharpe 1990 für ihre Arbeiten auf dem Gebiet der Kapitalmarktforschung.

3.3.1 Die Theorie der Portfolio-Selection

3.3.1.1 Die Portfolio-Diversifikation nach Markowitz

Das Modell der Portfolio-Selection wurde von Harry Markowitz entwickelt und erklärt die Funktionsweise der Mischung von Wertpapieren in einem Portfolio.[271] Aufbauend auf diesen Überlegungen läßt sich eine rational gebildete Wertpapiermischung ableiten, die wichtige Erkenntnisse über die Zusammenhänge und Wirkungsweisen der modernen Kapitalmärkte beinhaltet. Diese tragen darüber hinaus auch zum Verständnis der Strategie der Konzentration auf Kerngeschäfte bei, wie im folgenden gezeigt werden wird. Grundlage der Portfolio-Theorie sind folgende Annahmen:

A) Die Entscheidung der Investoren beziehen sich auf **eine Periode**.

B) Die Investoren beurteilen Wertpapiere ausschließlich anhand der Dimensionen Erwartungswert (μ) und Standardabweichung (σ). Diese auch als **$\mu\sigma$-Kriterium** bekannte Beurteilung impliziert, daß Wertpapiere nicht aufgrund der gesamten Wahrscheinlichkeitsverteilung beurteilt werden, sondern anhand der zwei Größen Erwartungswert und Varianz bzw. Standardabweichung. Dies setzt voraus, daß entweder die Risikopräferenzen durch eine quadratische Risikonutzenfunktion beschrieben werden können oder die Renditeverteilung einer Normalverteilung entspricht.[272]

C) Die Investoren sind **risikoavers**: Bei gegebener Rendite bevorzugen Investoren Wertpapiere mit geringerem Risiko; bei gegebenem Risiko bevorzugen sie die Wertpapiere mit der höchsten Rendite.

D) Es existieren keine Steuern und Transaktionskosten.

Diese Annahmen unterstellt, kann bei N Wertpapieren die Rendite des Portfolios aus dem gewichteten Durchschnitt der Renditen der einzelnen Wertpapiere berechnet werden. Der Erwartungswert der Portfolio-Rendite ist dementsprechend auch der gewichtete Durchschnitt der Erwartungswerte der einzelnen Wertpapiere des Portfolios.

$$(1)\quad \overline{R}_p = \sum_{i=1}^{N} X_i \overline{R}_i$$

wobei

[271] Vgl. Markowitz, H. (1952), S. 77-91

[272] Siehe dazu Copeland, T./Weston, F.: "Financial Theory and Corporate Policy", New York 1992, S. 155 ff.. Zur empirischen Überprüfung der Normalverteilung der Aktienrenditen siehe Copeland, T./ Weston, F. (1992), S. 209. Generell kann man danach bei monatlichen Renditen von einer logarithmischen Normalverteilung ausgehen. Siehe dazu auch Fama, E.: "The Behaviour of Stock Market Prices", in Journal of Business, January 1965, S. 34-105

$\overline{R}_p$ = Die erwartete Rendite des Portfolios p
$\overline{R}_i$ = Die erwartete Rendite des Wertpapieres i
N = Anzahl der Wertpapiere
X_i = Wertmäßiger Anteil des Wertpapieres i am Portfolios

Die entscheidende Aussage der Portfolio Theorie ist nun, daß die Varianz des Portfolios nicht nur durch den gewichteten Durchschnitt der Einzelvarianzen berechnet wird, sondern auch durch die stochastische Abhängigkeit zwischen den einzelnen Renditen der Wertpapiere. Die Varianz eines Portfolios ist definiert als der Erwartungswert der quadrierten Abweichungen der Renditen eines Portfolios von dem Mittelwert respektive dem Erwartungswert der Renditen des Portfolios.[273] Die Varianz eines Portfolios aus zwei Wertpapieren errechnet sich dann zu:

$$(2)\ \sigma_p^2 = X_1^2\sigma_1^2 + X_2^2\sigma_2^2 + 2X_1X_2\sigma_{12}$$

Die gegenseitige Abhängigkeit von Wertpapieren wird mit dem Korrelationskoeffizienten gemessen, der sich aus der Kovarianz und der Standardabweichung berechnet:

$$(3)\ \rho_{ij} = \frac{\sigma_{ij}}{\sigma_i\sigma_j}$$

Aus (2) und (3) ergibt sich für die Standardabweichung eines Portfolios aus zwei Wertpapieren:

$$(4)\ \sigma_p = \sqrt{X_1^2\sigma_1^2 + X_2^2\sigma_2^2 + 2X_1X_2\sigma_{12}} =$$
$$\sqrt{X_1^2\sigma_1^2 + (1-X_1)^2\sigma_2^2 + 2X_1(1-X_1)\rho_{12}\sigma_1\sigma_2}$$

Anhand dieser beiden Größen, also dem Risiko eines Portfolios einerseits, dargestellt in Gleichung (4), und dem Erwartungswert der Renditen andererseits (siehe Gleichung (1)), treffen rational handelnde Investoren ihre Anlageentscheidungen. Dieses Entscheidungskriterium ist graphisch in Abbildung 16 durch die Rendite-Standardabweichungs-Matrix dargestellt. Bei der Optimierung der Kombination dieser beiden Größen gilt, daß das Portfolio-Risiko im Vergleich zu dem einfachen gewichteten Mittel der Einzelrisiken um so geringer ausfällt, je näher der Korrelationskoeffizient gegen minus eins geht. Bei einem Korrelationskoeffizient von minus eins ist es sogar möglich, solche Kombinationen der beiden Wertpapiere zu bilden, bei denen das Gesamtrisiko des Portfolios Null beträgt. Somit wird deutlich, daß bei entsprechendem Korrelationskoeffizienten ein Portfolio-Risiko erzielt werden kann, das kleiner als das Risiko des Wertpapiers mit dem geringsten

[273]Vgl. Copeland, T./Weston, J. (1992), S. 150 und Elton, E./Gruber, M. (1995), S. 55

Risiko ist. Dies sind die Kernaussagen der Portfolio Theorie von Markowitz, nach denen sich durch Mischung von unterschiedlichen Anlagen eine in der Regel gegenüber der Einzelanlage überlegene Rendite-Risko-Struktur erzielen läßt.

Abbildung 16: Zusammenhang zwischen Erwartungswert der Rendite und Standardabweichung in Abhängigkeit vom Korrelationskoeffizienten

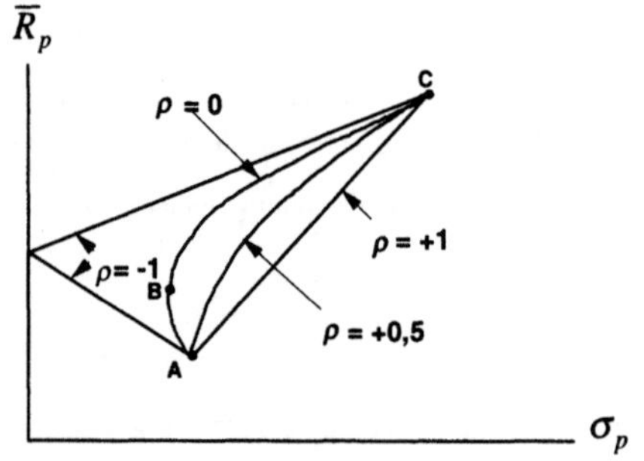

Quelle: Elton, E./Gruber, M. (1995), S. 80

Generell werden diejenigen Punkte in der Rendite-Standardabweichung-Matrix als effizient bezeichnet, die zwischen dem Punkt des Minimums des Risikos respektive der Standardabweichung und dem Maximum der erwarteten Rendite liegen (Vgl. Abbildung 16, Punkte B und C).[274] Alle Punkte unterhalb diesen Kombination sind ineffizient, da entweder bei gegebenem Risiko die Rendite erhöht werden oder bei gegebener Rendite das Risiko gesenkt werden kann. Entscheidende Aussage der Portfolio-Selection ist also, daß bis auf den Spezialfall der vollkommen positiven Korrelation durch Mischung von Wertpapieren eine Varianz respektive Standardabweichung erzielt werden kann, die kleiner ist als die durchschnittliche Varianz der im Portfolio enthaltenen Wertpapiere. Damit kann der Investor durch Wertpapiermischung entsprechend seiner individuellen Rendite-Risiko-Isonutzenkurve ein Portfolio bilden, das gegenüber der Anlage in nur ein Wertpapier generell überlegen ist.

Wenn nun neben risikobehafteten Wertpapieren auch die Möglichkeit einer Anlage in eine risikofreie Anlageform besteht,[275] wird die individuelle Wertpapierwahl unabhängig von der individuellen Isonutzenkurve: Die Kombination aus risikofreier Anlage und Anlage in einem Portfolio ist eine lineare Verbindung (Vgl. Abbildung 17).[276]

Dabei ergibt sich die Linie effizienter Wertpapiermischungen aus der Verbindung der risikofreien Rendite, Punkt R_f in Abbildung 17 und dem Tangentialpunkt G der risikobehafteten Wertpapiere, da alle Verbindungen unterhalb dieser Linie bei gleichem Risiko geringere Renditen erzielen. Damit halten alle Investoren dasselbe Portfolio an risikobehafteten Wertpapieren G. Diese Entscheidung ist unabhängig von der individuellen Risikopräferenz. Diese beeinflußt lediglich die Höhe der individuellen Beimischung der risikofreien Anlage R_f. Die Aussage der Portfolio-Theorie, daß das optimale Portfolio von risikobehafteten Wertpapieren unabhängig von individuellen Isonutzenkurven ermittelt werden kann, wird als **Separationstheorem** bezeichnet.[277] Die Verbindungslinie zwischen der risikofreien Anlagemöglichkeit Rf und dem durch den Tangentialpunkt ermittelten effizienten Portfolio G wird durch die **Kapitalmarktlinie** beschrieben, die den Zusammenhang zwischen dem Portfolio-Risiko und der Rendite des Portfolios darstellt.

Diese von Markowitz entwickelten Zusammenhänge zwischen Risiko und "Return" von Wertpapieren gehören zu den grundlegenden Erkenntnissen der modernen Kapitalmarkttheorie und implizieren wichtige Erkenntnisse auch auf die Beurteilung von Kerngeschäftsstrategien, wie im folgenden gezeigt werden wird.

---

[274] Vgl. Elton, E./Gruber, M. (1995), S. 85

[275] In der Praxis wird hierzu meist die Anlage in festverzinsliche Staatsanleihen herangezogen.

[276] Mathematisch ergibt sich die Linie wie folgt: X bezeichnet den Anteil der Anlage, der in ein Portfolio von Wertpapieren angelegt wird. Dann bezeichnet (1-X) den Anteil, der in risikofreie Anlagen investiert wird. R_M bezeichnet die erwartete Rendite des risikobehafteten Portfolios, R_F die Rendite der risikofreien Anlage. Damit ergibt sich für die erwartete Rendite aus risikofreier Anlage und risikobehaftetem Portfolio:

$$\overline{R}_P = (1-X)R_F + X\overline{R}_M$$

Die Standardabweichung ist:

$$\sigma_P = \left[(1-X)^2\sigma_F^2 + X^2\sigma_M^2 + 2X(1-X)\sigma_M\sigma_F\rho_{FM}\right]^{1/2} = \left(X^2\sigma_M^2\right)^{1/2} = X\sigma_M$$

Einsetzen von X in $\overline{R}_M$ ergibt

$$\overline{R}_M = R_F + \left[(\overline{R}_M - R_F)/\sigma_M\right]\sigma_P$$

Vgl. Elton, E./Gruber, M. (1995), S.83f

[277] Vgl. Elton, E./Gruber, M. (1995), S. 90 und Copeland, T./Weston, J. (1992), S. 181

Abbildung 17: Kombinationen von risikoloser Anlage und risikobehafteten Wertpapieren

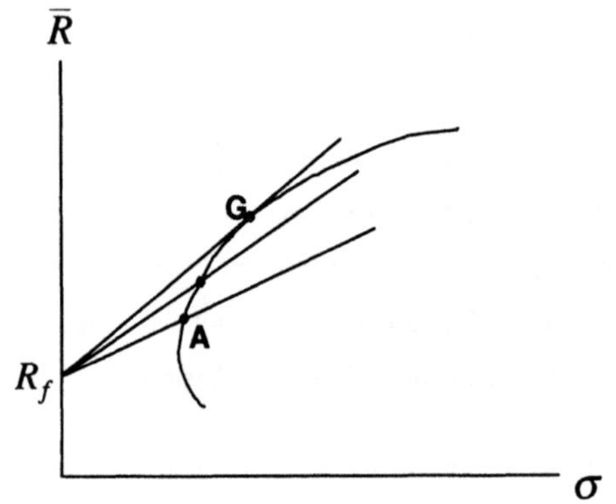

Quelle: Elton, E./Gruber, M. (1995), S. 90

3.3.1.2 Implikationen für Kerngeschäftsstrategien

Im vorigen Kapitel konnte nachgewiesen werden, daß die Mischung von mehreren Wertpapieren fast in jedem Fall gegenüber der Anlage in nur ein Wertpapier überlegen ist. Aufbauend auf dieser Erkenntnis soll nun in diesem Kapitel analysiert werden, ob dieser Zusammenhang der individuellen Portfolio-Diversifikation auch auf Unternehmen und ihre Konzentrations- bzw. Diversifikationsstrategie übertragbar ist. Ist es für ein Unternehmen sinnvoll, durch Diversifikation seiner Aktivitäten eine verbesserte Rendite-Risiko-Kombination zu erzielen, entsprechend dem privaten Investor, der dies durch Anlagen in verschiedene Wertpapiere erreichen kann? Macht eine solche Rendite-Risiko-Optimierung des Unternehmens aus Sicht der Anteilseigner Sinn? Oder ist aus deren Sicht die Konzentration auf wenige Kerngeschäfte besser? Diese Fragen sollen im folgenden anhand der oben abgeleiteten Portfolio Theorie von Markowitz bearbeitet werden. Hierzu wird der von Markowitz entwickelte Zusammenhang zwischen Risiko und Rendite im Falle von zwei Wertpapieren auf N Wertpapiere übertragen.

Für die Varianz eines Portfolios von N Wertpapieren gilt, abgeleitet aus Gleichung (2):

$$(5)\ \sigma_p^2 = \sum_{j=1}^{N} X_j^2 \sigma_j^2 + \sum_{j=1}^{N} \sum_{\substack{k=1 \\ k \neq j}}^{N} X_j X_k \sigma_{jk}$$

Im folgenden sei nun davon ausgegangen, daß die Wertpapiere im Portfolio dem Wert nach gleich stark vertreten sind:

$$X_j = X_k = \ldots = \frac{1}{N}$$

Damit ergibt sich aus (5)

$$(6)\ \sigma_p^2 = \sum_{j=1}^{N} \left(\frac{1}{N}\right)^2 \sigma_j^2 + \sum_{j=1}^{N} \sum_{\substack{k=1 \\ k \neq j}}^{N} \left(\frac{1}{N}\right)\left(\frac{1}{N}\right) \sigma_{jk}$$

Durch Umformung erhält man

$$(7)\ \sigma_p^2 = (1/N) \sum_{j=1}^{N} \left[\frac{\sigma_j^2}{N}\right] + \frac{(N-1)}{N} \sum_{j=1}^{N} \sum_{\substack{k=1 \\ k \neq j}}^{N} \left[\frac{\sigma_{jk}}{N(N-1)}\right]$$

Beide Terme in eckigen Klammern sind Durchschnitte. Daraus ergibt sich:

$$(8)\ \sigma_p^2 = \frac{1}{N}\ \bar{\sigma}_j^2 + \frac{N-1}{N} \bar{\sigma}_{jk}$$

Dies läßt sehr wichtige Folgerungen zu: Wenn N, die Anzahl der Wertpapiere im Portfolio, gegen unendlich geht, ergeben sich aus den beiden Termen aus (8) folgende Grenzwerte:

$$(9)\ \xrightarrow{\lim N \to \infty} \left(\left(\frac{1}{N}\right) \bar{\sigma}_j^2\right) = 0$$

$$(10)\ \xrightarrow{\lim N \to \infty} \left(\left(\frac{N-1}{N}\right) \bar{\sigma}_{jk}\right) = \bar{\sigma}_{jk}$$

Daraus ergibt sich aus (10)

$$(11) \xrightarrow{\lim N \to \infty} \left[\left(\frac{1}{N} \right) \overline{\sigma}_j^2 + \frac{N-1}{N} \overline{\sigma}_{jk} \right] = \overline{\sigma}_{jk}$$

Das heißt, daß bei genügend großer Anzahl von Wertpapieren im Portfolio die Varianz des Portfolios gegen die durchschnittliche Kovarianz $\overline{\sigma}_{jk}$ strebt, also die Bedeutung der Einzelvarianzen der Wertpapiere σ_j^2 gegen Null gehen.

Kommen wir noch einmal auf Gleichung (5) zurück, die Varianz eines Portfolios. Nach den dargestellten Überlegungen läßt sich das Risiko eines Portfolios in zwei Teile aufspalten, in das diversifizierbare, auch unsystematische Risiko genannt, und in das nicht-diversifizierbare, systematische Risiko eines Portfolios.

$$(12)\ \sigma_p^2 = \underbrace{\sum_{j=1}^{N} \left(\frac{1}{N} \right)^2 \sigma_j^2}_{\substack{\text{Unsystematisches,} \\ \text{diversifizierbares} \\ \text{Risiko}}} + \underbrace{\sum_{j=1}^{N} \sum_{\substack{k=1 \\ k \neq j}}^{N} \left(\frac{1}{N} \right) \left(\frac{1}{N} \right) \sigma_{jk}}_{\substack{\text{Systematisches,} \\ \text{nicht} \\ \text{diversifizierbares} \\ \text{Risiko}}}$$

Gleichung 12 besagt, daß für einen Investor das unsystematische Risiko eines einzelnen Wertpapiers irrelevant ist: Dieses kann er durch ausreichende Zahl an Wertpapieren "wegdiversifizieren". Einzig entscheidend ist die Kovarianz des individuellen Wertpapiers zum Marktportfolio, denn dieses Risiko kann durch die Investoren nicht diversifiziert werden. Dieser Zusammenhang ist in Abbildung 18 dargestellt.

Eine empirische Fundierung liefern Uhlir/Steiner.[278] Diese untersuchen mittels eines internationalen Vergleichs das Ausmaß der Risikoreduktion bei zunehmendem Portfolioumfang. Dazu definieren diese die Größe Diversifikationseffizienz als das mit dem durchschnittlichen Risiko aller Einzelpapiere relativierte Portfolio-Risiko. Daraus ergeben sich die in Tabelle 8 dargestellten Ergebnisse.

---

[278] Vgl. Uhlir, H./Steiner, P.: "Wertpapieranalyse", Heidelberg 1994, S. 168. Zu ähnlichen Ergebnissen kommt auch Fama. Vgl. Fama, E.: "Foundation of Finance", New York 1976, S. 253f.. Siehe dazu auch Schmidt, R.: "Wertpapieranalyse", in Grochla, E./Wittmann, W.: "Handwörterbuch der Betriebswirtschaft", Stuttgart 1976, S. 4436

Abbildung 18: Zusammenhang zwischen Portfoliorisiko und Wertpapieranzahl

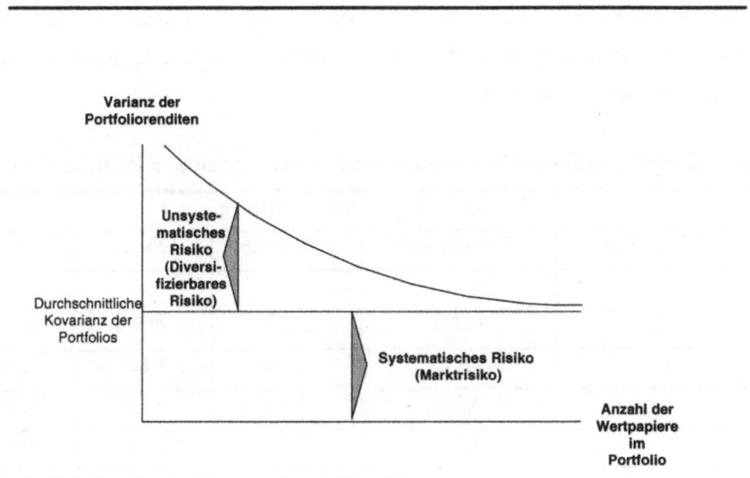

Quelle: Eigene Darstellung in Anlehnung an Ross, S./Westerfield, R./Jaffe, J. (1996), S. 269

Tabelle 8: Vergleich der Diversifikationseffekte

Diversifikationseffizienz				
Portfolio-umfang	Deutschland	Österreich	Schweiz	USA
1	100,0%	100,0%	100,0%	100,0%
2	81,8%	76,8%	79,5%	79,0%
3	75,7%	69,1%	72,7%	72,0%
4	72,1%	65,3%	69,3%	68,5%
5	70,8%	62,9%	67,2%	66,4%
.	.	.	.	.
10	67,2%	58,3%	63,2%	62,2%
.	.	.	.	.
40	64,4%	54,7%	60,1%	59,0%

Quelle: Uhlir, H./Steiner, P. (1994), S. 168

Die Ergebnisse zeigen, daß durch Portfoliomischung in Deutschland vergleichbare Diversifikationseffekte wie in den USA erzielbar sind und daß ab etwa zehn Wertpapieren der Zuwachs an Diversifikationseffizienz marginal wird. Das verbleibende Risiko stellt das nicht diversifizierbare, systematische Risiko dar und wird mathematisch durch die durchschnittliche Kovarianz der Wertpapiere mit dem Marktportfolio berechnet (siehe Gleichung 12). Somit kann schon mit etwa zehn Wertpapieren daß unsystematische Risiko durch Investoren fast vollständig gegen Null diversifiziert werden, wie auch Tabelle 9 zeigt.

Tabelle 9: Zuwachs an Diversifikationseffizienz in Abhängigkeit vom Portfolio-Umfang

Zuwachs an Diversifikationseffizienz				
Portfolioumfang	Deutschland	Österreich	Schweiz	USA
1	-	-	-	-
2	18,2%	23,2%	20,5%	21,0%
3	6,1%	7,7%	6,8%	7,0%
4	3,6%	3,8%	3,4%	3,5%
5	1,3%	2,4%	2,1%	2,1%
.	.	.	.	.
10	0,4%	0,5%	0,5%	0,5%
.	.	.	.	.
40	0,0%	0,0%	0,0%	0,0%

Quelle: Uhlir, H./Steiner, P. (1994), S. 168

Copeland/Weston fassen dies wie folgt zusammen:[279]

"As the number of assets in a portfolio increases, the risk that an asset contributes to a portfolio reduces to be exclusively the covariance risk. Therefore the portion of an asset's risk that is uncorrelated to the economy can be avoided at no costs. No rational investor will pay a premium to avoid diversifiable risk."

Investoren beurteilen einzelne Wertpapiere nicht aufgrund des Gesamtrisikos dieses Wertpapiers, sondern ausschließlich aufgrund der Kovarianz dieses Papiers mit dem Marktportfolio. Daher ist eine Reduktion des Unternehmensrisikos seitens des Unternehmens nur insoweit für die Anteilseigner respektive Investors relevant, als dies die Kovarianzrisiken zu den anderen Papieren am Markt reduziert.

[279] Vgl. Copeland, T./Weston, J. (1992), S. 188

Diese Erkenntnisse erlauben wichtige Rückschlüsse bezüglich der Beurteilung des ökonomischen Rationals der Strategie der Konzentration auf Kerngeschäfte: Die oft vom Management angeführte Argumentation der Risikoreduktion zur Begründung von Diversifikationen ist aus Sicht der Investoren nicht schlüssig: Investoren beurteilen lediglich das durch die Kovarianz des Papiers mit dem Markt ausgedrückte systematische Risiko, das diese nicht diversifizieren können. Dagegen können Investoren das unsystematische, individuelle Risiko eines Unternehmens ohne große Kosten durch Mischung mit anderen Wertpapieren gegen Null diversifizieren, wie oben gezeigt wurde. Diese Diversifikation des unsystematischen Risikos ist zwar mit Kosten verbunden, anders als dies Copeland/Weston in dem obigen Zitat anführen, allerdings sind diese Kosten zweifelsohne geringer als diejenigen des Unternehmens. Letztere müssen zur Diversifikation des unsystematischen Risikos einerseits Unternehmen kaufen, wobei eine Prämie für die Führung des Unternehmens zu entrichten ist, die der Investor bei Kauf von Aktien nicht zu entrichten hat. Die Alternative zum Kauf eines Unternehmens, der eigenständige Aufbau neuer Geschäftsfelder, dürfte ebenfalls mit erheblichen Kosten für das diversifizierende Unternehmen verbunden sein, die ebenfalls die Transaktionskosten des Investors beim Kauf von Anteilen übersteigen dürften. Dies gilt insbesondere durch die aktuellen Tendenzen der Kostenreduktion bei Wertpapiergeschäften zum Beispiel durch Direktbanken oder Online-Orders.

Die mit einer Konzentration auf Kerngeschäfte potentiell verbundene Erhöhung des individuellen Risikos eines Unternehmens ist nach der Portfolio-Theorie von Markowitz für die Anteilseigner unerheblich, da diese das unsystematische Risiko unproblematisch eliminieren können. Dagegen erscheint die der Konzentrationsstrategie entgegen gerichtete Diversifikationsstrategie des Unternehmens, die mit einer verbesserten Risiko Rendite Position seitens des Unternehmens begründet wird, für die Anteilseigner wenig attraktiv. Denn in diesem Fall können Anteilseigner individuelles Risiko-Exposure billiger und effizienter verbessern können als dies das Unternehmen mit einer Diversifikationsstrategie erreichen kann.

Zusammenfassend erscheinen Diversifikationsstrategien aus Sicht von Anteilseignern, also den "Shareholder", die ihre Anlagepolitik entsprechend der Portfolio Theorie von Markowitz gestalten, wenig sinnvoll. Die durch Diversifikation seitens der Unternehmen erzielbaren potentiellen Risikovorteile können Anleger effizienter und günstiger erreichen, wie dies auch der oben dargestellte Kursabschlag von Konglomeraten durch die Kapitalmärkte zeigt. Dagegen erscheint die mit Kerngeschäftsstrategien möglicherweise einhergehende Risikoerhöhung aus der Sicht der Portfolio Theorie unerheblich: Das potentiell erhöhte unternehmensindividuelle Risiko kann von den Investoren durch die Beimischung von anderen Wertpapieren diversifiziert werden. Hierdurch dürften sich keine negativen Auswirkungen auf das Risiko Return Exposure der Investoren durch Kerngeschäftsstrategien ergeben. Diesen Überlegungen zufolge entspricht das ökonomische Rational von Kerngeschäftsstrategien im Gegensatz zu Diversifikationsstrategien durchaus dem der Portfolio Theorie. Diese Übereinstimmung kann eine zusätzliche Erklärung dafür geben, warum in den USA seit den achtziger Jahren eine Entwicklung hin zur Konzentration auf Kerngeschäfte stattgefunden hat, wie in Abbildung 7 dieser Arbeit dargestellt wurde: Mit der Verbreitung der Erkenntnisse der Kapitalmarkttheorie ist möglicherweise auch eine Umsetzung dieser Gedanken auf Unternehmensebene vollzogen worden.

3.3.2 Das Capital Asset Pricing Model

Die bisherigen Ausführungen zum Zusammenhang zwischen Rendite und Risiko von Wertpapieren bezogen sich auf die Überlegungen eines individuellen Investors zur optimalen Portfolio Gestaltung. Im folgenden wird untersucht, was sich bei **Aggregation der individuellen Entscheidungen** aller Investoren ergibt, um so die Wirkungsweise der Kapitalmärkte beleuchten zu können.[280] Diese Gleichgewichtsanalyse wird Aufschluß über die Rendite-Risiko-Beurteilungen der Kapitalmärkte geben und damit zusätzliche Erkenntnisse über die Bewertung von Kerngeschäftsstrategien erlauben. Das nun vorgestellte Capital Asset Pricing Model (CAPM) gilt als Grundmodell der Gleichgewichtsmodelle für Kapitalmärkte.

3.3.2.1 Das theoretische Konzept und seine Implikationen auf Kerngeschäftsstrategien

Das von Sharpe[281] und Lintner[282] unabhängig voneinander entwickelte Capital Asset Pricing Model (CAPM) geht von restriktiven Annahmen aus, die aber im Laufe der Zeit unter Beibehaltung der Hauptaussagen gelockert wurden.[283] Dabei gilt die Aussage von Elton/Gruber:[284]

> *"It is worthwhile pointing out, at this time, that the final test of a model is not how reasonable the assumptions behind it appear but how well the model describes reality."*

Die Annahmen des CAPM sind: [285]

---

[280] Vgl. Elton, E./Gruber, M. (1995), S. 261

[281] Vgl. Sharpe, W. (1994), S. 425-442

[282] Vgl. Lintner, J.: "Security Prices, Risk, and Maximal Gains from Diversification", in JoF, December 1965, S. 587-615

[283] Zur Berechnung und den Aussagen solcher Erweiterungen siehe z.B. Copeland, T./Weston, J. (1992), S. 205ff.

[284] Elton, E./Gruber, M. (1995), S. .261

[285] Vgl. Elton, E./Gruber, M. (1995), S. 262

- Es existieren keine Transaktionskosten und Steuern.
- Wertpapiere sind beliebig teilbar.
- Es herrscht vollständige Konkurrenz: Kein einzelner Investor kann die Wertpapierpreise bestimmen.
- Investoren entscheiden nach den im vorigen Kapitel abgeleiteten Kriterien Erwartungswert der Rendite und deren Standardabweichung. Sie sind risikoavers.
- Zum Zinssatz R_f können unbegrenzt Mittel angelegt und ausgeliehen werden.
- Die Investoren haben homogene Erwartungen bezüglich der normalverteilten Renditen.

Die letzte Annahme ist dabei die entscheidende: Wenn alle Investoren gleiche Erwartungen haben, sehen sich alle Investoren mit dem gleichen Optimierungsproblem konfrontiert, das in Abbildung 17 dargestellt wurde. Nach dem Separationstheorem halten dann alle Investoren das gleiche Portfolio an risikobehafteten Wertpapieren, nämlich dasjenige, daß in Abbildung 17 mit dem Punkt G bezeichnet wurde. Dies ist das sogenannte **Marktportfolio.**[286] Damit halten alle Investoren nur Kombinationen aus zwei Anlagen: Einerseits aus dem Marktportfolio G mit der erwarteten Rendite $E(R_m)$ und andererseits aus der sicheren Anlage R_f. Damit gilt die folgende **Kapitalmarktlinie** als Ausdruck des Verhältnisses zwischen Erwartungswert der Portfolio Rendite und dem Portfolio Risiko:

$$(13)\quad E(R_p) = R_f + \underbrace{\frac{E(R_m) - R_f}{\sigma_m}}_{\substack{\text{Marktpreis}\\ \text{für Risiko}}} \underbrace{\sigma_P}_{\substack{\text{Ausmaß}\\ \text{des}\\ \text{Risikos}}}$$

Die erwartete Rendite eines Portfolios setzt sich nach Gleichung (13) aus der Summe des sicheren Zinssatzes R_f und dem Marktpreis für Risiko, multipliziert mit dem Ausmaß des Risikos zusammen. Wie bildet sich nun die erwartete gleichgewichtige Rendite eines einzelnen Wertpapiers? Es gilt:

X_i = Wertmäßiger Anteil des Wertpapiers i am Marktportfolios

Für den Erwartungswert und die Standardabweichung eines Portfolios gilt:

---

[286] Das Marktportfolio besteht aus allen risikobehafteten Wertpapieren. Jedes Papier wird in dem Ausmaß gehalten, wie es sein Marktwert zum Gesamtmarktwert angibt.

$$(14)\quad E(R_p) = X_i E(R_i) + (1 - X_i) E(R_m)$$

$$(15)\quad \sigma(R_p) = \sqrt{X_i^2 \sigma_i^2 + (1 - X_i)^2 \sigma_m^2 + 2X_i(1 - X_i)\sigma_{im}}$$

wobei gilt

σ_i^2 = Varianz des riskanten Wertpapiers i

σ_m^2 = Varianz des Marktportfolios

σ_{im} = Kovarianz zwischen dem Wertpapier i und dem Marktportfolio

Die Ableitung der zwei Gleichungen (14) und (15) nach X_i ergeben:

$$(16)\quad \frac{\partial E(R_p)}{\partial X_i} = E(R_i) - E(R_m)$$

$$(17)\quad \frac{\partial \sigma(R_p)}{\partial X_i} =$$

$$\frac{1}{2}\left[X_i^2 \sigma_i^2 + (1 - X_i)^2 \sigma_m^2 + 2X_i(1 - X_i)\sigma_{im}\right]^{-1/2}\left[2X_i\sigma_i^2 - 2\sigma_m^2 + 2X_i\sigma_m^2 + 2\sigma_{im} - 4X_i\sigma_{im}\right]$$

Im Marktportfolio ist das Wertpapier i bereits enthalten. D.h., daß X_i die Überschußnachfrage nach Wertpapier i bezeichnet[287]. Diese ist im Marktgleichgewicht gleich Null, so daß man schreiben kann:

$$\left.\frac{\partial E(R_p)}{\partial X_i}\right|_{X_i=0} = E(R_i) - E(R_m)$$

$$\left.\frac{\partial \sigma(R_p)}{\partial X_i}\right|_{X_i=0} = \frac{1}{2}\left(\sigma_m^2\right)^{-1/2}\left(-2\sigma_m^2 + 2\sigma_{im}\right) = \frac{\sigma_{im} - \sigma_m^2}{\sigma_m}$$

Damit gilt im Marktgleichgewicht (Punkt G in Abbildung 17) für die Steigung der Tangente als dem Verhältnis zwischen Rendite und Standardabweichung:

[287] Vgl. Copeland, T./Weston, J. (1992), S. 197

$$\left.\frac{\dfrac{\partial E(R_p)}{\partial X_i}}{\dfrac{\partial \sigma(R_p)}{\partial X_i}}\right|_{X_i=0} = \frac{E(R_i)-E(R_m)}{(\sigma_{im}-\sigma_m^2)/\sigma_m}$$

In Punkt G muß diese Steigung der Steigung der Kapitalmarktlinie entsprechen, so daß gilt:

$$(18)\quad \frac{E(R_m)-R_f}{\sigma_m} = \frac{E(R_i)-E(R_m)}{(\sigma_{im}-\sigma_m^2)/\sigma_m}$$

Umformung nach $E(R_i)$, der erwarteten Rendite des Wertpapiers i ergibt:

$$(19)\quad E(R_i) = R_f + \left[E(R_m)-R_f\right]\frac{\sigma_{im}}{\sigma_m^2}$$

Gleichung (19) ist die Gleichung des CAPM. Diese gibt an, welche Rendite von einem bestimmten Wertpapier bei gegebenem Risiko erwartet wird. Die erwartete Rendite setzt sich zusammen aus dem risikofreien Anlagezins R_f plus einer Risikoprämie: Diese ist das Produkt aus dem Risikopreis und der individuellen Risikomenge. Der Risikopreis ist die Differenz aus erwarteter Rendite des Marktportfolios und dem risikofreien Zins. Entscheidende Erkenntnis des CAPM ist es, daß die Menge des individuellen Beitrages zum Risiko eines Portfolios ausschließlich aus dem Quotienten aus Kovarianz des Wertpapiers mit dem Marktportfolio und der Varianz des Marktportfolios besteht. Dieser Quotient ist der sogenannte **Beta-Faktor**:

$$(20)\quad \beta_i = \frac{\sigma_{im}}{\sigma_m^2} = \frac{COV(R_i, R_m)}{VAR(R_m)}$$

$$\beta_m = \frac{COV(R_m, R_m)}{VAR(R_m)} = \frac{VAR(R_m)}{VAR(R_m)} = 1$$

Der Beta-Faktor des Marktportfolios ist genau eins. Der Zusammenhang zwischen Beta-Faktor und erwarteter Rendite eines Wertpapiers ist in Abbildung 19 dargestellt. Nach dem CAPM besteht ein linearer Zusammenhang zwischen Beta-Faktor und erwarteter Rendite eines Wertpapiers.[288] Damit der Beta-Faktor entscheidend die erwartete Rendite eines Wertpapiers.

[288] Dieser Zusammenhang wird genutzt, um die Eigenkapitalkosten eines Unternehmens, aber auch einzelner Projekte entsprechend der jeweiligen Risikostruktur zu bestimmen. Siehe dazu z.B. Copeland, T./Koller/Muller, J. (1996), S. 246ff.. Außerdem lassen sich nach dem CAPM auch die Gesamtkapitalkosten durch die Weighted Average Cost of Capital bestimmen:

Abbildung 19: Die Wertpapierlinie des CAPM

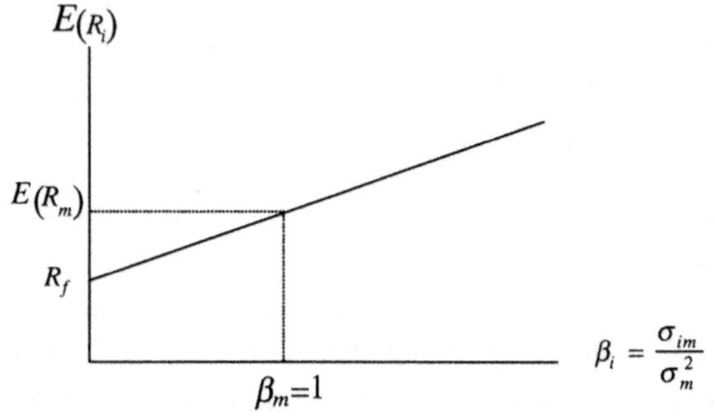

Quelle: Eigene Darstellung

Dies bestätigt die schon im vorigen Kapitel für das individuelle Portfolio abgeleitete Erkenntnis: Das einzig relevante und mit einer Prämie versehene Risiko ist das Kovarianzrisiko eines Wertpapiers mit dem Marktportfolio, also das von allgemeinen Marktschwankungen abhängige, systematische Risiko. Dieses kann nicht eliminiert werden. Dagegen ist das durch die Varianz des Wertpapiers ausgedrückte unsystematische Risiko für die Investoren und deren Renditeforderungen irrelevant, wie in Gleichung (19) zu sehen ist.

'This equitation validates the conclusion that systematic risk is the only important ingredient in determining expected returns and that nonsystematic risk plays no role. Put another way, the investor gets rewarded for bearing systematic risk.'[289]

$$WACC = \left[EK/(EK+FK)\right]\left[R_f + \left[E\left(\bar{R}_m\right) - R_f\right]\left[\sigma_{im}^2/\sigma_m^2\right]\right] + (1-s)R_f\left[FK/(EK+FK)\right]$$

[289] Elton, E./Gruber, M. (1995), S. 269

3.3.2.2 Implikationen des CAPM für Kerngeschäftsstrategien

Das CAPM leistet mit seiner Aussage über die Determinanten der Renditeerwartungen der Kapitalmärkte entscheidende Erkenntnisse zur Beurteilung der Kerngeschäftsstrategie aus Sicht der Anteilseigner, also aus Shareholder Value-Perspektive. Wie Gleichung (19) zeigt, bewerten die Eigenkapitalgeber Unternehmen und einzelne Investitionsprojekte von Unternehmen anhand des Beta-Faktors. Dieser wird aber ausschließlich durch die Kovarianz der erwarteten Zahlungsströme mit dem Marktportfolio und der Varianz des Marktportfolios bestimmt. Das unsystematische, unternehmensindividuelle Risiko spielt bei der Beurteilung durch den Markt für Eigenkapital keine Rolle, da Investoren es relativ einfach durch Diversifikation vermeiden können.

Dementsprechend sind für die Anteilseigner Diversifikationen durch Unternehmen ineffizient:

> *"It is obvious that diversification reduces risk. Isn't that a gain from merging? The trouble with this argument is that diversification is easier and cheaper for stockholder than for the corporation."*[290]

Für den Investor ist es irrelevant, ob durch eine Akquisition oder den Neuaufbau eines Geschäftsbereiches das unternehmensindividuelle Risiko gesenkt wird: Dem CAPM folgend wird eine derart motivierte Diversifikationsstrategie vom Eigenkapitalmarkt nicht honoriert:

> *"Combining businesses that have imperfectly-correlated earnings streams reduces the variability of earnings for the combination. Lower risk is probably not valuable* **per se** *to shareholders, who can diversify on personal account by holding portfolios of stock. The ability of investors to diversify on personal account has probably increased in recent years due to reductions in transaction costs and growth in the mutual fund industry, and this could have reduced the rationale for corporate-level diversification."*[291]

Die Reduktion des unternehmensindividuellen Risikos gelingt den Investoren tendenziell günstiger und schneller durch Portfolio-Optimierung als dem Unternehmen durch Diversifikationsstrategien.[292] Damit kann das CAPM auch dazu beitragen, das angesprochene Phänomen des Conglomerate Discount[293] zu erklären: Eine im Vergleich zu Diversifikation durch die Investoren ineffiziente

---

[290] Brealey, R./Meyers, S. (1996), S. 824

[291] Comment, R./Jarrell, G. (1995), S. 84

[292] Ebenso argumentiert Higgins, nach dem eine Begründung von Unternehmenskäufen aus Risikoreduktionsgründen nicht valide ist: *"Some executives have seized on the idea that diversification reduces risk as a justification for conglomerate diversification. ..Because shareholders are risk-averse, this reduction in risk is said to increase the value of the firm. This reasoning is at best incomplete. If shareholders wanted the risk-reduction benefits of such a conglomerate merger, they could have achieved them much more simply by just owning shares of the two independent companies in their own portfolios...Executives intent on acquiring other firms must look elsewhere to find a rationale for their actions"*, vgl. Higgins, R. (1992), S. 295f.

[293] Vgl. zum Conglomerate Discount Berger, P./Ofek, E. (1995), nach denen der Conglomerate Discount in Amerika zwischen 13 und 15% im Vergleich zu "Stand-alone" Unternehmen beträgt.

Risikoreduktion durch das Unternehmen wird vom Markt negativ beurteilt: Konglomerate, die ohne meßbare Synergieeffekte diversifizieren, werden mit einem Abschlag bewertet.

Diese Überlegungen lassen interessante Rückschlüsse auf die Marktbewertung der Strategie der Kerngeschäftskonzentration zu: Es ist damit zu rechnen, daß das gesamte Risiko eines Unternehmens zunimmt, wenn es sich auf einen oder wenige Bereiche konzentriert. Zahlungsströme können bei einer Konzentrationsstrategie nicht mehr durch unterschiedliche Geschäftsbereiche untereinander ausgeglichen werden, wie dies das Portfolio-Konzept der Boston Consulting Group empfahl.[294] Dementsprechend kann eine Fokussierung auf wenige Geschäftsbereiche mit einer Erhöhung des Gesamtunternehmensrisikos verbunden sein. Dies ist aber für die Marktbewertung und damit eine am Shareholder Value orientierte Unternehmensstrategie irrelevant: Die Kapitalgeber bewerten, wie das CAPM zeigt, eben nicht das Gesamtrisiko eines Unternehmens in ihren Renditeforderungen, sondern nur das systematische, mit dem Markt korrelierte Risiko.[295]

Im Gegenteil kann eine durch Konzentrationsstrategien erzielte Transparenz[296] für die Anleger im Sinne der Reduktion der Informationsassymetrien[297] und durch den gebündelten Einsatz der Unternehmensressourcen auf das Kerngeschäft[298] die Marktbewertung gesteigert werden. Dies scheint mittlerweile auch ein Teil der deutschen Manager realisiert zu haben. So schreibt Gerhard Cromme, Vorstandsvorsitzender von Thyssen Krupp, 1998:[299]

---

[294] *"Not long ago, in fact, it was widely accepted that the ideal corporation consisted of a portfolio of projects at various stages of development which was balanced so that the cash flows from the mature activities were used to nourish fledgling projects. In the parlance of the Boston Consulting Group, "cash cows" were milked to feed the "rising stars". As they grew old, "stars" and "cows" became "dogs", which were harvested to feed more "rising stars" for the company.......This approach has not stood the test of time, however, because today´s investors have a much broader spectrum of opportunities than do corporate managers investing internally".* Kensinger/Martin argumentieren, daß eine Diversifikation von Geschäftsbereichen durch die Investoren auch insofern effizienter gestaltet werden kann, da diese über eine wesentlich breitere Palette an Investitionsmöglichkeiten verfügen. Diese umfaßt z.B. Venture Capital Fonds, IPO´s, Immobilien, Forschungs- und Entwicklungs-Projektpools und andere vielschichtige Investment-Vehikel. Vgl. Kensinger, J./Martin, J.: "The Quit Restructuring", in JoACF, (1989), Vol. 1, No. 1, S. 46ff.

[295] Das CAPM erklärt damit auch die in Kapitel 3.2 ausgeführten potentiellen Unterschiede in der Bewertung von Kerngeschäftsstrategien durch das Management einerseits und den Anteilseignern andererseits: Während das Management durch die Reduzierung des unsystematischen Risikos sein individuelles Arbeitsplatzrisiko verringern kann und deswegen das unsystematische Risiko für das Management bewertungsrelevant ist, spielt das unsystematische Risiko eines Unternehmens für die Eigner aufgrund der Möglichkeit der Diversifikation keine Rolle: Hier liegt ein prinzipieller Interessengegensatz bezüglich Kerngeschäftskonzentration vor, der nur durch entsprechende Incentivierung vermieden werden kann. Siehe dazu Gillenkirchen, R./Velthuis, L.: "Lineare Anreizverträge für Manager bei systematischen und unsystematischen Risiken", in ZfbF, Nr. 49, 2/1997, S. 121-140

[296] Die Investmentbank J.P. Morgan spricht in diesem Zusammenhang von "Corporate Clarity"

[297] Vgl. dazu ausführlich Kapitel 3.2 dieser Arbeit.

[298] Vgl. dazu ausführlich Kapitel 3.1.2 dieser Arbeit.

[299] G. Cromme: "Es gibt keine heiligen Kühe mehr", in FAZ vom 17.8.1998, Nr. 189, S. 23

"Konzentration auf solche Kernbereiche mit Potential, sich in der Spitzengruppe des Wettbewerbs zu behaupten, steigert die Effizienz der eingesetzten Ressourcen wirksam und den Unternehmenswert nachhaltig."

Die empirische Überprüfung, ob zum einen eine generelle Entwicklung in Deutschland in diese Richtung stattgefunden hat und zum anderen, ob eine solche Strategie tatsächlich den Unternehmenswert steigert, wird Gegenstand der Kapitel vier und fünf sein.

3.3.2.3 Empirische Validität des Capital Asset Pricing Models

Zu dem oben angeführten Kriterium bezüglich der Qualität von Modellen, nämlich der möglichst exakten Beschreibung der Realität, existieren zum CAPM eine Vielzahl von empirischen Tests. Dabei sind die Ergebnisse sehr unterschiedlich. Prinzipiell hält Roll das CAPM für nicht überprüfbar, da ein Marktportfolio, das sich aus tatsächlich allen Anlagemöglichkeiten zusammensetzt, empirisch nicht beobachtbar sei.[300] Neben diesem generellen Einwand setzt die empirische Überprüfung des CAPM voraus, daß das als ex-ante formulierte Modell in eine ex-post Form umgeformt wird, um überhaupt empirische Tests durchführen zu können. Eine solche Umformung erfolgt üblicherweise wie folgt: Es wird die bereits oben angesprochene Informationseffizienzannahme zugrunde gelegt. Das heißt nichts anderes, als der realisierte Preis eines Wertpapiers im Durchschnitt dem erwarteten entspricht.[301] Dann kann die ex-ante Gleichung

$$E(R_i) = R_f + \left[E(R_m) - R_f\right]\frac{\sigma_{im}}{\sigma_m^2}$$

in die ex-post Form

$$R_{it} = E(R_{it}) + \beta_i \delta_{mt} + \varepsilon_{it}$$

gebracht werden, bei der gilt:

$$\delta_{mt} = R_{mt} - E(R_{mt})$$
$$E(\delta_{mt}) = 0$$
$$\varepsilon_{it} = \text{Zufallsvariable}$$
$$E(\varepsilon_{it}) = 0$$
$$\sigma_{\varepsilon_{it}\delta_{mt}} = 0$$

---

[300] Vgl. Roll, R.: "Critique of the Asset Pricing Theory´s Tests", in JoFE, March 1977, S. 129-176

[301] Vgl. Copeland, T,/Weston, J. (1992), S. 212ff.

Wie erwähnt, sind die Ergebnisse dieser Tests sehr unterschiedlich. In der Studie von Fama und French 1992 kamen die Autoren zu dem Ergebnis, daß die Aktienrenditen wesentlich stärker durch Firmengröße und Markt zu Buchwert Relationen bestimmt werden als durch das systematische Risiko, wie es das CAPM impliziert.[302] Fama/French bestreiten damit den alleinigen Einfluß eines Faktors auf die Aktienrenditen. Die grundsätzliche Kritik an dem Einfaktorenmodell CAPM vermeidet die Arbitrage Pricing Theory (APT) von Ross[303]. Die APT ist ein Mehrfaktorenmodell, bei dem die Abhängigkeit von den Marktrenditen nur ein möglicher Einflußfaktor auf die Renditen eines Wertpapiers ist. Die prinzipiellen Annahmen stimmen größtenteils mit denen des CAPM überein, allerdings unterliegt die APT nicht den Annahmen der Normalverteilung der Renditen bzw. der quadratischen Nutzenfunktion einerseits und der Existenz eines vollständigen und effizienten Marktportfolios andererseits. Damit vermeidet die APT zwei entscheidende Kritikpunkte des CAPMs. Allerdings unterliegt die APT der zusätzlichen Annahme, daß die Anzahl der Wertpapiere die Zahl der Einflußfaktoren der APT übersteigt.

Gegenläufige Ergebnisse zu Fama/French erzielen Kaplan/Ruback:[304]

> *"Our study found the opposite of Fama and French's results - the implied risk premia were no significantly related to firm size or pre-transaction book-to-market ratios, but were positively related to firm and industry betas."*

Kaplan/Ruback erzielen mit dem Discounted Cash Flow Model der Unternehmensbewertung unter Verwendung von mit Beta-Faktoren ermittelten Kapitalkosten sehr gute Ergebnisse im Vergleich zu dem tatsächlich bezahlten Kaufpreis der untersuchten Unternehmenskäufe. Die Autoren sehen dementsprechend das CAPM bestätigt:[305]

> *"Overall, our results thus suggest a positive relationship between expected returns and systematic or beta risk, but provide no basis for concluding that DCF valuations could be improved by basing discount rates on firm size or market-to-book ratios."*

Die empirische Validität des CAPMs bleibt also umstritten: Fest steht, daß einerseits das CAPM wertvolle Erkenntnisse über die Wirkungsweise des Kapitalmarktes liefert[306] und andererseits nach wie vor zu den in der Praxis intensiv genutzten Methoden der Ermittlung der Kapitalkosten einer

[302] Vgl. Fama, E./French, K.: "The Cross-section of Expected Stock Returns", in JoF 47 (1992), S. 427-466

[303] Vgl. Ross, S.: "The Arbitrage Theory of Capital Asset Pricing", in Journal of Economic Theory (1978), S. 254-286

[304] Kaplan, S./Ruback, R. (1996), S. 46

[305] Kaplan, S./Ruback, R. (1996), S. 56f.

[306] Vgl. Elton, E./Gruber, M. (1995), S. 362

Unternehmung gehört[307]. Abschließend soll der Argumentation von Copeland/Weston gefolgt werden:[308]

"Finally, although the model is not perfectly validated by empirical tests, its main implications are upheld - namely, that systematic risk (beta) is a valid measure of risk, that the model is linear, and that the trade-off between return and risk is positive."

Danach sind die Grunderkenntnisse des CAPM valide und die oben getroffenen Aussagen bezüglich des ökonomischen Rationals von Kerngeschäftsstrategien gültig.

3.4 Zusammenfassung: Ökonomisches Rational von Kerngeschäftsstrategien

Wie ist also abschließend das ökonomische Rational von Kerngeschäftsstrategien zu beurteilen?

A) In den letzten Jahren scheint eine Veränderung der Machtverhältnisse zwischen den verschiedenen Anspruchsgruppen des Unternehmens stattgefunden zu haben. Die Bedeutung der Anteilseigner hat relativ zugenommen. Dadurch erfuhr das **Konzept des Shareholder Value** vermehrt sowohl theoretische als auch praktische Bedeutung. Dieses Konzept besagt, daß die Unternehmenseigner eine Verzinsung ihres eingesetzten Kapitals oberhalb ihrer durch das relative Risiko determinierten Kapitalkosten verlangen. Diesem Konzept folgend spiegelt sich der Erfolg von Unternehmen in den Aktienkursen der Unternehmen wieder, effiziente Kapitalmärkte vorausgesetzt. Das heißt, daß die Bewertung durch die Aktienmärkte eine entscheidende Meßlatte für unternehmerische Handlungsalternativen im Rahmen einer Shareholder Value Politik bildet. Wie beurteilen nun die Aktienmärkte Kerngeschäftsstrategien? Zumindest in das USA erscheint das Urteil eindeutig:

- Konglomerate als Ausdruck einer der Kerngeschäftsstrategie widersprechenden Unternehmenspolitik sind deutlich häufiger von feindlichen Übernahmen betroffen als fokussierte Unternehmen. Während Unternehmen mit einem klaren Fokus unter der durchschnittlichen Anzahl von 2,3% an feindlichen Übernahmen in den USA lagen, zeichnen sich Unternehmen mit vier und mehr Geschäftsfeldern durch eine diesen Durchschnitt signifikant überschreitende Zahl an feindlichen Übernahmen aus. Da solche "hostile takeovers" insbesondere bei Abweichungen des tatsächlichen vom potentiellen Unternehmens-

[307] Dies wurde mir in einem Gespräch mit der Investmentbank Goldman, Sachs oHG am 13.2.97 bestätigt.

[308] Copeland, T./Weston, J. (1992), S. 231

wert initiiert werden, ist von einer aus Sicht des Shareholder Value im Durchschnitt suboptimalen Unternehmenspolitik bei Konglomeraten auszugehen.

- Mit diesen Ergebnissen stimmen die Analysen von Berger/Ofek überein, die zeigen, daß in den USA Konglomerate mit einem Abschlag von 13 bis 15% gegenüber der Einzelbewertung ihrer Geschäftsfelder and der Börse bewertet werden. Auch dies ist ein Indiz dafür, daß eine den Unternehmenskonglomeraten entgegengerichtete Kerngeschäftsstrategie durch den Aktienmarkt positiv und damit im Sinne des Shareholder Value bewertet wird.

- Zum dritten werden Unternehmen, die eine Akquisition außerhalb des Kerngeschäftes durchführen, in den USA mit einer durchschnittlichen abnormalen Rendite von minus 1,89% bewertet. Kaufen diese Unternehmen aber Targets in ihrem Stammgeschäft, beträgt die durchschnittliche abnormale Rendite plus 2,38%. Auch dies ist ein Zeichen dafür, daß der Aktienmarkt als Indikator für eine am Shareholder Value orientierte Unternehmenspolitik Kerngeschäftsstrategien positiv bewertet.

- Danach scheint zumindest in den USA das ökonomische Rational von Kerngeschäftsstrategien aus Sicht des Shareholder Value-Konzeptes aufzugehen: Die recht eindeutige Bewertung von Kerngeschäftsstrategien durch die Aktienmärkte hat dazu geführt, daß die amerikanischen Unternehmen dieser Beurteilung mit ihren Unternehmensstrategien Rechnung getragen haben: Von 1988 bis 1996 ist die Zahl der Einproduktunternehmen um 44% gestiegen, die Zahl der diversifizierten Unternehmen ist im gleichen Zeitraum um 9% gesunken.[309]

B) Wenn aber zumindest in den USA die Einschätzung der Kapitalmärkte zu Kerngeschäftsstrategien deutlich positiv ausfällt, warum werden dann aber trotzdem potentiell wertvernichtende Strategien durchgeführt? Eine mögliche Antwort liefert die **Principal-Agent-Theorie**: Danach zeichnen sich moderne Unternehmen durch eine Trennung von Eigentum und Kontrolle aus. Unternehmenseigner und Management eines Unternehmens sind nicht identisch. In diesen Fällen übertragen die Eigner ihre Property Rights an das Management zur Ausschöpfung von Spezialisierungsvorteilen. Dadurch und durch die individuelle Nutzenoptimierung des Managements einerseits und der Unternehmenseigner andererseits entstehen potentielle Agency-Probleme. Möglich werden diese Abweichungen der Handlungen des Managements von den Interessen der Eigner durch folgende Gründe: Erstens durch die potentiellen Informationsasymmetrien zwischen beiden Gruppen, die zu einem Informationsvorsprung des Manage-

[309]Ob dieser klare Zusammenhang zwischen Shareholder Value Optimierung und Kerngeschäftsstrategie auch für Deutschland gilt, wird Schwerpunkt des empirischen Teils dieser Arbeit sein.

ments führen kann. Zweitens können mangelnde Kontroll- respektive Sanktionsmechanismen der Eigner gegenüber dem Management, also ein ineffizientes Corporate Governance System, zu den oben angesprochenen Abweichungen führen. Diese Gedanken auf Kerngeschäftsstrategien übertragen, impliziert die Principal-Agent-Theorie folgendes:

- Tendenziell widersprechen Kerngeschäftsstrategien dem Nutzenkalkül des Managements, da diese häufig anhand der Unternehmensgröße incentiviert sind. Die Trennung von Randbereichen, die nicht dem Kerngeschäft zugehörig sind, verringert somit das Gehalt. Zudem ist eine mit der Fokussierung der Unternehmenstätigkeit verbundene potentielle Reduktion der Unternehmensgröße mit Macht- und Prestigeverlusten des Managements verbunden. Zum dritten erhöht eine Beschränkung auf wenige Geschäftsbereiche tendenziell das unternehmensindividuelle Risiko und somit das nicht diversifizierbare individuelle Arbeitsplatzrisiko des Managements. Es gibt demnach einige Gründe, wonach Kerngeschäftsstrategien nicht per se der individuellen Nutzenmaximierung des Managements entsprechen.[310]

- Demgegenüber konnte gezeigt werden, daß entsprechend der Argumentation der Principal-Agent-Theorie die Unternehmenseigner tendenziell eine Kerngeschäftsstrategie befürworten: Zum einen scheinen konzentrierte Unternehmen im Durchschnitt, wie der Conglomerate Discount zeigt, höhere Renditen als Konglomerate zu erzielen, was im Interesse der Eigentümer liegt. Zum anderen weisen fokussierte gegenüber diversifizierten Unternehmen eine höhere Transparenz für die Anteilseigner auf, was zu einer Reduktion der Monitoring- und damit der Agency-Kosten führt. Somit optimiert eine Kerngeschäftsstrategie tendenziell den Nutzen der Principals eines Unternehmens.

- Daß die genannten Hypothesen bezüglich des ökonomischen Rationals aus Sicht der Principal-Agent-Theorie empirisch belegbar sind, konnte durch die Analyse der Korrelation zwischen der Unternehmensbeteiligung des Managements einerseits und dem Fokussierungsgrad des Unternehmens andererseits gezeigt werden: Danach steigt mit dem Grad der Beteiligung des Managements am eigenen Unternehmen der Konzentrationsgrad des Unternehmens signifikant. Während bei Unternehmen mit einer vergleichsweise hohen Managementbeteiligung von über 25% die Anzahl der Unternehmenssegmente 1,9 beträgt, sind Unternehmen mit einer Managementbeteiligung von unter 1% in durchschnittlich drei Segmenten tätig. Diese Bestätigung bestehender Principal-Agent-Konflikte in der Beurtei-

[310]Dies gilt insbesondere bei einer nicht am Unternehmenswert orientierten Incentivierung des Managements.

lung von Kerngeschäftsstrategien implizieren schon eine Möglichkeit der Überwindung derselben: Durch eine verstärkte Incentivierung respektive Beteiligung des Managements am Unternehmenswert kann eine besser an den Eigentümerinteressen orientierte Unternehmensstrategie erreicht und somit Agency-Kosten reduziert werden.

C) Als drittes, für die theoretische Beurteilung von Kerngeschäftsstrategien relevantes Konzept, wurde die moderne Kapitalmarkttheorie und die darin enthaltenen **Rendite-Risko-Konzepte** analysiert. Nach diesen Konzepten, insbesondere nach der Portfolio Selection von Markowitz und dem Capital Asset Pricing Model von Sharpe und Lintner, beurteilen Investoren Anlagen nach dem Erwartungswert der Renditen und dem Risiko des Investments. Letzteres setzt sich aus den zwei Komponenten unsystematisches, unternehmensindividuelles Risiko einerseits und systematisches, marktabhängiges Risiko andererseits zusammen. Entscheidende Erkenntnis der Kapitalmarkttheorie ist nun, daß für die Investoren lediglich das systematische Risiko relevant ist: Das unsystematische Risiko können die Investoren durch entsprechende Wertpapiermischung eliminieren. Somit wird die erwartete Wertpapierrendite entscheidend von der Höhe des systematischen Risikos determiniert, ausgedrückt durch den sogenannten Beta-Faktor. Übertragen auf das ökonomische Rational von Kerngeschäftsstrategien konnte somit folgendes abgeleitet werden:

- Investoren honorieren eine Diversifikationsstrategie, die mit der Reduktion des Unternehmensrisikos begründet wird, nicht. Grund dafür ist, daß die Investoren dieses Risiko durch Wertpapiermischung verringern können, und dies zu relativ geringeren Kosten als das Unternehmen. Demnach ist eine Fokussierung der Geschäftsaktivitäten, die potentiell mit einer Erhöhung des Unternehmensrisikos verbunden ist, für die Investoren unproblematisch, da das tendenziell gestiegene unsystematische Risiko diversifiziert werden kann.
- Die theoretischen Auswirkungen einer Kerngeschäftsstrategie auf das für die Investoren relevante systematische Risiko und damit auf den die erwartete Rendite determinierenden Beta-Faktor sind per se nicht bestimmt: Somit sollten bei Validität der in A) abgeleiteten Hypothese des Anstiegs der Renditen durch Kerngeschäftsstrategien diese auch risikoadjustiert wertschaffend sein.

In den folgenden Kapiteln wird nun empirisch zu prüfen sein, ob diese aus dem ökonomischen Rational abgeleiteten Zusammenhänge für den deutschen Eigenkapitalmarkt gelten und statistisch verifiziert respektive falsifiziert werden können.

4. Empirische Evidenz in Deutschland: Entwicklung in Richtung Kerngeschäft?

Im vorherigen Kapitel wurde das ökonomische Rational von Kerngeschäftsstrategien analysiert und Hypothesen über die Marktbewertung abgeleitet. Dabei konnte nachgewiesen werden, daß in den USA eine solche unternehmerische Handlungsalternative von erheblicher praktischer Relevanz ist. In diesem Kapitel wird die Bedeutung und der Umfang von Kerngeschäftsstrategien in Deutschland empirisch untersucht.

4.1 Gegenstand und Ziel der empirischen Untersuchung

In den letzten Jahren wurde in der Wirtschaftspresse und in Geschäftsberichten[311] deutscher Unternehmen die Konzentration auf das Kerngeschäft vielfach als dominierendes Ziel erklärt und dementsprechende einschneidende Handlungen angekündigt. So schreibt zum Beispiel die AGIV in ihrem Geschäftsbericht von 1996:[312]

> *"Sehr geehrte Aktionäre, wie im vorigen Jahr angekündigt, hat die AGIV 1996 und in den ersten Monaten dieses Jahres zukunftsbestimmende Veränderungen im Portfolio vorgenommen. Hierunter ist in erster Linie zu verstehen, daß wir zur Steigerung des Unternehmenswertes unserer Gruppe die horizontale Bandbreite der Aktivitäten und damit den Charakter der AGIV ändern: Abkehr vom "Mischkonzern", statt dessen Fokussierung auf Kernaktivitäten."*

Ähnlich Daimler-Benz in seinem Geschäftsbericht von 1995:[313]

> *"Ihr Unternehmen, Daimler-Benz, präsentiert sich nach diesen Entscheidungen mit einem konzentrierten Konzernprofil, das auf 28 nach vormals 35 Geschäftsfelder ausgerichtet ist ... Der Vorstand orientiert sich in erster Linie daran, Ihnen, den Anteilseignern der Daimler-Benz AG, attraktive Renditeaussichten zu bieten."*

In die gleiche Richtung zielt Krupp-Hoesch:[314]

> *"Dem strategischen Wertmanagement von Krupp liegen folgende Handlungsprinzipien zugrunde:*

[311]Nach Schmidt stellen Geschäftsberichte *"...eine Datenbasis dar, um einen Wandel des Unternehmensleitbildes und der Unternehmensziele empirisch zu untersuchen."* Vgl. Schmidt, R. (1998): "Wandel von Unternehmensleitbild und Unternehmenszielen: Eine Analyse anhand der Geschäftsberichte der größten Aktiengesellschaften aus vier europäischen Ländern", in Berndt, R. et. al.: "Herausforderungen an das Management", Berlin 1998, S. 120.

[312]AGIV AG, Geschäftsbericht 1996, S. 5. Eine Zusammenstellung von Auszügen bzgl. Kerngeschäftsstrategien in deutschen Geschäftsberichten ist im Anhang dieser Arbeit zu finden.

[313]Daimler-Benz AG, Geschäftsbericht 1995, S. 2

[314]Krupp-Hoesch AG, Geschäftsbericht 1996, S. 20

-Abgrenzung der Kerngeschäftsfelder anhand eines Zielkriterienkatalogs

-Konzentration auf Geschäftsfelder, bei denen eine führende Wettbewerbsposition erzielt werden kann

-Ausbau und Stärkung der Kerngeschäftsfelder

-Erwerb von Unternehmen, mit denen Synergien realisiert werden können, und Trennung von solchen ohne synergetischen Effekt."

Dementsprechend meint die Investmentbank J.P. Morgan in Deutschland eine Entwicklung hin zur Konzentration auf das Kerngeschäft erkennen zu können und schreibt 1997:[315]

"Over the last few years, German corporates have been through a tough period of restructuring. Early methods of restructuring centered mainly upon cost cutting; however, more recently there are signs that German companies are looking to rebuild their businesses in a more focused way by selling off their peripheral activities, thereby increasing their corporate clarity."

Andererseits wird fast zeitgleich die mangelnde Fokussierung deutscher Unternehmen beklagt:[316]

"Deutsche Unternehmen vermögen trotz rechtlicher und sozialer Restriktionen Kosten genauso entscheidend zu senken wie ausländische Firmen. Allerdings diversifiziert die Mehrheit der größeren börsennotierten deutschen Unternehmen ihre Kapitalallokation auf eine Breite, die selten ohne Kapitalvernichtung (Transaktionsprämie, Lernkurve des Managements usw.) einhergeht. Die mangelnde Fokussierung vieler größerer deutscher börsennotierter Unternehmen läßt sich z. T. als Ergebnis fehlender Corporate-Governance-Zwänge erklären."

Aufgrund dieser zum Teil widersprüchlichen Aussagen ist es Ziel dieses Kapitels, Klarheit über das Ausmaß von Kerngeschäftsstrategien und den Grad der Fokussierung deutscher Unternehmen zu erhalten und damit die empirische Validität und den Entwicklungsstand dieser unternehmerischen Handlungsalternative in Deutschland zu überprüfen. Gab es in den letzten Jahren seitens deutscher Unternehmen tatsächlich eine Entwicklung hin zu Kerngeschäften, wie dies in den USA der Fall war? Haben deutsche Unternehmen sich von Randbereichen getrennt und so eine Fokussierung auf weniger Geschäftsbereiche durchgeführt? Kann die oft verkündete Orientierung an Eigentümerinteressen[317] mit einer damit möglicherweise in Einklang stehenden Bündelung auf profitable

---

[315]J.P. Morgan (1997), S. 1

[316]Plaut, T. (1997), S. 56

[317]Diese Absichtserklärungen zur Steigerung des Unternehmenswertes in deutschen Geschäftsberichten seit *Mitte* der neunziger Jahre (Vgl. der Anhang dieser Arbeit) stellen eine signifikante Änderung des Zielsystems deutscher Unternehmen dar: So stellt Albach noch in einer Analyse deutscher Geschäftsberichte aus dem Jahre 1991 fest: *"Während in den Vereinigten Staaten das Top-Management den Shareholder-Value zu maximieren scheint, bewerten deutsche Manager dieses Ziel bisher nicht sehr hoch."* Vgl. Albach, H.: "Wertewandel deutscher Manager", in: Albach, H. (Hrsg.): "Werte und Unternehmensziele im Wandel der Zeit", Wiesbaden 1994, S. 9. Dagegen wird von Schmidt in einer Analyse von deutschen Geschäftsberichten aus dem Jahre 1996 bereits die verstärkte Anteilseigner-Orientierung festgestellt. Siehe dazu Schmidt, R. (1998), S. 125ff.

und wachsende Kerngeschäfte empirisch belegt werden? Gibt es Unternehmen, die diese Unternehmenspolitik überdurchschnittlich durchgeführt haben und welche sind dies? Existieren Unternehmen, die in den letzten Jahren eine gegenteilige Strategie eingeschlagen haben?

Die Beantwortung dieser Fragen ist Gegenstand dieses Kapitels. Darauf aufbauend wird dann im fünften und nächsten Kapitel die Bewertung eben dieser Strategien durch den Kapitalmarkt analysiert, um die in Kapitel 3 gebildeten Hypothesen bezüglich der Marktbewertung ebenfalls auf ihre empirische Validität hin zu untersuchen.

4.2 Vorgehensweise

In der vorliegenden Arbeit wurde zur Analyse der oben beschriebenen Fragestellung eine großzahlige[318], mehrjährige und sich auf mehrere Indikatoren stützende Analyse vorgenommen, die sich auf extern zugängliche Daten wie Geschäftsberichte, Auswertungen der Wirtschaftspresse bzw. von Fachzeitschriften sowie auf Börsenkurse stützt.

4.2.1 Untersuchungszeitraum

Nachdem der deutsche M&A-Markt noch *Anfang* der neunziger Jahre insbesondere durch Akquisitionen im Rahmen einer Diversifikationsstrategie und Unternehmensverkäufe der Treuhandanstalt bestimmt war, scheint der Markt seit *Mitte* der neunziger Jahre durch die Zunahme von Rentabilitätsansprüchen seitens der Kapitalgeber einerseits und durch die Verschlechterung des makroökonomischen Umfeldes andererseits geprägt zu sein, was durch Umstrukturierungen deutscher Unternehmen und eine damit einhergehende Konzentration auf Kerngeschäfte begleitet wurde.[319] Diese Tendenz hat zu einer Zunahme von angestammte Arbeitsgebiete verstärkenden Unternehmenskäufen bzw. Verkäufen von Randbereichen geführt, welche die M&A-Aktivitäten Mitte und Ende der neunziger Jahre dominieren.[320] Die zeitlichen Auslöser für diese Entwicklung werden in folgenden drei Punkten gesehen:

A) Die deutsche Wirtschaft zeichnete sich durch eine **konjunkturelle Eintrübung im Jahre 1992/1993** nach den ersten Jahren der Wiedervereinigung aus (Vgl. Abbildung 20). Das Bruttoinlandsprodukt zu Marktpreisen sank 1993. Dieses makroökonomische Umfeld bil-

[318]Es wurden 68 Unternehmen, 408 Geschäftsberichte und 102.000 Börsenkurse analysiert. Siehe dazu und zur Auswahl der Unternehmen Kapitel 4.2.2.

[319]Vgl. Robbie, K./Wright, M. (1997), S. 1

[320]Vgl. Achleitner, P./ Herden, R./ Reiche, C. (1997), S. 9-10

det einen entscheidenden Auslöser für die Umstrukturierungen deutscher Unternehmen, die unter anderem eine Fokussierung auf die Kerngeschäfte ausgelöst haben dürfte.

B) Mit den vereinigungsbedingten Lasten einhergehend war die starke Zunahme der öffentlichen Verschuldung[321] (vgl. Tabelle 10) von 41,1% des BIP in 1991 auf 61% in 1997. Damit verbunden war die Wandlung Deutschlands von einem Kapitalexporteur zu einem Kapitalimporteur (vgl. Abbildung 21) im Jahre 1991, der die Machtverteilung zwischen Kapitalgebern und Kapitalnehmern erheblich verändert hat:[322] Der **Markt für Eigenkapital hat sich auch durch die deutsche Einheit von einem Verkäufer- zu einem Käufermarkt gewandelt** und damit zwangsläufig die Orientierung an den Interessen der Eigenkapitalgeber im Sinne einer Shareholder Value-Optimierung verstärkt.[323] Dies dürfte entsprechend der in Kapitel 3.1 dieser Arbeit abgeleiteten Hypothesen auch zu einer Intensivierung von Kerngeschäftsstrategien ab Mitte der neunziger Jahre geführt haben.

Tabelle 10: Entwicklung der öffentlichen Verschuldung seit 1991

	in Mrd. DM	in % des BIP
1991	1.174	41,1%
1992	1.345	43,7%
1993	1.509	47,8%
1994	1.662	49,9%
1995	1.996	57,7%
1996	2.129	60,1%
1997	2.221	61,0%

Quelle: Deutsche Bundesbank, Monatsbericht Mai 1998, Frankfurt 1998, S. 58. Eigene Berechnung

[321]So schreibt die Deutsche Bundesbank: "*Hinter dem Anschwellen der Staatsverschuldung seit 1990 stand als singuläres Ereignis die Vereinigung Deutschlands einschließlich der Übernahme von Verbindlichkeiten des Staates und der Wirtschaft in der früheren DDR*". Siehe Deutsche Bundesbank: "Monatsbericht März 1997", Frankfurt 1997, S. 18

[322]Allerdings wurde Deutschland 1997 wieder zu einem Nettokapitalexporteur mit einem Nettokapitalexport von 12,6 Milliarden DM.

[323]Vgl. Achleitner, A. K./Achleitner, P. (1997), S. 7

Abbildung 20: Entwicklung des Bruttoinlandsproduktes

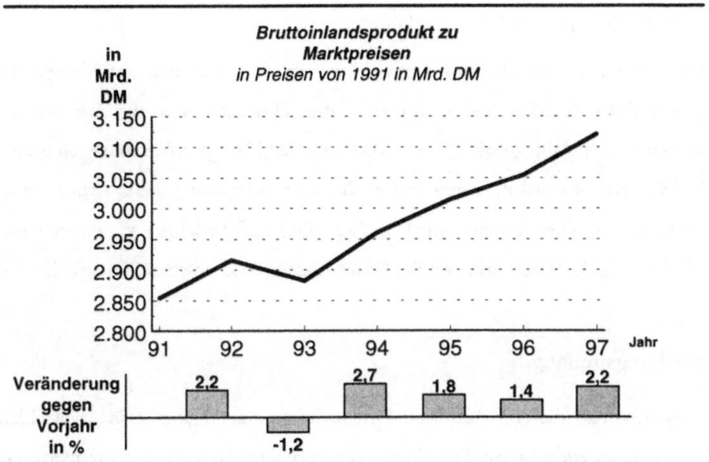

Quelle: Deutsche Bundesbank: Monatsbericht 8/1998, Frankfurt 1998, S. 61 und Monatsbericht 6/96, S. 61

Abbildung 21: Kapitalbilanz der Bundesrepublik Deutschland

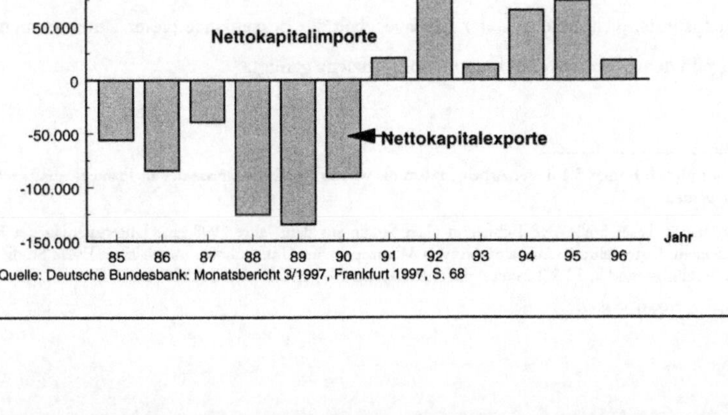

Quelle: Deutsche Bundesbank: Monatsbericht 3/1997, Frankfurt 1997, S. 68

C) Als weiterer Punkt kommt dazu der mit der **Einführung einer gemeinsamen europäischen Währung 1999** einhergehende Druck auf die Unternehmen zur zusätzlichen Forcierung von Internationalisierungsstrategien, die entsprechend der in Kapitel 3.1 abgeleiteten Hypothese ebenfalls zu einer Bündelung der Kräfte und damit einer Verringerung der Tätigkeitsbreite geführt haben dürfte.

Aufgrund dieser drei Faktoren, die eine Entwicklung zur Konzentration auf Kerngeschäfte in Deutschland ausgelöst haben könnten, wurde als Untersuchungszeitraum die Zeit von 1992 bis 1997, also insgesamt sechs Jahre gewählt. Die Hypothese, daß Kerngeschäftsstrategien etwa ab den Jahren 1993/1994 verfolgt wurden, konnte zudem durch die im Anhang dieser Arbeit wiedergegebenen Erklärungen deutscher Unternehmen in ihren Geschäftsberichten verifiziert werden, in denen etwa ab dem Jahr 1994 verstärkt von der Durchführung einer solchen Strategie die Rede ist.

4.2.2 Untersuchungsumfang

Untersuchungsgegenstand dieser Arbeit sind Unternehmen mit Hauptsitz in Deutschland: Im Gegensatz zur angloamerikanischen Forschung, die bezüglich Kerngeschäftsstrategien wichtige und aufschlußreiche Erkenntnisse für den amerikanischen Markt liefern konnte[324], existieren empirische, großzahlige Studien zu Kerngeschäftsstrategien deutscher Unternehmen in den neunziger Jahren trotz der vermeintlichen praktischen Relevanz nicht.[325] Zur Schließung dieser Lücke bezüglich des Entwicklungsstands deutscher Kerngeschäftsstrategien wird die folgende Analyse beitragen.

Darauf aufbauend wird im nächsten Kapitel die Beurteilung des Erfolgs dieser Strategie anhand der Bewertung durch den Aktienmarkt analysiert. Da im weiteren von der Annahme der schwachen Informationseffizienz der Kapitalmärkte ausgegangen wird, impliziert dies eine Berücksichtigung von börsennotierten, *marktgängigen* Unternehmen. Aus diesem Grunde wurden Unternehmen, die nicht zu den größten einhundert börsennotierten Unternehmen Deutschlands gehören, aus dem Untersuchungsumfang eliminiert, da der Aussagegehalt der Börsenkurse dieser Unternehmen nicht mehr zwingend dem Kriterium der Informationseffizienz genügt.[326]

---

[324] Vgl. dazu ausführlich Kapitel 3.1 dieser Arbeit, in dem die wichtigsten Erkenntnisse der angloamerikanischen Studien vorgestellt werden.

[325] Angemerkt sei an dieser Stelle, daß Bühner in einer Studie aus dem Jahre 1998 eine Untersuchung der Kapitalmarktreaktion auf Unternehmensaufspaltungen von 34 europäischen Unternehmen mittels einer Event Studie durchführt. Die Ergebnisse sind in 3.1.2.2 dieser Arbeit wiedergegeben. Vgl. Bühner, R. (1998), S. 821ff.

[326] Vgl. Röttger, B. (1994), S. 8

Bei der Festlegung der liquidesten deutschen Aktien wurde auf die Angaben der Deutsche Börse AG zurückgegriffen: Diese berechnet für die einhundert größten und nach Umsatz stärksten Aktien des Primärmarktes den sogenannten DAX 100 Aktienindex. Dieser ist kapitalgewichtet, d.h. die Gewichte der einzelnen Aktien bemessen sich nach den jeweiligen Anteilen an der gesamten Börsenkapitalisierung.[327] Der DAX 100 ist wie folgt definiert:[328]

"Der DAX 100 stellt einen marktbreiten Index, der die Vorzüge von hochliquiden und hochkapitalisierten Indexwerten mit einer breiten Risikostreuung verbindet, dar. Er umfaßt 100 inländische Gesellschaften, die im Amtlichen Handel der FWB Frankfurter Wertpapierbörse variabel notiert sind. Der DAX 100 wird nach dem Konzept des DAX, d.h. als Performanceindex berechnet. Auch der DAX 100 ist als Real-Time-Index konzipiert und wird minütlich neu berechnet. Er basiert ebenfalls auf der Laspeyeres-Formel und wird sowohl aus Kursen der FWB Frankfurter Wertpapierbörse als auch aus Xetra-Preisen veröffentlicht. Basisdatum ist der 30.12.1987, die Basis ist 500."

Performance-Indices sind im Gegensatz zu Kursindizes um Dividendenzahlungen und Bezugsrechtsgewährungen bereinigt und geben somit die um diese Einflüsse bereinigte Einschätzung der Börse wider. Die Bereinigung bei den DAX-Indices wird durch aktienspezifische Korrekturverfahren der "operation blanche" vorgenommen.[329]

Der DAX 100 umfaßt also alle Werte, die auch im DAX-Index enthalten sind sowie die siebzig Werte des MDAX (Midcap-Index), der die Werte beinhaltet, die in bezug auf Börsenkapitalisierung und Börsenumsatz unmittelbar nach den 30 DAX-Werten folgen.[330] Der DAX 100 wurde im Rahmen dieser Arbeit gegenüber dem CDAX, der das gesamte Marktsegment des amtlichen Handels and der Frankfurter Wertpapierbörse abbildet, vorgezogen, da bei letzterem bei einigen Werten von geringen Börsenumsätzen und damit zweifelhaften Rückschlüssen bezüglich einer Bewertung von Unternehmensstrategien ausgegangen werden muß.[331]

Die exakte Auswahl der Werte erfolgt nach folgenden Kriterien:[332]

---

[327]Vgl. Deutsche Börse AG: "Deutsche Börse-Indizes", Internet-Seite http://www.exchange.de /fwb /indices _d.html, S. 3, 1998

[328]Deutsche Börse AG: "Leitfaden zu den Aktienindizes der Deutschen Börse", Frankfurt 1997, S. 5

[329]Vgl. dazu Deutsche Börse AG (1997), S. 16ff.

[330]Vgl. Deutsche Börse AG (1997), S. 1

[331]Vgl. Kapitel 3.1.1.2 zu Voraussetzungen der Marktbewertung.

[332]Vgl. Deutsche Börse AG (1997), S. 6

A) Es handelt sich um eine Inlandsgesellschaft, die zum variablen Marktsegment des Amtlichen Handels an der Frankfurter Wertpapierbörse zugelassen ist.

B) Die Gesellschaft ist seit mindestens einem Jahr börsennotiert.[333]

C) Der Festbesitzanteil der Gesellschaft ist kleiner als 85%.

D) Der Anteil einer anderen im Index enthaltenen Gesellschaft darf 75% nicht übersteigen.

E) Als weitere Auswahlkriterien werden einbezogen: (1) Börsenumsatz (in den vergangenen 12 Monaten)[334], (2) Börsenkapitalisierung der Gesellschaft zum Untersuchungszeitpunkt[335] (diese bildet zusammen mit dem Börsenumsatz die primären Auswahlkriterien, wenn Bedingungen A) bis D) erfüllt sind)[336], (3) Branchenrepräsentativität der deutschen Volkswirtschaft.

Entsprechend der Kriterien (1) und (2) des Punktes E) unter Voraussetzung der Erfüllung der Punkte A) bis D) werden Ränge aller Gesellschaften gebildet. Aufbauend auf diesen zwei Rängen kommt dann die "110/110 Regel" für den DAX 100 zur Anwendung:

Wenn eine Gesellschaft folgende Bedingung

- Umsatzrang < 110 **und** Börsenkapitalisierungsrang < 110 erfüllt, kann sie in den Dax 100 aufgenommen werden.

Eine Gesellschaft, die folgende Bedingungen erfüllt:

- Umsatzrang > 110 **oder** Börsenkapitalisierung > 110, kann aus dem Index entfernt werden.

Diese beiden Schritte identifizieren Gesellschaften, die entweder in den DAX 100 aufgenommen bzw. aus dem DAX 100 eliminiert werden können. Die endgültige Auswahl erfolgt dann anhand eines direkten Vergleichs festgelegter qualitativer Kriterien.[337] Die Zusammensetzung wird halb-

[333]Hier kann in "begründeten Fällen" von dieser Frist abgewichen werden, vgl. Deutsche Börse AG (1997), S. 6

[334]Der Börsenumsatz berechnet sich aus der Summe der an der Frankfurter Wertpapierbörse festgestellten Umsätze aller Gattungen einer Gesellschaft inklusive des Frankfurter Anteils in Xetra. Betrachtungszeitraum sind die letzen 12 Monate, d.h. bei der Überprüfung im September werden die Umsätze des ersten Halbjahres des laufenden Jahres und die des zweiten Halbjahres des vorangegangenen Jahres betrachtet. Vgl. Deutsche Börse AG (1997), S. 28

[335]Die Börsenkapitalisierung berechnet sich aus der Summe der Produkte der ausstehenden Aktien einer jeden Gattung mit dem jeweiligen Kurs der Gattung. Die Deutsche Börse AG wählt hierbei als Betrachtungszeitpunkt den letzte Handelstag des vorangegangenen Halbjahres.

[336]Vgl. Deutsche Börse AG (1997), S. 28

[337]Diese qualitativen Kriterien sind 1. Free Float, 2. Verfügbarkeit im Markt (z.B. gemessen anhand von Stückumsätzen oder Anzahl von Kursfeststellungen), 3. Branchenzugehörigkeit, 4. regelmäßige Informationspolitik des Unternehmens und 5. Akzeptanz des Übernahmekodex. Vgl. Deutsche Börse AG (1997), S. 29

jährlich überprüft.[338] Insgesamt kann also davon ausgegangen werden, daß im DAX 100 die nach Umsatz stärksten und größten börsennotierten deutschen Gesellschaften berücksichtigt sind und somit eine gute Grundlage für einen breiten Untersuchungsgegenstand einerseits und eine liquide und somit aussagekräftige Grundgesamtheit andererseits besteht.

In der vorliegenden Arbeit wurde darüber hinaus die Grundgesamtheit der im DAX 100 enthaltenen Gesellschaften um Banken, Versicherungen und Finanzdienstleister bereinigt. Da als ein wichtiger Indikator für das Ausmaß von Kerngeschäftsstrategien und damit einen möglichen Parameter der Marktbewertung die aus den Jahresabschlüssen entnommene Kennzahl "Abgang Beteiligungen zu Umsatz" verwendet wird,[339] werden Banken und Versicherungen aufgrund ihrer vom HGB abweichenden Rechnungslegungsvorschriften und der damit erschwerten Vergleichbarkeit in der vorliegenden Untersuchung nicht erfaßt.[340]

Zudem wurden nur die DAX 100 Unternehmen berücksichtigt, die über eine vollständige Kursreihe von 1992 bis 1997 verfügen. Damit umfaßt die untersuchte Grundgesamtheit 68 Gesellschaften (Vgl. Tabelle 11) und ca. 102.000 Börsenkurse. Neben den Aktienkursen wurden Daten aus den Jahresabschlüssen der Jahre 1992 bis 1997 analysiert, so daß insgesamt 408 Jahresabschlüsse untersucht wurden.

---

338 Die Auswahl diskutiert der Arbeitskreis Aktienindizes, die Entscheidung trifft der Vorstand der Deutschen Börse AG. Die Teilnehmer des Arbeitskreises Aktienindizes sind dabei im wesentlichen deutsche Banken.

339 Vgl. dazu Kapitel 4.2.3.2 dieser Arbeit.

Tabelle 11: Untersuchungsumfang

		Anzahl Aktien (19.09.97)	Schlußkurs (DM) (20.3.98)
1	AGIV	40.000.000	39,90
2	ALTANA	39.000.000	153,75
3	AVA	3.105.125	614,50
4	BASF	619.889.790	74,00
5	Bayer	730.356.670	82,90
6	Beiersdorf	84.000.000	91,10
7	BEWAG	75.333.400	79,00
8	Bilfinger+Berger	36.000.000	n.a.
9	BMW	19.670.060	2080,00
10	Brau und Brunnen	4.489.130	168,50
11	Buderus	2.537.500	810,00
12	Continental	111.553.975	45,90
13	Daimler-Benz	519.236.360	169,10
14	Degussa	92.059.500	105,50
15	Deutsche Babcock	7.000.000	94,00
16	Deutz	59.643.370	15,85
17	Douglas	29.930.140	68,35
18	Dürr	13.000.000	66,00
19	Dyckerhoff	3.130.638	530,00
20	ESCADA	1.444.224	256,00
21	FAG Kugelfischer	60.800.000	27,00
22	Felten & Guilleaume	1.300.000	n.a.
23	Fresenius	14.300.000	390,00
24	GEA	4.150.000	676,00
25	GEHE	72.900.000	104,00
26	Gerresheimer Glas	22.700.000	26,95
27	Grohe	1.020.000	532,50
28	Heidelberger Zement	50.215.000	135,00
29	Henkel	145.986.250	131,30
30	Herlitz	3.731.488	148,50
31	Hochtief	70.000.000	77,90
32	Hoechst	589.953.690	71,21
33	Holzmann	4.387.500	430,00
34	Hornbach	4.000.000	n.a.
35	IVG	31.000.000	55,60
36	IWKA	2.240.000	412,00
37	Jungheinrich	1.600.000	306,00
38	Kampa-Haus	10.000.000	55,00
39	KARSTADT	8.400.000	747,00
40	Klöckner-Werke	9.162.892	139,80
41	KRONES	559.984	559,50
42	KSB	1.753.687	482,00
43	Lahmeyer	90.057.003	90,00
44	Linde	8.405.390	1.249,00
45	Lufthansa	381.600.000	39,30
46	MAN	15.420.000	593,00
47	Mannesmann	36.799.527	1306,00
48	Metallgesellschaft	133.934.220	38,65
49	Porsche	875,000	3.898,00
50	PREUSSAG	16.131.519	648,75
51	PUMA	15.390.000	43,90
52	PWA	7.094.005	n.a.
53	Rheinmetall	3.000.000	36,50
54	RHÖN-KLINIKUM	8.640.000	194,00
55	RWE	541.953.300	99,10
56	SAP	105.232.680	807,00
57	Schering	68.342.020	213,25
58	Schmalbach-Lubeca	3.750.000	400,00
59	Siemens	559.395.940	116,30
60	SPAR	60.314.000	25,05
61	Südzucker	5.126.000	975,00
62	Thyssen	34.000.000	430,00
63	VARTA	1.978.800	310,00
64	VEBA	498.793.320	123,95
65	VIAG	26.613.284	1.015,00
66	Volkswagen	36.694.411	1.406,00
67	Vossloh	7.200.000	123,20
68	Wella	2.596.821	1.474,00

[340]Vgl. Röttger, B. (1994), S. 146

4.2.3 Untersuchungsmethodik

Zur Analyse von Kerngeschäftsstrategien in Deutschland wurden drei Indikatoren gebildet, die Aufschluß über die jeweiligen Ausmaße der untersuchten Strategie geben sollen:

A) Die Entwicklung der Anzahl und der Volumina von Divestments pro Unternehmen.

B) Die Entwicklung der Erlöse aus Abgängen von Beteiligungen im Verhältnis zum erzielten Umsatz.

C) Die Entwicklung des Konzentrationsgrades der einzelnen Unternehmen entsprechend der Segmentberichterstattung der Jahresabschlüsse.

Im folgenden werden die einzelnen Kennzahlen näher erläutert.

4.2.3.1 Die Anzahl an Divestments

Wie in Kapitel 2 dieser Arbeit dargelegt, bilden Divestments und ihre vier Unterformen durch Abspalten von nicht mehr zum Kerngeschäft gehörenden Geschäftsbereichen entscheidende unternehmerische Handlungsparameter zur Durchführung von Kerngeschäftsstrategien. Somit bilden die durchgeführten Divestments der Unternehmen aus der untersuchten Grundgesamtheit einen wichtigen Indikator bezüglich des Ausmaßes und des Entwicklungsstandes der Kerngeschäftsstrategien. Der Indikator "Anzahl Divestments" wird neben dem Ausmaß der einzelnen Kerngeschäftsstrategien pro Unternehmen entscheidende Aufschlüsse über die Konstanz, den zeitlichen Ablauf und die Nachhaltigkeit der Verfolgung dieser Strategie geben.

Kerngeschäftsindikator 1 = Anzahl Divestments

Grundgesamtheit bilden die in 4.2.2 identifizierten 68 Unternehmen des DAX 100, Untersuchungszeitraum ist die Zeit von 1992 bis 1997, wie in 4.2.1 dargelegt. Als am besten geeignete Datenquelle für den Indikator 1 erwies sich das Fachmagazin "M&A Review: Mergers & Acquisitions, Corporate Restructuring, Strategische Allianzen, Beteiligungspolitik, Divestments", das von Professor Günther Müller-Stewens der Universität St. Gallen herausgegeben wird und in der Verlagsgruppe Handelsblatt erscheint. Diese monatlich erscheinende Fachzeitschrift veröffentlicht neben aktuellen Entwicklungen im Mergers & Acquisitions Bereich insbesondere alle bekanntgewordenen Unternehmensverkäufe, Käufe und Joint Ventures in Deutschland.

Die Publikation M&A Review trennt dabei in ihrer Rubrik "Top Deals" die bekanntgewordenen Transaktionen nach Branchen. Grundlage für die Veröffentlichung bildet die von der Redaktion des M&A Review vorgenommene Auswertung der deutschsprachigen Wirtschaftspresse.[341] Somit ist davon auszugehen, daß die Auflistung des M&A Review die detaillierteste und umfangreichste öffentlich zugängliche Datenquelle über Divestments deutscher Unternehmen bietet. Zusätzlich veröffentlicht M&A Review regelmäßig Angaben über Motiv, Umsatz des gekauften/verkauften Unternehmens sowie über den jeweiligen Kaufpreis, so diese veröffentlicht wurden.

Im Rahmen der vorliegenden Arbeit wurde auf Basis der Jahrgänge 1992 bis 1997 des M&A Reviews[342] mittels Auswertung aller Hefte folgende Untersuchung vorgenommen:

A) **Welche und wieviel Divestments** wurden von den im Untersuchungsumfang enthaltenen Firmen im Beobachtungszeitraum durchgeführt.

B) Zu welchem **Zeitpunkt** wurden die jeweiligen **Divestments** durchgeführt.

C) Welchen **Umsatz**, wenn angegeben, erzielte der verkaufte Unternehmensteil.

D) Welche **Form des Divestments** wurde durchgeführt.

E) Welches **Motiv für den Unternehmensverkauf** wurde angegeben.

F) Wer war der **jeweilige Käufer des Unternehmensteils**.

Dabei wurden die Angaben der Analysen unter Punkt D) und E) geclustert. Formen von Divestments (Punkt D)) wurden entsprechend der Definition in Kapitel 2.3.1 dieser Arbeit in Selloffs, Spinoffs, Equity Carve Outs und Leveraged Buyouts/Management Buyouts unterschieden.

Bei Motiven wurden die Angaben entsprechend den Überlegungen in Kapitel 2.3.2 dieser arbeitet geclustert:

- **"Strategische Portfoliobereinigung":** Darunter wurden alle Divestments subsumiert, bei denen als Motiv "Konzentration auf Kerngeschäfte", "Bereinigung des Portfolios" oder "Verkauf des Randbereichs" genannt wurden.
- **"Unprofitabilität":** Darunter wurden Divestments mit Angaben wie "Verkauf des Verlustbringers", "Sanierung des Unternehmens" oder "das verlustreiche Geschäftsgebiet" gezählt.

---

[341] Dabei werden vom M&A Review folgende 23 Quellen ausgewertet: Acquisition Monthly, Bilanz, Blick durch die Wirtschaft, Börsenblatt, Bundeskartellamts-Veröffentlichungen, Capital, Die Zeit, Die Welt, Financial Times, Frankfurter Allgemeine Zeitung, Handelsblatt, Impulse, M&A International, Manager Magazin, Neue Züricher Zeitung, New Business, Ostwirtschaftsreport, profil, Süddeutsche Zeitung, trend, VDI-Nachrichten, Wirtschaftswoche und Wirtschaftwoche Österreich.

[342] Die Hefte konnten durch die Deutsche Bibliothek in Frankfurt am Main zugänglich gemacht werden.

- **"Kartellrechtliche Gründe"**: Hier sind solche Divestments zu finden, bei denen im M&A Review Verweise wie "Auflage der Kartellrechtsbehörde" etc. zu finden waren.
- **"Keine Angaben"**: In den Fällen, in denen keine Hinweise auf Motive oder aber mehrere Gründe wie "Strategie" und "Sanierung" genannt wurden, wurden unter "Keine Angaben" zusammengefaßt.

Zusätzlich wurde durch die detaillierte Analyse der Geschäftsberichte der untersuchten Unternehmen zwischen 1992 und 1997 und den darin enthaltenen Angaben bezüglich der Verkäufe von Unternehmensteilen ein Plausibilitätscheck der Angaben des M&A Review vorgenommen.

4.2.3.2 Erlöse aus Abgängen von Beteiligungen

Neben dem oben definierten ersten Indikator für das Ausmaß von Kerngeschäftsstrategien, der *Zahl* der Unternehmensabspaltungen, gemessen durch die veröffentlichten Divestments, bildet darüber hinaus die *Höhe* der durchgeführten Abspaltungen einen weiteren wichtigen Indikator. Wie zu erwarten war, ist dazu die Datenbasis der durch das M&A Review veröffentlichten Informationen bezüglich der Verkaufspreise nicht ausreichend, da diese bei Divestments in Deutschland äußerst selten genannt werden. Daher wurde als zweiter Indikator der Kerngeschäftsstrategien das Verhältnis von Beteiligungsabgängen zum Umsatz aus den jeweiligen Geschäftsberichten der untersuchten Unternehmen ermittelt. Diese Kenngröße wird neben der durch den Indikator 1 ermittelten Zahl der Unternehmensabspaltungen zusätzlich wichtige Analysen über die relative *Höhe* der Bereinigungen der einzelnen Unternehmensportfolios bieten.

Kerngeschäftsindikator 2 – (Abgänge von Beteiligungen, Verbundenen Unternehmen, Assoziierten Unternehmen)/Umsatz

Dieser zweite Indikator "Beteiligungsabgänge relativ zum Umsatz" erfaßt somit auch die Bedeutung der einzelnen Divestments relativ zum Umsatz. Zusätzlich beinhaltet dieser Indikator noch die Liquidation von unrentablen, nicht mehr zum Kerngeschäft gehörenden Unternehmensteilen, die eventuell mit einem Liquidationserlös verbunden sind und die ebenfalls nicht in den Daten des M&A Review erfaßt sind. Drittens ermöglicht diese Kennzahl eine Kontrolle mit den Ergebnissen des ersten Indikators, um so eine zusätzliche Plausibilitäts-Überprüfung durchführen zu können.

Grundlage für die Bildung dieses Indikators bildeten folgende Überlegungen: Die den Jahresabschlüssen entnehmbaren Angaben über die "Abgänge aus Beteiligungen, Verbundenen Unternehmen sowie Assoziierten Unternehmen" bilden ein wichtiges quantitatives Indiz für das Ausmaß und die Entwicklung der Kerngeschäftsstrategien deutscher Unternehmen.

Abgänge sind von Kapitalgesellschaften nach §268 HGB Abs. 2 auszuweisen[343] und werden dabei wie folgt abgegrenzt:[344]

> *"In der Spalte Abgänge wird das mengenmäßige, d.h. körperliche Ausscheiden von Vermögensgegenständen durch Verkauf, Tausch, Verschrottung, Entnahme oder aus einem sonstigen Anlaß wie z. B. Untergang auf Grund höherer Gewalt erfaßt...Wegen des Bruttokonzepts des Anlagenspiegels erfolgt die Verbuchung der Abgänge nicht zu Nettobuchwerten, sondern mit den ursprünglichen Anschaffungs- bzw. Herstellungskosten."*

In dieser Spalte werden also Abgänge der einzelnen Bilanzpositionen erfaßt, wobei wesentlicher Anlaß der Verkauf bildet. Die anderen Motive wie Tausch, Verschrottung sowie Entnahme sind dagegen tendenziell von eher untergeordneter Bedeutung. Der Ausweis der Abgänge erfolgt im Anlagespiegel/Anlagegitter der Bilanz.

Die bei der Ermittlung der Abgänge im Zusammenhang mit Kerngeschäftsstrategien relevanten Bilanzposten sind die innerhalb der Kategorie Finanzanlagen angeführten Posten "Beteiligungen", "Verbundene Unternehmen" und "Assoziierte Unternehmen". Als Finanzanlagen gelten alle Mittelbindungen in Nominalgüter, die auf Dauer dem Geschäftsbetrieb der Unternehmung dienen.[345] Nach § 266 HGB sind folgende Finanzanlagen auszuweisen:

- Anteile an verbundenen Unternehmen
- Beteiligungen
- Assoziierte Unternehmen
- Ausleihungen an verbundene Unternehmen
- Ausleihungen an Unternehmen, mit denen ein Beteiligungsverhältnis besteht
- Sonstige Ausleihungen.

Diese drei Posten, "Beteiligungen", "Anteile an verbundenen Unternehmen", "Assoziierte Unternehmen" und deren Abgänge bilden wichtige Indikatoren für Portfoliobereinigungen: Der Verkauf von nicht zum Kerngeschäft gehörenden Beteiligungen bzw. Tochterfirmen ist ein entscheidender Teil von Konzentrationsbestrebungen. Daher bildet die Auswertung der entsprechenden Positionen im Anlagespiegel einen wichtigen Indikator für das Ausmaß von Kerngeschäftsstrategien.

---

[343]HGB § 268, Abs. 2

[344]Zündorf, H.: "Der Anlagespiegel im Konzernabschluß", Stuttgart 1990, S. 3

[345]Vgl. Scheffler, E.: "Finanzanlagen", in Chmielewicz, K./Schweitzer, M. (1993), S. 588

Allerdings sei an dieser Stelle angemerkt, daß Abgänge von Beteiligungen vielfach motiviert sein können: Neben rein strategischen Gründen, also der Fokussierung auf Kerngeschäfte, kann ein Beteiligungsabgang auch durch Gründe wie unbefriedigende Geschäftsentwicklung, mangelnde Liquidität der verkaufenden Gesellschaft oder kartellrechtliche Auflagen motiviert sein. Zwar zeigen Studien, daß strategische Motive dominieren, so konnten Kaplan/Weisbach zeigen, daß über 40% der Divestments durch strategische Motive ausgelöst werden,[346] aber es ist davon auszugehen, daß ein nicht unerheblicher Teil der durch den Indikator 2 erfaßten Abgänge nicht aus strategischen Gründen durchgeführt wurde. Deshalb erfolgte bei der Analyse des ersten Indikators von Kerngeschäftsstrategien, der Zahl der deutschen Divestments, eine detaillierte Analyse der jeweils zugrunde liegenden Motiven aufbauend auf Presseveröffentlichungen.

Die für die Beurteilung des Ausmaßes von Kerngeschäftsstrategien relevanten Positionen des Finanzanlagevermögens, nämlich "Beteiligungen", "Verbundene Unternehmen" und "Assoziierte Unternehmen", sind entsprechend der Gliederung des Gesetzgebers nach dem Grad der Beteiligungsverhältnisse unterteilt. Beteiligungen sind in § 271 Abs. 1 HGB definiert,[347] der Posten "Verbundene Unternehmen" ist in § 271 Abs. 2 HGB festgelegt.[348] "Assoziierte Unternehmen" werden in §311 Abs. 1 HGB bestimmt.[349] Der Ausweis dieser drei für den Grad der Portfoliobereinigung wichtigen Indikatoren im Anlagespiegel der Jahresabschlüsse unter der Spalte Abgänge erfolgt nach dem Bruttoprinzip: Während der gesamten Nutzungsdauer sind die Vermögensgegenstände mit den ursprünglichen Anschaffungs- oder Herstellungskosten im Anlagespiegel auszuweisen, also auch dann, wenn sie bereits vollständig abgeschrieben sind.[350] Die ursprünglichen Herstellungs- und Anschaffungskosten sind für die vorliegende Analyse aber nur bedingt aussagekräftig: Entscheidender als der Abgang der genannten Bilanzpositionen zu Anschaffungs- und Herstellungskosten ist der tatsächlich erzielte Erlös für den Verkauf der Beteiligungen. Denn dieser bietet wesentlich bessere Erkenntnisse bezüglich der aktuellen Bedeutung des Unternehmensteils als die im Anlagespiegel ausgewiesenen historischen Anschaffungs- und Herstellungskosten. Somit bilden die tatsächlich erzielten Erlöse einen besseren Indikator für das Ausmaß der Portfoliobereinigung.

---

[346] Vgl. Kaplan, S./ Weisbach, M. (1992), S. 113ff. und die ausführliche Darstellung in Kapitel 2.3.2 der vorliegenden Arbeit.

[347] HGB §271 Abs. 1

[348] HGB §271 Abs. 2

[349] HGB §311 Abs. 1

[350] Weber, H.: "Betriebswirtschaftliches Rechnungswesen, Band 1: Bilanz und Erfolgsrechnung", München 1993, S. 158; vgl. auch Zündorf, H. (1990), S. 1 und Weber, C.: "Der Anlagespiegel", in Chmielewicz, K./Schweitzer, M. (Hrsg.): "Handwörterbuch des Rechnungswesens", Stuttgart 1993, S. 79

Dieser Gedankengang impliziert allerdings einen deutlichen Mehraufwand bei der Datengewinnung: Während die Beteiligungsabgänge zu Anschaffungs- und Herstellungskosten direkt dem Anlagespiegel der Jahresabschlüsse aus der Spalte Abgänge entnommen werden können, gestaltet sich die Erhebung der Erlöse aus Beteiligungsabgängen aufwendiger.

Eine mögliche Quelle besteht in der Veröffentlichung von Kapitalflußrechnungen. Diese in Deutschland gesetzlich nicht vorgeschriebene Aufstellung[351] erfreut sich im Zuge des Trends zur Bilanzierung nach internationalen Standards insbesondere bei börsennotierten Gesellschaften stärkerer Verbreitung. Während nach US-amerikanischer Rechnungslegung die Erstellung einer Kapitalflußrechnung (Statement of Cash Flow) verpflichtend vorgeschrieben ist (Statement of Financial Accounting Standards No. 95), verbreitet sich in Deutschland diese zusätzliche Informationsquelle lediglich aufgrund freiwilliger Angaben im Zuge verstärkter internationaler Rechnungslegungen.

"Im Jahre 1978 hat der HFA eine Kapitalflußrechnung als Ergänzung des Jahresabschlusses empfohlen. Wenn auch nur wenige Unternehmen dieser Empfehlung direkt gefolgt sind, so veröffentlichen doch in zunehmendem Maße v.a. große AGs, deren Aktien an der Börse notiert werden, Kapitalfluß- oder andere Formen von Finanzierungsrechnungen."[352]

Darüber existiert seit 1995 durch die Stellungnahme des Hauptfachausschuss (HFA) ein näher definierter Rahmen für die Erstellung einer Kapitalflußrechnung.

Als Gliederung empfiehlt der HFA bei der indirekten Ermittlung die in Abbildung 22 angegebene Form. Der für die vorliegende Untersuchung relevante Gliederungspunkt ist dabei Punkt 9 "Einzahlungen aus Abgängen (z.B. Verkaufserlöse, Tilgungsbeträge) von Gegenständen des Anlagevermögens (Restbuchwerte der Abgänge erhöht um Gewinne und vermindert um Verluste aus dem Anlagenabgang)". Eine Gliederung nach Bereichen liefert Busse von Colbe (vgl. Abbildung 23). Hier sind die im Rahmen der Untersuchung relevanten Posten Erlöse aus Abgängen Beteiligungen, Verbundene Unternehmen und Assoziierte Unternehmen in der markierten Position Desinvestitionen von Finanzanlagen enthalten.

---

[351]Lediglich für die Zulassung von Wertpapieren zur amtlichen Börsennotierung muß der Prospekt eine 'Aufstellung über die Herkunft und Verwendung der Mittel' in Form einer Bewegungs- oder Finanzflußrechnung enthalten (§ 23 Börsenzulassungs-Verordnung v. 15.4.1987; BGBl. 1987 I, S. 1234)

[352]Busse von Colbe, W.: "Kapitalflußrechnung", in Chmielewicz, K./Schweiter, M. (1993), S. 1078

Die Empfehlung des HFA wurde entsprechend den Anforderungen des internationalen Rechnungslegungsgrundsatzes IAS 7 "Cash Flow Statements" des IASC erarbeitet.[353] Strebt ein Unternehmen die völlige Übereinstimmung mit den IAS 7 an, so hat die Kapitalflußrechnung neben anderen Angaben folgende Angaben zu enthalten (der Klammerhinweis bezieht sich auf die Textziffer von IAS 7): [354]

"Informationen über den Erwerb und Verkauf von Unternehmen und sonstigen Geschäftseinheiten (Tz. 39-42). Als Gesamtbeträge sind offenzulegen:

- Kauf- bzw. Verkaufspreise,

- Anteil der Zahlungsmittel und Zahlungsmitteläquivalente am vereinbarten Kauf- bzw. Verkaufspreis,

- der mit dem Unternehmen oder der sonstigen Geschäftseinheit erworbene bzw. verkaufte Bestand an Zahlungsmitteln und Zahlungsmitteläquivalenten,

- der mit dem Unternehmen oder sonstigen Geschäftseinheiten erworbene bzw. verkaufte Bestand an sonstigen Vermögensgegenständen und Schulden, gegliedert nach Hauptposten."

Diese Angaben lassen sich in diesem Detaillierungsgrad in deutschen Geschäftsberichten selten finden. Allerdings lag eine Kapitalflußrechnung in den überwiegenden Fällen vor. Bei Nichtvorhandensein einer solchen Rechnung mußte aus den veröffentlichten Bilanzen und den darin enthaltenen Anlagespiegeln sowie den GuV-Rechnungen der entsprechende Posten der nicht veröffentlichten Kapitalflußrechnung ermittelt werden. Dabei gilt entsprechend der HFA-Stellungnahme zur Kapitalflußrechnung folgende Berechnungsweise:[355]

Erlöse aus Abgängen = Restbuchwerte der Abgänge erhöht um Gewinne und vermindert um Verluste aus dem Anlageabgang

[353] HFA (1995), S. 212

[354] HFA (1995), S. 213

[355] HFA (1995), S. 211

Abbildung 22: Gliederung der Kapitalflussrechnung bei direkter Ermittlung

1.	Jahresüberschuß/Jahresfehlbetrag
2. +/-	Abschreibungen/Zuschreibungen auf Gegenstände des Anlagevermögens
3. +/-	Zunahme/Abnahme der Rückstellungen
4. +/-	Sonstige zahlungswirksame Aufwendungen/Erträge
5. +/-	Gewinn/Verlust aus dem Abgang von Gegenständen des Anlagevermögens
6. +/-	Zunahme/Abnahme der Vorräte, der Forderungen aus Lieferungen und Leistungen sowie anderer Aktiva
7. +/-	Zunahme/Abnahme der Verbindlichkeiten aus Lieferungen und Leistungen sowie anderer Passiva
8. =	**Mittelzufluß/-abfluß aus laufender Geschäftstätigkeit**
9.	Einzahlungen aus Abgängen (z.B. Verkaufserlöse, Tilgungsbeträge) von Gegenständen des Anlagevermögens (Restbuchwerte der Abgänge erhöht um Gewinne und vermindert um Verluste aus dem Anlageabgang)
10. -	Auszahlungen für Investitionen in das Anlagevermögen
11. =	**Mittelzufluß/-abfluß aus der Investitionstätigkeit**
12.	Einzahlungen aus Kapitalerhöhungen und Zuschüssen der Gesellschafter
13. -	Auszahlungen an Gesellschafter (Dividenden, Kapitalrückzahlungen, andere Ausschüttungen)
14. +	Einzahlungen aus der Begebung von Anleihen und aus der Aufnahme von (Finanz-) Krediten
15. -	Auszahlungen für die Tilgung von Anleihen und (Finanz-) Krediten
16. =	**Mittelzufluß/-abfluß aus der Finanzierungstätigkeit**
17.	Zahlungswirksame Veränderungen des Finanzmittelbestandes (Summe der Zeilen 8, 11 und 16)
18. +/-	Wechselkursbedingte und sonstige Wertänderung des Finanzmittelbestandes
19. +	Finanzmittelbestand am Anfang der Periode
20. =	**Finanzmittelbestand am Ende der Periode**

Quelle: HFA 1995, S. 211

Abbildung 23: Die Kapitalflussrechnung

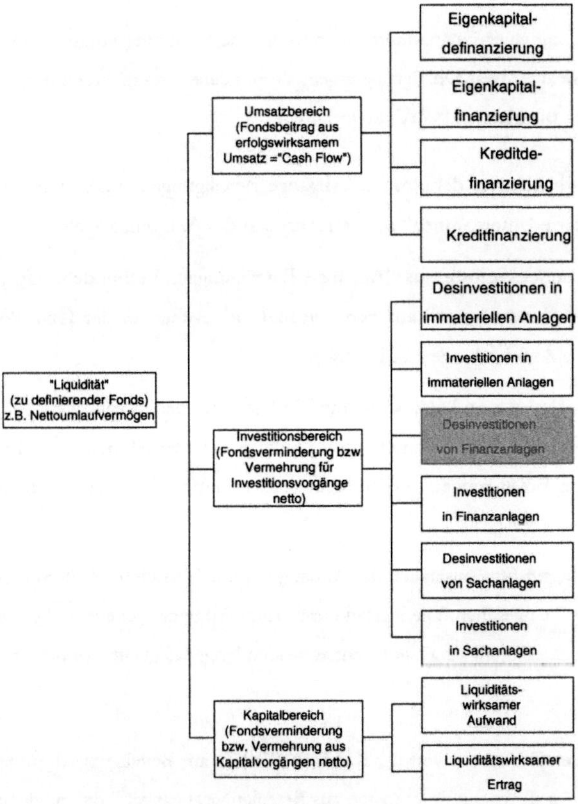

Quelle: Busse von Colbe, W. (1994), S. 349

Dementsprechend werden die Erlöse aus den Desinvestitionen wie folgt errechnet:[356]

"Der aus Desinvestitionen resultierende Mittelzufluß setzt sich aus den um Gewinne und Verluste aus Anlageabgängen korrigierten Restbuchwerten der ausgeschiedenen Vermögensgegenstände zusammen. Da die im Anlagegitter auszuweisenden Abgänge jedoch mit den historischen Anschaffungs- und Herstellungskosten angegeben sind, müssen die Restbuchwerte zuvor ermittelt werden."

So wurde bei Nichtausweisung einer Finanzflußrechnung folgende Rechnung vorgenommen, um die relevante Größe "Erlöse aus Abgängen Beteiligungen, Verbundene Unternehmen und Assoziierte Unternehmen" aus den Bilanzen und GuVs zu ermitteln:

A) Berechnung der Restbuchwerte der Posten "Abgänge Beteiligungen, Verbundene Unternehmen und Assoziierte Unternehmen" aus den Angaben des Anlagenspiegels.

B) Ermittlung der Gewinne/Verluste aus "Abgänge Beteiligungen, Verbundene Unternehmen und Assoziierte Unternehmen" aus den Angaben des Anhanges der GuV-Position "Sonstige betriebliche Aufwendungen und Erträge"[357]

C) Addition der Restbuchwerte und der Gewinne/Verluste aus den Positionen "Abgänge Beteiligungen, Verbundene Unternehmen und Assoziierte Unternehmen" zur Position "Erlöse aus Abgänge Beteiligungen, Verbundene Unternehmen und Assoziierte Unternehmen".

Bei Schritt B) wurde zur Überprüfung zusätzlich der Anhang der GuV-Position "Außerordentliche Aufwendungen und Erträge" eingesehen. Die hierbei durch zum Teil unzureichenden Ausweis der "Gewinne und Verluste aus Beteiligungsabgängen" entstehenden Ungenauigkeiten sind nach Amen relativ unbedeutend.[358]

Zudem ist durch den höheren Erkenntniswert der Kennzahl "Erlöse aus Beteiligungsabgängen" im Vergleich zu "Herstellungs- und Anschaffungskosten aus Beteiligungsabgängen" die möglicherweise entstehende Ungenauigkeit vertretbar und bewußt in Kauf genommen worden. Trotzdem wurden beide Angaben, sowohl die Herstellungs- und Anschaffungskosten aus Beteiligungsabgängen als auch die Erlöse aus Beteiligungsabgängen ermittelt und ausgewertet, um eine größtmögliche Datensicherheit und Quervergleiche bieten zu können.

---

[356] Amen, M.: "Erstellung von Kapitalflußrechnungen", München 1994, S. 81

[357] So schreibt Weber: "Daher sind unter Position "Sonstige betriebliche Erträge" vor allem auszuweisen: a) die Erträge aus dem Abgang von Gegenständen des Anlagevermögens (die dadurch entstehen, daß der Veräußerungswert über dem Buchwert liegt) sowie die Zuschreibungen zu Gegenständen des Anlagevermögens... "; Weber, H. (1993), S. 250

Die Größe "Erlöse aus Beteiligungsabgängen", die einen der drei Indikatoren für das Ausmaß von Kerngeschäftsstrategien und deren Entwicklung über die Zeit bildet, ist eine absolute Größe. Diese muß, um aussagekräftig zu sein, mit der jeweiligen Unternehmensgröße ins Verhältnis gesetzt werden, um den Grad der Kerngeschäftsstrategie mit der Unternehmensgröße zu relativieren. Ein Unternehmen mit einem Erlös aus Beteiligungsabgängen von 100 bei einem Umsatz von 1.000 verfolgt eine stärkere Fokussierung als ein anderes Unternehmen mit ebenfalls einem Erlös aus Beteiligungsabgängen von 100, aber einem Umsatz von 10.000. Demzufolge wird der zweite Indikator für Kerngeschäftsstrategien, der Erlös aus Beteiligungsabgängen, mit dem Umsatz des jeweiligen Unternehmens ins Verhältnis gesetzt, um diesen Indikator zwischen den Firmen vergleichbar zu machen.

4.2.3.3 Der Konzentrationsgrad gemessen anhand des Herfindahl-Indexes

Während die genannten ersten zwei Indikatoren, die "Anzahl der Divestments" einerseits und die Relation "Abgang Beteiligungen zu Umsatz" andererseits, wichtige Erkenntnisse über den Fokussierungsgrad durch Abspaltung bzw. den Verkauf von Unternehmensteilen bilden, soll die dritte zu untersuchende Größe, nämlich der Konzentrationsgrad, gemessen anhand des Herfindahl-Indexes, zusätzliche Informationen über den Stand der Kerngeschäftsstrategien liefern, welche die beiden ersten beiden Indikatoren nicht bieten. So kann ein Unternehmen auch ohne Unternehmensverkäufe bzw. Abspaltungen in seinem Fokussierungsgrad zunehmen und eine Kerngeschäftsstrategie verfolgen: Dies kann zum einen durch bewußte Ausweitung des Kerngeschäftes bzw. einer Reduktion des Randgeschäftes geschehen, zum anderen durch Zukäufe, also externes Wachstum in Stammgeschäft. Die nun vorzustellende Meßgröße ist in der Lage, eine Zunahme des Konzentrationsgrades eines Unternehmens zu identifizieren und somit einen zusätzlichen Indikator über das Ausmaß von Kerngeschäftsstrategien zu bilden. Damit ist dieser dritte Indikator der umfassendste der drei vorgestellten Indikatoren, da er alle denkbaren Maßnahmen zur Erhöhung des Konzentrationsgrades durch Kerngeschäftsstrategien abbildet. Zudem bildet er eine zusätzliche Plausibilitäts-Überprüfung der Indikatoren 1 und 2. Die erläuterten Zusammenhänge zwischen den drei Indikatoren sind in Abbildung 24 dargestellt.

[358] Amen, M. (1994), S. 84

Abbildung 24: Empirische Indikatoren von Kerngeschäftsstrategien

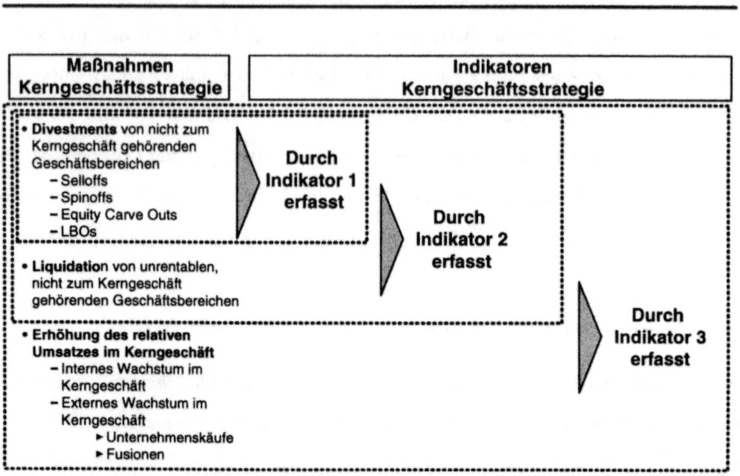

Quelle: Eigene Darstellung

Bei der Auswahl eines geeigneten Konzentrationsmaßes konnte auf die bestehende Forschung zu Strategien der Diversifikation zurückgegriffen werden. Dabei werden generell zwei Kategorien von Konzentrationsmaßen unterschieden:

A) Diskret-kategorische Maße

B) Quantitativ-kontinuierliche Maße

Die bekanntesten diskret-kategorischen Maße sind die von Wrigley[359] und Rumelt[360]. Diese unterteilen Unternehmen in Unternehmenscluster entsprechend der jeweiligen Umsatzanteile und den Verbindungen zwischen den einzelnen Unternehmensteilen. Dabei werden bei diskret-kategorischen Maßen die folgenden vier Gruppen gebildet:[361]

1) **Single Product Firms**: Mindestens 95% des Umsatzes werden in einem Produktbereich erzielt.

---

[359] Wrigley, L.: "Divisional Autonomy and Diversification", Boston 1970

[360] Rumelt, R.: "Strategy, Structure and Economic Performance", Boston 1974

[361] Rumelt unterscheidet sechs Gruppen: Single Business, Dominant-Vertical, Dominant-Unrelated, Dominant-Constrained, Related-Constrained und Unrelated.

2) **Dominant Product Firms:** Mindestens 70% und weniger als 95% des Umsatzes werden in einem Produktbereich erzielt.

3) **Related Product Firms:** Kein Produktbereich erzielt mehr als 70% des Gesamtumsatzes. Die Produktbereiche sind verwandt.

4) **Unrelated Product Firms:** Kein Produktbereich erzielt mehr als 70% des Gesamtumsatzes. Die Produktbereiche sind unverbunden.

Diskret-kategorische Maße besitzen folgende Nachteile:[362]

A) Die Beurteilung, ob Geschäftsbereiche "unrelated" oder "related" sind, ist eine **subjektive** Einschätzung, die je nach Einschätzung des Analysten schwanken kann.

B) Die Einteilung der Schwellen (95%, 70% des Umsatzes) ist **willkürlich.**

C) Die Einteilung in vier Klassen erlaubt **keine Unterscheidung von Unternehmen innerhalb einer Klasse.**

Demgegenüber zeichnen sich die quantitativ-kontinuierlichen Methoden durch eine Intervall-Skalierung aus. Zudem sind diese unabhängig von subjektiven Einschätzungen, da diese auf der Gewichtung der einzelnen Geschäftsbereiche mittels mathematisch zu berechnenden Formeln beruhen. Grundgedanke ist, daß durch eine standardisierte Gewichtung der einzelnen Geschäftsbereiche eine Kennzahl über die Diversifikation eines Unternehmens gebildet werden kann. Dabei sind die Größen der Geschäftsbereiche je nach Datenlage durch die relativen Umsatzanteile oder die relativen Mitarbeiterzahlen pro Unternehmensbereich zu ermitteln. Je nach Art der Gewichtung werden folgende quantitativ-kontinuierlichen Methoden unterschieden:

1) Der Herfindahl-Index: $I_H = \sum_{i=1}^{n} P_i^2$ mit

P_i = Umsatzanteil des Geschäftsbereiches i am Gesamtumsatz

2) Der Berry-Index: $I_B = 1 - \sum_{i=1}^{n} P_i^2$

3) Das Entropiemaß: $I_E = \sum_{i=1}^{n} P_i \ln \frac{1}{P_i}$

[362]Vgl. Wolf, J.: "Die Messung des Diversifikationsgrades von Unternehmen", in Wisu, 5/95, S. 439

Gewichtungsfaktoren bei allen drei Maßen bilden also die relativen Umsatzanteile. Während beim Entropiemaß durch die Logarithmierung die Bedeutung kleiner Geschäftsbereiche zusätzlich betont wird, unterscheiden sich Berry- und Herfindahl-Index nur durch die umgekehrte Skalierung. Im Rahmen dieser Studie wird der Herfindahl-Index verwendet, da dieser durch eine Erhöhung zugleich eine Zunahme des Konzentrationsgrades anzeigt, die für diese Studie entscheidende Größe: Ein Herfindahl-Index von eins signalisiert einen Umsatzanteil von 100% des größten Geschäftsbereichs am Gesamtumsatz. Breit diversifizierte Unternehmen erzielen dagegen regelmäßig einen Herfindahl-Index von unter 0,5.

Kerngeschäftsindikator 3 = Entwicklung des Konzentrationsgrades 1992 bis 1997, gemessen anhand des Herfindahl-Indexes

Entscheidend bei der Beurteilung der quantitativ-kontinuierlichen Indizes ist die Vergleichbarkeit der Angaben der einzelnen Unternehmen. Der Detaillierungsgrad der Angaben zu den Geschäftsbereichen variiert mitunter deutlich: Während einige Firmen Geschäftsbereiche sehr tief gliedern, begnügen sich andere mit eher groben Einteilungen der einzelnen Bereiche. Daher mußte im Rahmen der Untersuchung eine Angleichung des Detaillierungsgrades der Geschäftsbereiche der Unternehmen im Untersuchungsumfang vorgenommen werden: Einheitliches Kriterium hierfür bildete die vom **statistischen Bundesamt** vorgenommene **Klassifizierung der Wirtschaftszweige**. Das heißt, daß zusätzlich zur Eingabe der Umsätze aller Geschäftsbereiche der 68 Unternehmen im Untersuchungsumfang in den Jahren 1992 bis 1997 inklusive der Bezeichnung der Geschäftsbereiche entsprechend der Geschäftsberichte zusätzlich eine Angleichung entsprechend des Statistischen Bundesamtes vorgenommen wurde. Dies bildete die Grundlage der Berechnung des Herfindahl-Indexes aller Unternehmen jeweils in den Jahren 1992 bis 1997. Zusätzlich wurden die Änderungsraten der jeweiligen Indizes pro Jahr berechnet.

Dementsprechend ging der Herfindahl-Index nicht nur als *statische*, zeit*punkt*bezogenen Größe in die Untersuchung ein, sondern auch als *dynamischer*, zeit*raum*bezogener Indikator. Im nächsten Kapitel werden die Indikatoren mit den Börsenkursen korreliert. Börsenkurse spiegeln die Erwartungen der Investoren wieder. Änderungen der Kurse reflektieren somit Änderungen der Erwartungen. Somit muß eine aussagekräftige Kennzahl die dynamische Entwicklung aufzeigen, nicht den statischen Zustand. In diesem Zusammenhang ist es daher von Relevanz, wenn ein Unternehmen seinen Konzentrationsgrad *ändert*. Ein aussagekräftiger Indikator für die Börsenkurse muß daher die Veränderung des Konzentrationsgrades über die Zeit widergeben, denn nur auf Änderungen reagiert der Investor in Form einer Veränderung seiner Erwartungen, wodurch sich der Börsenkurs ändert. Die Messung und Beurteilung von aktiv vorgenommenen Konzentrationsbestrebungen im Rahmen von Kerngeschäftsstrategien erfordert daher die *dynamische* Aufzeichnung des Konzentrationsgrades über die Zeit. Eine *statische* Beurteilung von Unternehmen anhand ihres Konzentrationsgrades[363] ist demgegenüber nicht in der Lage, aktiv betriebene Fokussierung von Unternehmen, die sich in einer Veränderung über die Zeit widerspiegeln, zu messen. Ein Beispiel bildet die Daimler-Benz AG: Während dieses Unternehmen 1993 noch 63% des Umsatzes in den Geschäftsgebieten PKW und NFZ erzielte und damit zum Beispiel nach dem diskret-kategorischen Maß von Rumelt als Konglomerat einzuordnen wäre, hat Daimler-Benz durch eine bewußte Konzentration auf die Kerngeschäfte den Umsatzanteil dieser beiden Schlüsselsparten in 1996 auf 70% erhöht (bzw. die anderen Geschäfte reduziert). Somit wäre Daimler-Benz nach den Rumelt-Maß ein Unternehmen mit einem "Dominant- Business" und kein Konglomerat mehr. Würde man entsprechend der statischen Maße einen Stichtag als Maßstab für die Kategorisierung von Daimler-Benz wählen, würde diese statische Einteilung dementsprechend unterschiedlich ausfallen, je nachdem, ob man 1993 oder 1996 als Grundlage wählt. Zudem kommt die bewußte Entwicklung von Daimler-Benz hin zum Kerngeschäft bei dieser Betrachtung ebenfalls nicht zur Geltung, die ja möglicherweise ein relevanten Einfluß auf die Beurteilung durch die Kapitalmärkte bildet.

Diesen Überlegungen entsprechend wurde im Rahmen der vorliegenden Untersuchung ein Konzentrationsmaß pro Jahr und Unternehmen berechnet, also 408 einzelne Datenpunkte. Damit kann die Entwicklung des Fokussierungsgrades als Maßstab für das Ausmaß von Kerngeschäftsstrategien von 1992 bis 1997 sowohl absolut als auch mit den jeweiligen Veränderungsraten verfolgt werden. Eine Zunahme des Konzentrationsmaßes deutet damit auf die Umsetzung einer Kerngeschäftsstrategie hin, eine Abnahme läßt auf eine durchgeführte Diversifikation schließen. Wie später noch zu prüfen sein wird, müßten solche *Änderungen* der Unternehmensstrategie auch zu Änderungen der Erwartungen der Investoren und damit zu Änderungen des Aktienkurses des Unternehmens führen.

4.3 Die Entwicklung von Kerngeschäftsstrategien in Deutschland

4.3.1 Die Anzahl an Divestments von 1992 bis 1997

Wie oben ausgeführt, wird als erster Indikator für Kerngeschäftsstrategien in Deutschland die Entwicklung der Zahl der Divestments der Unternehmen innerhalb des DAX 100 von 1992 bis 1997 untersucht. Die zu testenden Hypothesen sind dabei die folgenden: Wie in Kapitel 4.2.1. dargelegt, hat sich unter anderem durch die drei Faktoren

---

[363]So zum Beispiel Bühner, R. (1983), S. 1035

A) Konjunkturschwäche 1992/1993 und damit verbunden eine Umstrukturierung der Unternehmen,

B) vereinigungsbedingter Wechsel des Eigenkapitalmarktes vom Verkäufer- zum Käufermarkt und dadurch eine verstärkte Ausrichtung an den Interessen der Eigenkapitalgeber, und

C) Internationalisierung unter anderem auch durch die Einführung einer gemeinsamen europäischen Währung und dadurch eine erhöhte Anforderung an Bündelung der Aktivitäten

der Druck zur Konzentration auf das Kerngeschäft gesteigert. Damit einher geht die Optimierung des Unternehmensportfolios durch Verkauf (Divestment) von Randbereichen. Daraus ergibt sich die folgende Hypothese:

H4.1. Seit 1992 hat eine Entwicklung zur Konzentration auf Kerngeschäfte stattgefunden, die sich in einer deutlichen Steigerung der Anzahl der Divestments in der Zeit manifestiert.

Aufbauend auf dieser Hypothese ergibt sich eine zweite These bezüglich des Motivs der durchgeführten Divestments: Entsprechend der oben angeführten Faktoren als Auslöser müßten sich die Motive der Divestments unterscheiden (vgl. dazu auch Kapitel 2.3.2 dieser Arbeit). Allerdings dürfte entsprechend den Aussagen in den Geschäftsberichten[364] das strategische Motiv der Konzentration auf die Kerngeschäfte überwiegen.

H4.2. Die durchgeführten Divestments in den Jahren 1992 bis 1997 erfolgten überwiegend aus strategischen Motiven im Zuge einer Fokussierung. Motive wie finanzielle Notlage oder kartellrechtliche Auflagen spielen eine untergeordnete Rolle.

Darüber hinaus sind Divestments nach Art der Unternehmensabspaltung entsprechend der Klassifikation in Kapitel 2.3.1 zu unterscheiden. Hierbei wird die Hypothese vertreten, daß aufgrund der vergleichsweise geringen Marktkapitalisierung bzw. Liquidität des deutschen Eigenkapitalmarktes auch der Unternehmensverkauf noch in geringem Maße in Form von Equity Carve Outs und Spinoffs erfolgt, also über Abspaltungen durch Börsenplazierungen. Allerdings sollte hier analog zu der Entwicklung des deutschen Aktienmarktes ein Wachstum dieser Divestment-Formen erkennbar sein. Erwartet wird, daß der überwiegende Teil der deutschen Divestments noch in Form von

[364]Siehe dazu die Zitate aus den Geschäftsberichten im Anhang dieser Arbeit. Diese wurden durch manuelle Durchsicht ausgewertet. Vergleiche zu einem ähnlichen Vorgehen Schmidt, R. (1998), S. 123 ff. *Nicht* angewandt wurden Methoden der computergestützten Inhaltsanalyse. Siehe dazu z. B. Massenberg, J. (1986): "Strategie und Entwicklung deutscher Großunternehmen, Computergestützte Inhaltsanalyse der Hauptversammlungsansprachen der Unternehmensführung 1966 bis 1983", Frankfurt 1986.

Selloffs erfolgt. Der Unternehmensverkauf durch LBOs/MBOs dürfte analog zu den Abspaltungen über die Börse im Vergleich zu angelsächsischen Ländern ein relativ geringes Gewicht haben, aber durch das Wachstum dieser Finanzierungsformen auch prozentual seit 1992 gestiegen sein.

H4.3. Aufgrund der vergleichsweise geringen Marktkapitalisierung bzw. Liquidität des deutschen Eigenkapitalmarktes dominieren in Deutschland noch Abspaltungen in Form von Selloffs. Allerdings steigen von einer niedrigen Basis Divestments in Form von LBOs, Equity Carve Outs und Spinoffs durch die strukturellen Fortschritte des deutschen Eigenkapitalmarktes.[365]

Die entsprechenden Daten wurden durch die Auswertung und Analyse der Publikation M&A Review erhoben. Dabei waren Angaben über das Motiv der jeweiligen Unternehmensabspaltung bei 71,4% der Divestments angegeben.

Angaben über den Verkaufpreis waren fast nie angegeben, der Umsatz der verkauften Unternehmensteile nur in 46,9% der Fälle. Daher sind statistisch zuverlässige und repräsentative Aussagen über die Entwicklung des Volumens und der durchschnittlichen Größe der Divestments durch die Angaben des M&A Review nicht möglich. Hierzu bildet die Kenngröße Erlöse aus Beteiligungsabgängen (Kapitel 4.3.2) die beste Indikation.

Wie sind nun die oben aufgeführten Hypothesen zu beurteilen? Zu Hypothese H4.1 siehe Abbildung 25.

Ganz offensichtlich kann die oben dargelegte Hypothese bestätigt werden: Es gibt in Deutschland eine sich durch die Anzahl der Divestments manifestierende Entwicklung zum Kerngeschäft, zumindest bei den untersuchten Unternehmen des DAX 100. Die durchschnittliche jährliche Wachstumsrate von Divestments deutscher DAX 100 Unternehmen betrug im Zeitraum 1992 bis 1997 44,3%. Interessant ist zudem, daß sich diese Entwicklung erst massiv ab dem Jahr 1994 abzeichnet. Die Steigerungsraten gehen zwar von 1994 bis 1997 zurück, aber die Zahl der Divestments deutscher Unternehmen steigt seit 1993 kontinuierlich. Offensichtlich handelt es sich bei der untersuchten Strategie um eine nach wie vor aktuelle und erst seit den letzten vier Jahren durchge-

[365] Hier sind vor allem das zweite und dritte Finanzmarktförderungsgesetz zu nennen. Im Mittelpunkt des zweiten Finanzmarktförderungsgesetz von 1994 stand die Neuordnung der Handelsüberwachung. Gegenstand des dritten Finanzmarktförderungsgesetzes, das am 1.4.1998 in Kraft trat, ist unter anderem die Abrundung des Anlagespektrums für Investmentfonds. Neben der Zulassung von Dachfonds und gemischten Wertpapier- und Grundstücksfonds gehört dazu die Schaffung von Sondervermögen für die private Altersvorsorge. Vgl. Deutsche Bundesbank, Monatsbericht April 1998, S. 63. Siehe zum dritten Finanzmarktförderungsgesetz auch Baums, T.: "Der Entwurf eines 3. Finanzmarktförderungsgesetz. Stellungnahme für den Finanzausschuß des Deutschen Bundestages", Osnabrück 1997

führte Entwicklung. Zudem legen obige Zahlen die Vermutung nahe, daß das dominierende Motiv weniger eine wirtschaftliche Krisensituation bildete, denn dann hätten die Unternehmensabspaltungen insbesondere in den Jahren 1992 und 1993 höher sein müssen. Dominierendes Motiv scheint tatsächlich das strategische zu sein. Dies bestätigt auch die Auswertung der Angaben bezüglich des Motivs der einzelnen Divestments (siehe Tabelle 12).

Abbildung 25: Entwicklung der Zahl der Divestments

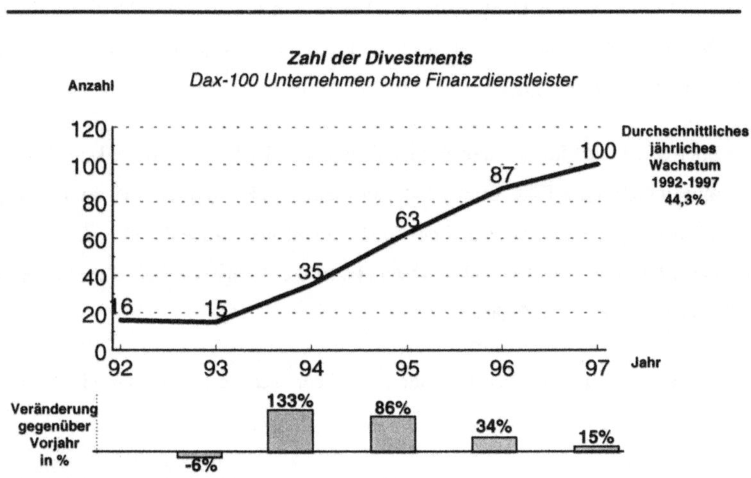

Quelle: Eigene Auswertung basierend auf M&A Review, Jahrgänge 1992 bis 1997

Tabelle 12: Motive der Divestments 1992 bis 1997

Motiv	Prozentualer Anteil 1992 bis 1997
STRATEGISCHE GRÜNDE	56,3%
KEINE ANGABEN	28,6%
SANIERUNG	13,8%
KARTELLRECHTL. AUFLAGEN	1,3%

Quelle: Eigene Auswertung M&A Review, Jahrgänge 1992 bis 1997; N = 318

Die ganz überwiegende Zahl der Divestments deutscher DAX 100 Werte in den Jahren 1992 bis 1997, nämlich 56,3%, war durch strategische Motive im Rahmen einer Kerngeschäftsfokussierung geprägt. Abspaltungen aufgrund wirtschaftlicher Schwierigkeiten spielen dagegen mit 13,8 % ebenso wie kartellrechtlich ausgelöste Verkäufe mit 1,3% eine deutlich untergeordnete Rolle. Allerdings soll an dieser Stelle erwähnt sein, daß durchaus die Möglichkeit besteht, daß einige sanierungsbedingte Abspaltungen aus Gründen der Image-Pflege seitens der Unternehmen als strategisch motiviert erklärt wurden. Die Verzerrung durch Falschangaben des Unternehmens dürfte aber relativ gering sein, da als Datenquellen zum einen das Magazin M&A Review und zum anderen die von diesem verwendete Wirtschaftspresse zugrunde liegen. Diese dürften ein ausreichend starker neutraler Filter in der Beurteilung des wahren Motivs der Abspaltung darstellen. Zu einer ähnlichen Meinung kommen auch Kaplan/Weisbach bei ihrer Untersuchung von Motiven amerikanischer Divestments:[366]

"In those cases in which the firm gives a different reason (usually change of focus or strategy) than the reporter (usually performance-related), we rely on the reporter's judgment."

Die Analyse der Entwicklung der Motive über die Zeit bestätigt die weiter oben angeführte Überlegung: Die Anzahl der Divestments aus dem Motiv Sanierung heraus waren in den Jahren 1993 und 1994 vergleichsweise stark (vgl. Tabelle 13). Das bestätigt die oben beschriebene Hypothese, daß ein Auslöser für Divestments wirtschaftliche Schwächephasen sind, wie dies in Deutschland insbesondere das Jahr 1992 war. Zudem beweist die Entwicklung über die Zeit, daß wesentliches Motiv für Divestments deutscher Unternehmen strategische Gründe bilden.

Insgesamt bestätigt sich durch Tabelle 13 auch das in Kapitel 3.1 ausführlich hergeleitete theoretische Rational von Kerngeschäftsstrategien: Offensichtlich bilden strategische Gründe die maßgeblichen Auslöser von Divestments. Diese sind, wie in 3.1 ausgeführt, mit der Verbreitung des Shareholder Value-Konzeptes verbunden. Dies bestätigt auch die Durchsicht der Ausführungen in den Geschäftsberichten.[367] Damit zeigt sich, daß die mit der vereinigungsbedingten Wandlung des deutschen Eigenkapitalmarktes von einem Verkäufer- zu einem Käufermarkt einhergehende Verbreitung des Shareholder Value-Konzeptes nicht nur zu entsprechenden Erklärungen, sondern auch zu dementsprechenden Handlungen geführt hat. Damit kann das in Kapitel 3.1 hergeleitete theoretische Rational von Kerngeschäftsstrategien, nämlich die verstärkte Ausrichtung an den Interessen der Anteilseigner, mit den in diesen Arbeit erhobenen Daten über die Zahl und die

[366] Kaplan, S./Weisbach, M. (1989), S. 113

[367] Siehe dazu den entsprechenden Anhang dieser Arbeit.

Motive der Divestments deutscher Unternehmen seit 1994 als empirisch relevant eingeschätzt werden.

Tabelle 13: Entwicklung der Motive deutscher Divestments von 1992 bis 1997 (Angaben in Prozent)*

Jahr	Kartellrechtliche Auflagen	Strategische Gründe	Sanierung
92	7,1%	92,9%	0,0%
93	6,2%	68,8%	25,0%
94	3,2%	61,3%	35,5%
95	0,0%	75,6%	24,4%
96	0,0%	83,1%	16,9%
97	1,4%	84,5%	14,1%
DJW 92-97**	0,0%	+52,8%	+25,7%

Quelle: Auswertung M&A-Review, Jahrgänge 1992 bis 1997
*Exklusive Divestments ohne Angabe von Motiven
**Durchschnittliches jährliches Wachstum

Somit konnte auch quantitativ belegt werden, was Robbie/Wright Ende 1997 vermuteten:[368]

> *"The rise over the past few years in Germany in the importance of local divestments reflects the increasing emphasis on corporate restructuring as companies have faced both mounting economic and financial pressure and the emergence of more emphasis on shareholder value. After the trend in the late 1980s and early 1990s towards acquisitions as a means of diversification, a significant number of large German groups are now examining ways of re-ordering their portfolio of subsidiaries. A prepareness to divest has emerged which generally did not exist some years ago."*

Als zusätzliche Analyse soll nun die Hypothese H4.3. über die Art deutscher Divestments überprüft werden. Analog zur Kategorisierung in Kapitel 2.3.1. werden vier Arten unterschieden: Selloffs, Equity Carve Outs, Spinoffs und Leveraged Buyouts (Vgl. Tabelle 14).

Auch diese Zahlen bestätigen die dargelegte Hypothese: Offensichtlich sind Unternehmensabspaltungen über die Börse in Form von Equity Carve Outs und Spinoffs in Deutschland noch wenig verbreitet: Eine denkbare Begründung wurde in Kapitel 3.2.3. gegeben: Dort wurde gezeigt, daß der deutsche Markt für Eigenkapital nach Börsenkapitalisierung und Marktliquidität z. B. im Vergleich mit den USA und Großbritannien noch deutlich unterentwickelt ist. Daher finden ganz

[368] Robbie, K./Wright, M.: "Recent Developments in German and Swiss Buy-outs", in MAR 9/97, S. 379

überwiegend deutsche Divestments noch in der Form der Selloffs statt. Interessant sind dabei aber die Veränderungen über die Zeit, die in Tabelle 15 dargestellt sind.

Tabelle 14: Art der deutschen Divestments von 1992 bis 1997

Art des Divestments	Prozentualer Anteil 1992 bis 1997
Selloff	76,9%
LBO	13,4%
Spinoff	5,2%
Equity Carve Out	2,9%
Keine Angaben	1,6%

Quelle: Eigene Auswertung M&A Review, Jahrgänge 1992 bis 1997; N = 318

Tabelle 15: Entwicklung der Art der Divestments**

Jahr	Selloff	Spinoff	Equity Carve Out	LBO
92	94,1%	5,9%	0,0%	0,0%
93	82,4%	5,9%	5,9%	5,9%
94	80,6%	11,1%	0,0%	8,3%
95	84,4%	9,4%	4,7%	1,6%
96	74,7%	2,3%	4,6%	18,4%
97	75,5%	1,0%	1,0%	22,4%
DJW 93-97*	39,5%	0,0%	0,0%	85,6%

Quelle: Eigene Auswertung M&A Review, Jahrgänge 1992 bis 1997
*Durchschnittliches jährliches Wachstum
**Exklusive der Divestments ohne Angabe der Divestment-Art

So bestätigen die Zahlen der Equity Carve Outs und der Spinoffs die oben genannte Hypothese nicht, daß durch die strukturellen Verbesserungen des deutschen Aktienmarktes (z. B. durch das 2. und 3. Finanzmarktförderungsgesetz[369]) einerseits und die Aktienhausse insbesondere in 1997 und die damit einhergehende Zunahme der Marktliquidität andererseits auch die Unternehmensabspaltungen zunehmend über die deutschen Aktienmärkte erfolgen. Das durchschnittliche jährliche Wachstum sowohl von Equity Carve Outs als auch von Spinoffs betrug im Zeitraum von 1992 bis 1997 Null Prozent.

[369]Siehe dazu Baums, T. (1997)

Andererseits ist äußerst bemerkenswert, daß die Zahl der Leveraged Buyouts in den Jahren 1996 und 1997 als Mittel der Unternehmensabspaltung sprunghaft zugenommen hat. So betrug der Anteil der LBOs an den gesamten Divestments der deutschen DAX 100 Unternehmen exklusive Finanzdienstleister 1997 22,4% im Vergleich zu 5,9% in 1993.

Das durch diese Analyse identifizierte mengenmäßige Ansteigen der LBOs in Deutschland bestätigt auch eine Analyse des Magazins M&A Review bezüglich des Volumens, wie Tabelle 16 zeigt. Auch nach dieser Studie kam es in 1996 zu einer deutlichen Steigerung des LBO Volumens. Als möglichen Grund hierfür nennt Robbie/Wright: [370]

> *"It is only recently that buyouts are becoming one of the corporate restructuring tools of the larger German company. The tremendous changes since the late 1970s in the UK in terms of managerial and company attitudes towards risk and job security and status are only just beginning in Germany."*

Dieser Argumentation zufolge ist ein Treiber für die Zunahme sowohl des Volumens als auch der Anzahl der deutschen LBOs die zunehmende Bereitschaft deutscher Manager, selbst unternehmerisch tätig zu werden und dafür ein erhöhtes Risiko einzugehen.

Tabelle 16: Wert der durchgeführten LBO´s in Deutschland

Jahr	Wert der LBOs in Mio. Brit. Pfund	Veränderung zum Vorjahr in Prozent
90	300	-
91	210	-30,0%
92	320	+52,4%
93	400	+25,0%
94	720	+80,0%
95	540	-25,0%
96	1.150	+112,9%

Quelle: Robbie, K./Wright, M. (1997), S. 378

Die oben identifizierte Konzentration deutscher Unternehmen auf das Kerngeschäft und die damit verbundene Zunahme der Divestments erklärt somit entscheidend das Wachstum der Leveraged Buyouts in Deutschland, wie auch die Analyse der Motive von LBO´s durch das M&A Review zeigt. Demnach sind 64% aller deutschen LBO´s durch Divestments motiviert, 34% durch Generationswechsel und 2% durch andere Motive.[371] Zum anderen hat sicherlich auch die zunehmende

---

[370] Robbie, K./Wright, M. (1997), S. 381

[371] Vgl. Robbie, K./Wright, M. (1997), S. 379

Akzeptanz bzw. das Verständnis von LBOs in Deutschland durch Unternehmensabspaltungen und damit die Durchführung von Konzentrationsstrategien gefördert.[372]

4.3.2 Die Entwicklung des Verhältnisses Abgang Beteiligungen zu Umsatz

Neben der Zahl der Divestments wurde auch die aus den Geschäftsberichten ersichtliche Höhe der Beteiligungsabgänge ermittelt, um ein Bild bezüglich des Volumens von Kerngeschäftsstrategien in Deutschland zu erhalten. Dabei sollen folgende Hypothesen überprüft werden:

Wie im vorigen Kapitel gezeigt werden konnte, ist ein deutlicher Trend in Richtung Kerngeschäftsstrategie bei den DAX 100 Unternehmen seit 1994 (exklusive den Finanzdienstleistern) anhand der *Zahl* der Divestments festzustellen. An dieser Stelle soll nun geprüft werden, ob sich diese Entwicklung auch in der absoluten *Höhe* zeigt.

H4.4. In Deutschland gibt es bei den untersuchten Unternehmen seit 1994 einen klare Entwicklung in Richtung Konzentration auf Kerngeschäfte, die sich auch in der Höhe der Beteiligungsabgänge manifestiert.

H4.5. Diese Entwicklung ist nicht nur durch die absolute Entwicklung der Höhe der Beteiligungserlöse dokumentiert, sondern zeigt sich auch in der prozentualen Entwicklung dieser Größe relativ zu den Umsätzen der Unternehmen.

Die zweite Hypothese fußt auf der Überlegung, daß nicht nur das absolute Niveau von Kerngeschäftsstrategien Mitte der neunziger Jahre angestiegen ist, sondern auch relativ, gemessen an der Bedeutung der Beteiligungsabgänge zum Umsatz.

Die dritte Hypothese dieses Abschnittes basiert auf den Darlegungen in Kapitel 4.2.1. Wenn die Rezession des Jahres 1992/1993 einer der Auslöser von Kerngeschäftsstrategien insbesondere für die hier untersuchten Unternehmen bildete, müßte sich dies auch in der Umsatzentwicklung dieser Unternehmen widerspiegeln.

---

[372]Diese Entwicklung dürfte sich nach Einschätzung von Robbie/Wright weiter fortsetzen: *"The large degree of under development of buy-outs in Germany and to a lesser extent in Switzerland gives rise for optimism for future development as restricting factors are slowly unwound."* Siehe Robbie, K./Wright, M. (1997), S. 379. Dies bestätigen auch die jüngsten Abspaltungen der Hoechst AG, die einerseits über die Private Equity Gruppe der Deutschen Bank, die Deutsche Morgan Grenfell Development Capital abgewickelt wurde (Ticona) und andererseits über Kohlberg Kravis & Roberts vollzogen werden sollte (Herberts). Desweiteren wickelte in 1998 auch die Thyssen Krupp AG einen LBO über das amerikanische Buyout-Unternehmen Clayton, Dubilier & Rice ab.

H4.6. Aufgrund der deutschen Rezession 1992/1993 sind die nominalen Umsätze der untersuchten Unternehmen in dieser Zeit rückläufig.

Zur Überprüfung der obigen Hypothesen wird auf die Information "Erlöse aus Beteiligungsabgängen" der Kapitalflußrechnung der Geschäftsberichte zurückgegriffen. Da Kapitalflußrechnungen in Deutschland zu den freiwilligen Angaben des Geschäftsberichtes gehören, ist die folgende Analyse auf diese freiwillige Angabe in den Geschäftsberichten angewiesen. Allerdings zeigt sich, daß bei der untersuchten Grundgesamtheit über 87% aller Unternehmen[373] eine solche Kapitalflußrechnung aufstellten. In den Fällen, bei denen eine solche nicht vorlag, wurde die Größe "Erlöse aus Beteiligungsabgängen" indirekt aus der Summe der Restbuchwerte der Abgänge und der in der Erläuterung der Position "Sonstige Erlöse" im Anhang ausgewiesenen Position "Gewinn aus Abgang Beteiligung" ermittelt.[374]

Bei Vorliegen einer Kapitalflußrechnung weicht der Detaillierungsgrad dieser Information von Unternehmen zu Unternehmen ab: Während einige Unternehmen exakt die gewünschte Größe in Form der Abgrenzung "Erlöse aus dem Abgang von Beteiligungen" angeben[375], ist das Aggregationsniveau bei anderen Unternehmen breiter: Einige weisen "Erlöse aus dem Abgang von Finanzanlagen" aus[376], andere sogar nur "Erlöse aus dem Abgang vom Anlagevermögen"[377]. Hier mußte in einigen Zweifelsfällen auf die Angaben im Text der Geschäftsberichte, auf Angaben im Anhang unter "Sonstige Erlöse" oder aber unter "Abgang Beteiligungen" im Anlagespiegel zurückgegriffen werden. Trotz dieses zusätzlichen Aufwandes wird der Erkenntniswert der Größe "Erlöse aus Abgang Beteiligungen" für höher eingeschätzt als der Wert "Abgang Beteiligungen" aus dem Anlagespiegel, da letzterer nur die historischen Herstellungs- bzw. Anschaffungskosten angibt und der hier verwendete Wert "Erlöse aus Beteiligungsabgängen" die tatsächlich erfolgten Zahlungen reflektiert, wie oben erläutert wurde.

Zur Verifikation der Größe "Erlöse aus Beteiligungsabgängen" wurde aber zusätzlich die Größe "Abgang Beteiligungen" aus dem Anlagespiegel ermittelt. Hierbei war es sehr hilfreich, daß der Anlagespiegel inklusive der Angabe "Abgang Beteiligungen" in der Bilanzdatenbank der Martin-Luther-Universität Halle-Wittenberg am Lehrstuhl Prof. Dr. Reinhart Schmidt jährlich erfaßt wird.

---

[373]Zum Beispiel im Jahr 1996

[374]Vgl. dazu Kapitel 4.2.3.2 dieser Arbeit.

[375]So zum Beispiel die Daimler-Benz AG oder SGL Carbon.

[376]So zum Beispiel die Buderus AG und die Porsche AG.

[377]So zum Beispiel die Jungheinrich AG und die Veba AG.

Eine Auswertung dieser Größe und ein Vergleich mit der in dieser Arbeit verwendeten Größe "Erlöse aus Beteiligungsabgängen" ist in Tabelle 17 dargestellt.

Tabelle 17: Vergleich des Wertes Erlöse aus Beteiligungsabgängen mit Buchwert der Beteiligungsabgänge (in Mio. DM)

Jahr	Buchwert der Beteiligungsabgänge	Erlöse aus Beteilgungsabgängen
92	5.489	7.229
93	5.274	6.484
94	7.844	10.607
95	12.856	12.222
96	9.547	13.732

Quelle: Erlöse aus Beteiligungsabgängen: Auswertung der Kapitalflußrechnungen von 408 Geschäftsberichten; Buchwert der Beteiligungsabgänge: Bilanzdatenbank der Martin-Luther Universität Halle-Wittenberg, Lehrstuhl Prof. Dr. R. Schmidt

Es zeigt sich, daß erwartungsgemäß die absolute Größe "Erlöse aus Beteiligungsabgängen" tendenziell über der absoluten Größe "Abgang Beteiligungen" liegt. Zusätzlich laufen die beiden Größen bis auf das Jahr 1996 gleichgerichtet, womit die gegenseitige Verifikation größtenteils bestätigt scheint. Im folgenden wird die Größe "Erlöse aus Beteiligungsabgängen" ausgewiesen, wobei diese jeweils mit den "Buchwerten aus Beteiligungsabgängen" der Bilanzdatenbank der Martin-Luther-Universität abgeglichen wurde.

Die Ergebnisse der Überprüfung der obengenannten Hypothesen sind in Abbildung 26 dargestellt. Die Zahlen bestätigen die Ergebnisse des ersten Indikators "Anzahl Divestments" des vorigen Kapitels: Auch mengenmäßig ist seit 1994 eine deutliche Entwicklung zur Abspaltung von Unternehmensteilen erkennbar. Dies zeigt sich in der Größe "Erlöse aus Beteiligungsabgängen", die von 1992 bis 1997 um durchschnittlich 28,7% pro Jahr stieg. Ganz offensichtlich hat der Durchschnitt der deutschen DAX 100 Unternehmen eine Konzentrationsstrategie seit 1994 durchgeführt, wie nicht nur die *Zahl* der Divestments, sondern auch die *Höhe* der Beteiligungsabgänge, bewertet mit tatsächlich erzielten Erlösen, eindeutig zeigt. Damit kann Hypothese H4.4. als bestätigt gelten.

Abbildung 26: Entwicklung Erlöse aus Beteiligungsabgängen und Umsatz

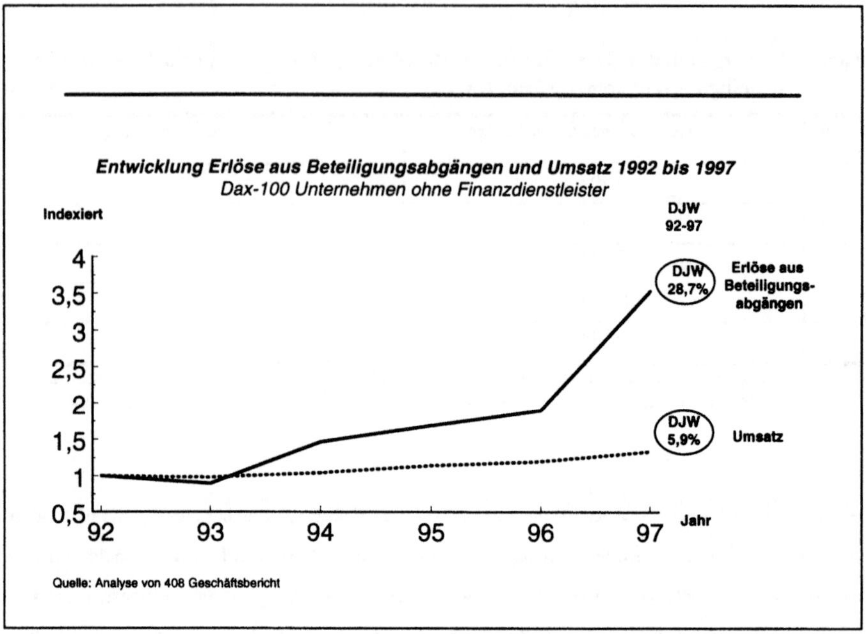

Hypothese H4.6. kann ebenfalls nicht abgelehnt werden: Der nominale Umsatz der betrachteten Unternehmen ging zwischen 1992 und 1993 um durchschnittlich minus 1,04% zurück, wie aufgrund der Rezession im Jahre 1992/1993 angenommen wurde. Somit kann aus den vorliegenden Zahlen geschlossen werden, daß die Rezession ihre Auswirkungen auch bei den betrachteten Unternehmen hatte und somit die Annahme konjunktureller Gründe als einer der Auslöser für die Konzentration auf Kerngeschäfte zumindest nicht verworfen werden kann.

Zur Hypothese H4.5.: Wie sah nun aber die Entwicklung der Größe "Erlöse aus Beteiligungsabgängen" relativ zum Umsatz aus? Wenn nämlich die Beteiligungsabgänge um jährlich 10% steigen, andererseits die Umsätze um 20%, kann schwerlich von einer Konzentrationsstrategie gesprochen werden. Aus diesem Grunde und um die jeweilige Bedeutung der Kerngeschäftsstrategie pro Unternehmen messen und vergleichbar machen zu können, wurde, wie oben begründet, die Größe "Beteiligungsabgänge" mit den jeweiligen Umsätzen der einzelnen Jahre und Unternehmen gewichtet. Die Ergebnisse zeigt Tabelle 18.

Tabelle 18: Entwicklung des Indikators 2 "Erlöse aus Beteiligungsabgängen zu Umsatz" in Prozent

Jahr	Erlöse aus Beteiligungsabgängen/Umsatz
92	0,42%
93	0,46%
94	0,88%
95	0,96%
96	1,20%
97	2,04%

Quelle: Erlöse aus Beteiligungsabgängen: Auswertung der Kapitalflußrechnungen von 408 Geschäftsberichten

Auch relativ zur Umsatzentwicklung bestätigt sich wiederum die im theoretischen Teil ausführlich begründete Konzentrationsstrategie durch Abspaltung von Unternehmensteilen: Ganz eindeutig haben sich die untersuchten Unternehmen gerade seit 1994 von Unternehmensteilen getrennt und sich so in ihrem Tätigkeitsfeld konzentriert.

4.3.3 Die Entwicklung des Herfindahl-Index von 1992 bis 1997

Als dritter Indikator für die Entwicklung von Kerngeschäftsstrategien in Deutschland wurde die Entwicklung des Konzentrationsgrades der einzelnen Unternehmen der Grundgesamtheit in der Untersuchungsperiode errechnet. Dieser dritte Indikator über das Ausmaß der untersuchten Strategie ermöglicht zusätzlich zu den ersten beiden Indikatoren, die eine Fokussierungsstrategie durch Abspaltung von Randbereichen analysieren, die Erfassung einer solchen Strategie durch aktive Zukäufe bzw. Fusionen sowie Geschäftsausweitungen im Kernbereich. Denn nicht nur eine Abspaltung von nicht mehr zum Kerngeschäft gehörenden Geschäftsbereichen steigert den Fokussierungsgrad, sondern auch die Ausweitung des relativen Umsatzes im Kerngeschäft im Verhältnis zum Gesamtumsatz des Unternehmens, sei es durch internes Wachstum oder durch externen Zukauf im Kerngeschäft.

Wie oben bereits ausgeführt, wurde hierzu auf die Segmentberichterstattung in den Geschäftsberichten zurückgegriffen. Deutsche publizitätspflichtige Kapitalgesellschaften sind nach HGB § 285 Abs. 4 dazu verpflichtet, Umsatzanteile nach Segmenten anzugeben:[378]

[378]HGB §285, Abs. 4

"Ferner sind im Anhang anzugeben...die Aufgliederung der Umsatzerlöse nach Tätigkeitsbereichen..., soweit sich, unter Berücksichtigung der Organisation des Verkaufs von für die Geschäftstätigkeit der Kapitalgesellschaft typischen Erzeugnissen und für die gewöhnliche Geschäftstätigkeit der Kapitalgesellschaft typischen Dienstleistungen, die Tätigkeitsbereiche... untereinander erheblich unterscheiden."

Allerdings erlaubt diese Ausweispflicht eine individuelle Auslegung der Aufgliederung. Daher war es zur Vergleichbarkeit nötig, wie oben angesprochen, die Segmente der Unternehmen anzugleichen. Dabei wurde der Systematik des Statistischen Bundesamtes gefolgt, die in ihrer "Klassifikation der Wirtschaftszweige" eine Einteilung der Wirtschaftszweige nach Branchencodes vornehmen (NACE-Code). Dementsprechend wurden die ausgewiesenen Geschäftsbereiche der genormten Gliederung des Statistischen Bundesamtes angepaßt, um die Vergleichbarkeit zwischen den Unternehmen herzustellen.

Mit Hilfe des Herfindahl-Indexes, des umfassendsten Indikators bezüglich des Ausmaßes von Konzentrationsstrategien, werden nun folgende zusätzliche Hypothesen im Zusammenhang mit der empirischen Evidenz von Kerngeschäftsstrategien in Deutschland getestet. Zum einen wird die mit den beiden ersten Indikatoren identifizierte Entwicklung zusätzlich mit dem Herfindahl-Index überprüft werden. So ist es durchaus denkbar, daß trotz Abspaltung eines Geschäftsbereiches durch Zukauf zweier neuer, bisher nicht vorhandener Geschäftsbereiche der Konzentrationsgrad eines Unternehmens abnimmt, obwohl Indikator 1, die Zahl der Divestments, ein Indiz für eine steigende Konzentration bildet. Zwar konnte mit Indikator 2, den Beteiligungsabgängen relativ zum Umsatz, gezeigt werden, daß die Entwicklung der Beteiligungsabgänge im Untersuchungszeitraum deutlich höher war als die der Umsatzentwicklung und somit ein bedeutendes Indiz dafür nachgewiesen werden konnte, daß sich deutsche Unternehmen tatsächlich in ihrem Tätigkeitsspektrum konzentriert haben, aber zur zusätzlichen Überprüfung soll nun der Herfindahl-Index herangezogen werden.

H4.7. Auch gemessen am Konzentrationsmaß nach Herfindahl kam es in den Jahren 1992 bis 1997 zu einer Konzentration der Geschäftstätigkeit der größten deutschen börsennotierten Unternehmen. Der durch die Indikatoren eins und zwei identifizierte Trend zur Abspaltung von Unternehmensteilen wurde nicht durch Zukäufe bzw. Ausweitung von unverwandten Geschäftsbereichen umgekehrt.

Die Überprüfung dieser Hypothese ist von entscheidender Bedeutung: Wenn die Erlöse aus Beteiligungsabgängen ausschließlich für Zukäufe in neue Geschäftsfelder genutzt wurden, kann eben nicht von einer Konzentration auf Kerngeschäfte gesprochen werden.

Zusätzlich zu dieser Hypothese soll mittels Herfindahl geprüft werden, ob die Entwicklung des Konzentrationsgrades zwischen den Branchen divergiert:

H4.8. Zwischen den Branchen bestehen Unterschiede im Niveau und in der Entwicklung des Konzentrationsgrades von 1992 bis 1997. Das Ausmaß der Kerngeschäftsstrategien unterscheidet sich in Abhängigkeit der jeweiligen Branche.

Abbildung 27: Entwicklung des Herfindahl-Indexes

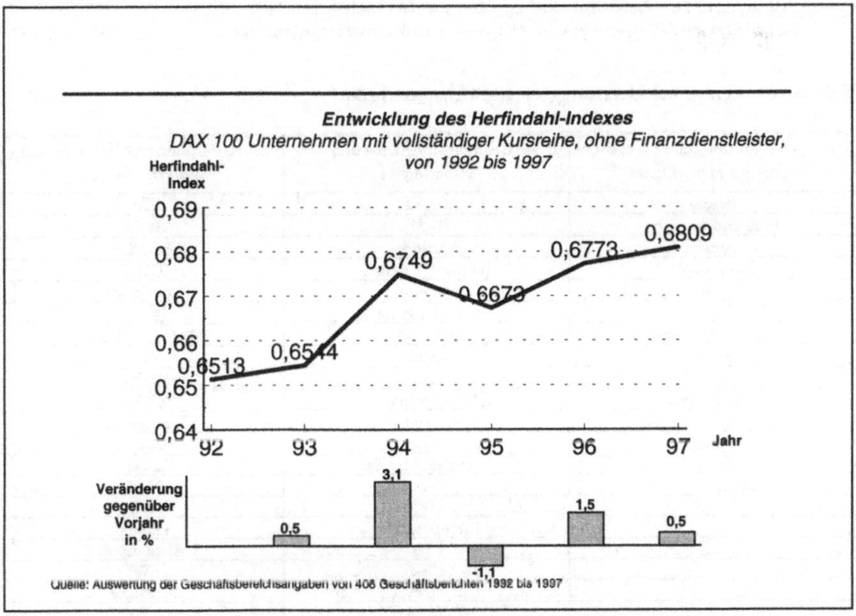

Zu H4.7.: In Abbildung 27 ist die durchschnittliche Entwicklung des Herfindahl-Indexes der untersuchten Unternehmen über die Zeit dargestellt: Ganz eindeutig kann der bereits mit den Indikatoren 1 und 2 identifizierte Trend der Konzentration der Firmen im Untersuchungsumfang bestätigt werden. Insbesondere die bereits mit den ersten beiden Indikatoren festgestellte zeitliche Entwicklung bestätigt auch die Analyse des Herfindahl-Indexes mit einer Zunahme dieses Indikators alleine im Jahre 1993 auf 1994 von 3,1%. Allerdings sinkt im Unterschied zu den Ergebnissen der Indikatoren 1 und 2 die Konzentration, gemessen mittels des Herfindahl-Indexes, von 1995 auf 1996. Eine Erklärung könnte sein, daß zwar einerseits die Portfoliobereinigung in den Jahren 1995 und 1996 fortgesetzt wurde, wie durch die ersten beiden Maßgrößen induziert, allerdings andererseits eine gegenläufige Tendenz durch externes Wachstum bzw. Ausweitung von Randbereichen stattfand. Insgesamt ist aber die aggregierte Gesamtentwicklung zur fortgesetzten Konzentration auch durch den Herfindahl-Index ablesbar, wie das Wachstum des Herfindahl-Index von 0,6513 in 1992 auf 0,6809 in 1997 zeigt.

Tabelle 19: Anteil der Unternehmen an der Grundgesamtheit entsprechend der Richtung der Änderung des Herfindahl-Indexes von 1992 auf 1997

Keine Veränderung	Erhöhung des Herfindahl-Indexes	Verringerung des Herfindahl-Indexes
19,1 %	50,0 %	30,9 %

Quelle: Eigene Analyse der Geschäftsbereichsangaben aus 408 Geschäftsberichten der Jahre 1992 bis 1997 der DAX 100 Unternehmen exklusive Finanzdienstleister

Tabelle 20: Kerngeschäftsstrategien nach Unternehmen

Unternehmen mit keiner Veränderung des HF-Indexes	Unternehmen mit Erhöhung des HF-Indexes	Unternehmen mit Verringerung des HF-Indexes
Bewag	Altana	AGIV
Brau und Brunnen	BASF	AVA
Douglas	Beiersdorf	BAYER
Dyckerhoff	Bilfinger + Berger	BMW
Escada	Buderus	Continental
Grohe	Daimler-Benz	Dürr
Heidelberger Zement	Dt. Babcock	Felten & Guillaume
Herlitz	Degussa	Gea
Hochtief	Deutz	Holzmann
Kampa Haus	FAG Kugelfischer	IWKA
Krones	Fresenius	Jungheinrich
Spar	Gehe	Karstadt
Volkswagen	Gerresheimer Glas	Klöckner
	Henkel	Linde
	Hoechst	MAN
	Hornbach	Puma
	IVG	Rheinmetall
	KSB	RWE
	Lahmeyer	Südzucker
	Lufthansa	Veba
	Mannesmann	Vossloh
	Metallgesellschaft	
	Porsche	
	Preussag	
	PWA	
	Rhön-Klinikum	
	SAP	
	Schering	
	Schmalbach-Lubeca	
	Siemens	
	Thyssen	
	Varta	
	Viag	
	Wella	

Quelle: Eigene Analyse der Geschäftsbereichsangaben aus 408 Geschäftsberichten der Jahre 1992 bis 1997 der DAX 100 Unternehmen exklusive Finanzdienstleister

Genau 50% aller untersuchten Unternehmen konnten den durch den Herfindahl-Index gemessenen Konzentrationsgrad von 1992 auf 1997 steigern, 19,1% veränderten ihr Geschäftsportfolio nicht, und 30,9% verringerten ihren Konzentrationsgrad (vgl. Tabelle 19). Die Firmen in den jeweiligen Gruppen sind in Tabelle 20 angegeben.

Zur Hypothese H4.8.: Das Ausmaß der Kerngeschäftsstrategien schwankt zwischen den Branchen deutlich: Während zum Beispiel die Chemie- und Pharma-Branche ihren durchschnittlichen Konzentrationsgrad seit 1992 um 21,3% steigerte, stieg der der Versorger im gleichen Zeitraum nur um 0,5%. Allerdings bleibt festzuhalten, daß alle Branchen im Untersuchungszeitraum ihren Konzentrationsgrad erhöht haben (vgl. Tabelle 21).

Tabelle 21: Entwicklung des Herfindahl-Indexes nach Branchen*

Branche	N	1992	1993	1994	1995	1996	1997	Veränderung 1992-1997
Automobil und Verkehr	7	0,786	0,773	0,785	0,771	0,786	0,801	+1,8%
Bau	8	0,855	0,864	0,865	0,868	0,8885	0,869	+1,6%
Chemie und Pharma	11	0,517	0,549	0,583	0,616	0,619	0,628	+21,3%
Eisen und Stahl	3	0,322	0,276	0,303	0,328	0,311	0,341	+5,9%
Elektro	3	0,486	0,482	0,508	0,491	0,496	0,501	+3,1%
Handel und Konsum	14	0,878	0,885	0,899	0,890	0,896	0,901	+2,6%
Maschinenbau	18	0,534	0,532	0,560	0,523	0,542	0,544	+1,9%
Versorger	4	0,455	0,472	0,466	0,463	0,461	0,457	+0,5%

*Arithmetisches Mittel
Quelle: Auswertung der Geschäftsbereichsangaben aus 408 Geschäftsberichten der Jahre 1992 bis 1997 der DAX 100 Unternehmen exklusive Finanzdienstleister

Interessant ist noch festzuhalten, daß der durchschnittliche Konzentrationsgrad auch absolut zwischen den Branchen schwankt: Während die Branchen Automobil/Verkehr, Bau sowie Handel/Konsum mit einem Herfindahl-Index von über 0,8 als konzentriert gelten können, sind insbesondere die Branchen Eisen/Stahl und Versorger mit Werten unter 0,5 in ihren Geschäftsaktivitäten überdurchschnittlich diversifiziert.

4.4 Zusammenfassung: Der Entwicklungsstand von Kerngeschäftsstrategien in Deutschland

Mit der in diesem Kapitel vorgestellten Analyse der empirischen Evidenz von Kerngeschäftsstrategien in Deutschland konnte belegt werden, daß die in Kapitel drei dargelegten Überlegungen bezüglich des ökonomischen Rationals einer solchen Strategie einerseits und die öffentlichen Erklärungen deutscher Unternehmen andererseits[379] von erheblicher praktischer Relevanz sind. Offensichtlich sind Kerngeschäftsstrategien bei bestimmten Unternehmenssituationen nicht nur theoretisch sinnvoll und führen zu wortreichen Absichtserklärungen der Unternehmensführung, sondern wurden in Deutschland insbesondere in den Jahren seit 1994 auch tatsächlich durchgeführt. Im einzelnen konnte in diesem Kapitel gezeigt werden:

A) Seit 1992 ist eine **klare Entwicklung zur Konzentration auf Kerngeschäfte** großer deutscher börsennotierter Unternehmen festzustellen. So stiegt die Zahl der Divestments der untersuchten Unternehmen von 16 im Jahre 1992 auf 100 im Jahre 1997. Dies entspricht einer durchschnittlichen jährlichen Wachstumsrate von 44,3%. Über 56% dieser Divestments waren strategisch begründet, nur 13,8% wurden aufgrund von finanziellen Notlagen und 1,3% aufgrund von kartellrechtlichen Auflagen durchgeführt. Bei den restlichen Divestments wurden keine Angaben gemacht. Auch die zweite Kennzahl, das Verhältnis der Erlöse aus Beteiligungsabgängen zum Unternehmensumsatz, bestätigt diese Entwicklung: So stieg dieser Indikator von 0,42% in 1992 auf 2,04% in 1997. In absoluten Zahlen erhöhte sich der Erlös aus Beteiligungsabgängen von 7,2 Milliarden DM in 1992 auf über 25 Milliarden DM in 1997. Diese Tendenz wird auch durch den dritten Indikator, das Konzentrationsmaß von Herfindahl bestätigt: Dieses stieg von 0,6513 in 1992 auf 0,6809 in 1997. Der Anteil der Unternehmen, bei denen sich der Herfindahl-Index erhöhte, lag mit 50,0% deutlich über demjenigen der Unternehmen, bei denen sich der Index verringerte: Deren Anteil lag bei 30,9%. Zudem stieg der Herfindahl-Index in allen acht analysierten Branchen im Untersuchungszeitraum.

B) Diese Entwicklung setzte besonders deutlich ab dem Jahr 1994 ein. Vieles spricht dafür, daß **ein wesentlicher Auslöser für Kerngeschäftsstrategien das theoretische Rational des Shareholder Value** darstellt, wie in Kapitel 3.1 ausgeführt. Es konnte gezeigt werden, daß sich seit dem Jahre 1992 in Deutschland ein vereinigungsbedingter Wandel vom Kapitalexporteur zum Kapitalimporteur vollzog und damit der Wandel des Eigenkapitalmarktes vom Verkäufer- zum Käufermarkt einher ging. Zusammen mit den Aussagen der

---

[379]Vgl. Anhang zu Aussagen deutscher Unternehmen bzgl. Kerngeschäftsstrategien.

Unternehmensleitungen einerseits und durch die in Punkt eins zusammengefaßten Ergebnisse andererseits konnte gezeigt werden, daß dieser Wandel des deutschen Eigenkapitalmarktes und die sich verbreitenden Gedanken des Shareholder Value-Konzeptes zur Fokussierung deutscher Unternehmen beigetragen haben. Damit kann das ausgeführte ökonomische Rational von Kerngeschäftsstrategien im Sinne des Shareholder Value-Konzeptes durch die empirische Evidenz als belegt gelten.

C) Ein **weiterer Auslöser dieses Konzentrationsprozesses** in Deutschland scheint **die konjunkturelle Abschwächung** insbesondere des Jahres 1993 gewesen zu sein. Offensichtlich hat auch die wirtschaftliche Rezession Unternehmen zum Überdenken ihres Portfolios motiviert. Es hat den Anschein, daß ein ökonomisch sinnvoller Umbau von Unternehmen auch eines wirtschaftlich schwierigen Umfeld bedarf.

D) Die identifizierte **Entwicklung in Richtung Kerngeschäfte hält bis 1997** an. Offensichtlich ist die ebenfalls in Kapitel drei abgeleitete Beziehung zwischen zunehmender Internationalisierung, auch durch die bevorstehende EMU, und der damit verbundenen Tendenz zur Fokussierung der Geschäftsaktivitäten eine der treibenden Kräfte hinter der fortgesetzten Konzentration deutscher Unternehmen.[380]

E) Das **Ausmaß der Kerngeschäftsstrategien** in Deutschland **unterscheidet sich nach Unternehmen und Branchen** deutlich. Trotz des generellen Trends zur Bündelung der Kräfte lassen sich auch Unternehmen identifizieren, die ihre Geschäftsaktivitäten in dem untersuchten Zeitraum verbreitert haben.

Zusammenfassend kann von einer erheblichen empirischen Relevanz von Kerngeschäftsstrategien in Deutschland in den Jahren 1992 bis 1997 ausgegangen werden. Ziel des nächsten Kapitels wird sein, die Bewertung dieser unternehmerischen Handlungsalternative durch den Markt für Eigenkapital zu analysieren und somit ein Urteil über die Erfolgsträchtigkeit dieser Strategien zu gewinnen.

---

[380] Dies bestätigt auch eine Analyse der amerikanischen Investmentbank J.P. Morgan, die zu dem Schluß kommt: "*Internationalization, Competition and Shareholder Value drive shift to Clarity: The major drivers of increasing clarity are internationalization, particularly the need to compete on a pan-European basis, increasing international competition, deregulation and the growing influence of shareholder value. Together these build the pressure on companies to make choices about which businesses receive resources to grow and compete internationally.*" Vgl. J.P.Morgan (1997), S. 3

5. Die Bewertung von Kerngeschäftsstrategien durch den Markt für Eigenkapital in Deutschland

Im folgenden wird die Marktbewertung von Kerngeschäftsstrategien in Deutschland untersucht. Dazu wird zuerst der Versuchsaufbau erläutert, mit dem dann die Analyse durchgeführt wird. Vor der eigentlichen Durchführung werden die zu überprüfenden Hypothesen, die weitestgehend in Kapitel drei dieser Arbeit abgeleitet wurden, vorangestellt. Am Ende dieses Kapitels werden die Ergebnisse der Markbewertung von Kerngeschäftsstrategien für Deutschland zusammengefaßt.

5.1 Die Auswahl des Verfahrens der Performancemessung

5.1.1 Der Performancemaßstab: Der Durchschnittliche Market Adjusted Total Return

Wie bereits ausführlich in Kapitel 3.1 dargelegt wurde, ist Erfolgsmaßstab für die Beurteilung von Kerngeschäftsstrategien im Rahmen dieser Arbeit die Bewertung durch den Aktienmarkt. Die an dieser Stelle zu klärende Frage ist, wie die Bewertung durch den Aktienmarkt gemessen werden kann.

Grundlage der Bewertung ist das Konzept des Total Return. Dieser gibt das theoretische Wachstum des Wertes einer Aktie für einen bestimmten Zeitraum an, für den angenommen wird, daß Kapitalmaßnahmen und Dividendenzahlungen dazu verwendet werden, nach Auszahlung wieder in dieselbe Aktie angelegt zu werden. Der Total Return einer Aktie setzt sich somit vereinfacht wie folgt zusammen:

$$TR_t = TR_{t-1} \times \underbrace{\frac{KI_t}{KI_{t-1}}}_{\substack{\text{Kapital -}\\ \text{erfolgs -}\\ \text{komponente}}} \times \underbrace{\left(1 + \frac{DR_t}{100} \times \frac{1}{N}\right)}_{\substack{\text{Annualisierte}\\ \text{Dividenden-}\\ \text{rendite}}}$$

mit

TR_t = Total Return Index am Tag t
TR_{t-1} = Total Return Index am Vortag
KI_t = Kursindex am Tag t
KI_{t-1} =Kursindex am Vortag
DR_t = Dividendenrendite in Prozent am Tag t
N = Anzahl an Börsentagen im Jahr

Diese Formel zur Berechnung des Total Return verwendet annualisierte Dividendenrenditen und somit eine Näherung. Dabei setzt sich der Total Return aus der Kapitalerfolgskomponente, die sich aus der täglichen Aktienkursbewegung ergibt, und der Dividendenrendite zusammen. Aufgrund der

Verfügbarkeit von detaillierten Dividendenangaben einschließlich des genauen Zahlungstages im Rahmen dieser Arbeit[381] konnte der Total Return **täglich** auf Grundlage folgender Formel berechnet werden:

$$TR_t = TR_{t-1} \times \frac{P_t}{P_{t-1}}$$

außer wenn t = ex-Tag der Dividendenzahlung. Dann ergibt sich:

$$TR_t = TR_{t-1} \times \frac{P_t + D_t}{P_{t-1}}$$

mit

$$P_t = \text{Aktienkurs am ex} - \text{Tag}$$
$$P_{t-1} = \text{Aktienkurs am Vortag}$$
$$D_t = \text{Dividenzahlung am ex} - \text{Tag t}$$

Entsprechend wurden Kapitalmaßnahmen wie Aktiensplits, Kapitalerhöhungen etc. täglich berücksichtigt.

Entscheidende Kenngröße für die Beurteilung von Kerngeschäftsstrategien bildet aufbauend auf dem Total Return der **Market Adjusted Total Return (MATR)**[382] eines Wertpapiers im Vergleich zum Markt. Das heißt, daß der jeweilige Total Return eines Unternehmens um den entsprechenden Total Return des Marktes bereinigt wird, um die "Netto-Entwicklung" eines Wertes bereinigt um die allgemeine Marktentwicklung darzustellen. Da als Grundgesamtheit in der vorliegenden Untersuchung die DAX 100 Unternehmen abzüglich der Finanzdienstleister gewählt wurden, konnte als Marktindex nicht mehr die Entwicklung des DAX 100 verwendet werden, da in diesen eben auch die Finanzdienstleister einfließen. Im Rahmen dieser Untersuchung wurde deshalb eigens ein Performanceindex auf Basis der untersuchten Grundgesamtheit (DAX 100 Unternehmen 1997 minus Unternehmen ohne vollständige Kursreihe 1992 bis 1997 minus Finanzdienstleister) berechnet.

---

[381] Die Daten konnten über Herrn Roland Peters von der Firma Datastream in der gewünschten Genauigkeit für diese Arbeit zugänglich gemacht werden.

[382] Siehe zum Konzept Market Adjusted Total Return Brown, S./Warner, J.: "Using Daily Stock Returns. The Case of Event Studies", in JoFE, Vol. 14, 1984, S. 3-32. Brown/Warner unterscheiden neben dem Market Adjusted Total Return die um die mittlere Rendite des betrachteten Wertpapiers bereinigte Rendite, den sogenannten Mean Adjusted Return, und die um die Kleinstquadratschätzung bereinigte Rendite, das sogenannte OLS Market Model. Die Unterschiede der drei Maße im Aussagegehalt sind nach Brown/Warner dabei sehr gering, wie diese durch einen großzahligen Test auf Basis von täglichen Börsenkursen feststellen: "*These results suggest that the alternative measures of excess returns will exhibit similar ability to detect abnormal performance when it is present.*" In Brown, S./Warner, J. (1984), S. 10

Insbesondere 1996 und 1997 weist die Entwicklung des DAX 100 Index und dem Index des Durchschnitts der untersuchten Unternehmen eine meßbare Abweichung auf, die durch die relative Outperformance der Finanzdienstleister gegenüber dem Gesamtmarkt zu erklären ist (vgl. Abbildung 28) und die durch Berechnung und Verwendung eines eigenen Indexes ohne Finanzdienstleister berücksichtigt wurde.

Abbildung 28: Vergleich Total Return Index-Entwicklung des DAX 100 und Total Return Index-Entwicklung der Unternehmen dieser Studie

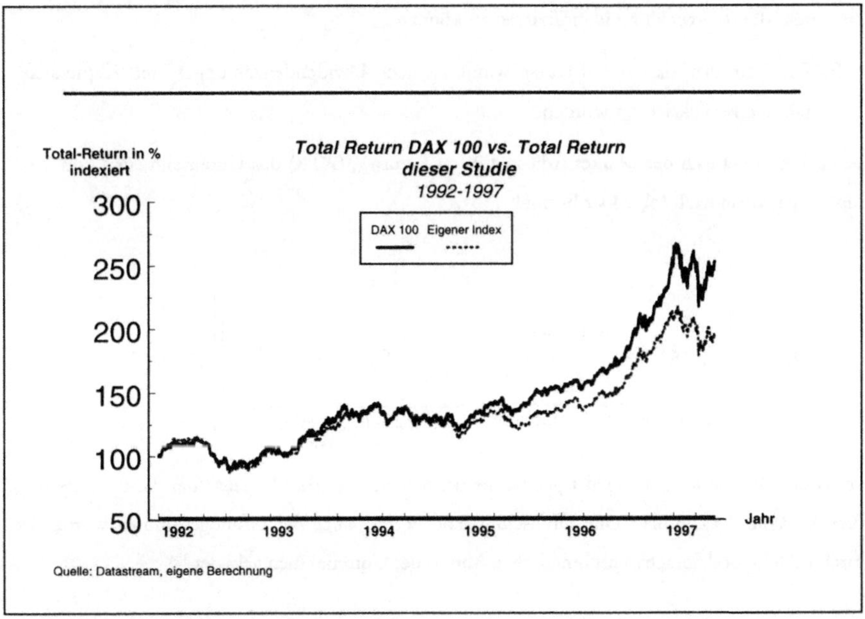

Nach einer Untersuchung von Brown/Warner ist sowohl der hier verwendete Market Adjusted Total Return, also die um die allgemeine Marktentwicklung bereinigte Kursentwicklung, als auch die Bereinigung mit der Kleinstquadrat-Schätzung (OLS Market Model) ein valider Indikator für abnormale Renditen. Dabei zeigt sich nach Brown/Warner, daß die in dieser Arbeit verwendeten täglichen Börsenkurse den häufig verwendeten monatlichen Börsenkursen in der Identifikation von abnormalen Renditen überlegen sind:[383]

"As in the case of monthly data, the conclusion that the methodologies are well-specified applies to excess returns measured in a variety of ways, including Market Adjusted Returns and the OLS market model. With

[383]Brown, S./Warner, J. (1984), S. 25-26

daily data, these two methodologies have similar power, and, as expected, the power of each is much greater with daily than with monthly data."

Aufbauend auf diesen Ergebnissen wird in vorliegenden Arbeit der Market Adjusted Total Return auf Basis täglicher Börsenkurse verwendet, der wie folgt definiert ist:

A) **Market Adjusted**, da die Performance der einzelnen Wertpapiere um die Performance des im Rahmen dieser Arbeit berechneten Performanceindex der Grundgesamtheit bereinigt wurde, um die Nettoeffekte der einzelnen Unternehmensstrategien exklusive der allgemeinen Marktentwicklung identifizieren zu können.

B) **Total Return**, da sowohl Kursgewinne als auch Dividendenzahlungen und Kapitalmaßnahmen berücksichtigt wurden.

Damit berechnet sich der Market Adjusted Total Return (MATR) des Unternehmens U im Zeitpunkt t allgemein nach folgender Formel:

$$MATR_t^u = \left\{ \underbrace{\left(TR_{t-1}^U \times \frac{P_t^U + D_t^U}{P_{t-1}^U} \right)}_{\text{Performance des Unternehmens}} - \underbrace{\frac{1}{N} \sum_{j=1}^{N} \left[TR_{t-1}^j \times \frac{P_t^j + D_t^j}{P_{t-1}^j} \right]}_{\substack{\text{Durchschnittliche Performance} \\ \text{des Marktes}}} \right\} x100$$

wobei die Dividendenzahlungen taggenau berücksichtigt wurden. N bezeichnet die 68 Unternehmen der Grundgesamtheit. Die durchschnittliche Performance der Grundgesamtheit wurde also durch Bildung des einfachen arithmetischen Mittels der Unternehmen gebildet.[384]

Insgesamt gilt bei der Ermittlung des Total Return im Rahmen der vorliegenden Arbeit:

A) Die Untersuchung umfaßt die DAX 100 Unternehmen, Stand 31.12.1997, abzüglich der Finanzdienstleister und abzüglich der Werte, für die keine vollständige Kursreihe von 1992 bis 1997 vorliegt.

B) Verwendet werden die börsentäglichen Kurse (Kassakurse) in diesem Zeitraum.

[384] Dies ist deshalb angebracht, weil eine denkbare Kapitalgewichtung Unternehmen mit einer höheren Börsenkapitalisierung ein denkbar höheres Gewicht zuordnen würde, was nicht Sinn und Zweck dieser Arbeit sein kann: Hier soll ausdrücklich die Durchführung von Kerngeschäftsstrategien aller Unternehmen unverzerrt untersucht werden. Eine Kapitalgewichtung würde die Auswirkungen einer solchen Strategie bei gemessen an ihrer Börsenkapitalisierung kleinen Unternehmen nicht adäquat berücksichtigen.

C) Diese wurden auf täglicher Basis vollständig um Dividendenzahlungen und Kapitalveränderungen bereinigt.[385]

D) Weichen Geschäftsjahr und Kalenderjahr voneinander ab, werden im ersten Quartal endende Geschäftsjahre dem Vorjahr zugeordnet.

5.1.2 Kurz- versus langfristige Betrachtung

Neben der oben ausgeführten Auswahl des Performance-Maßes ist der Betrachtungszeitraum von entscheidender Bedeutung. Damit ist nicht der gesamte Untersuchungszeitraum gemeint, der konsistent zu den Überlegungen im vierten Kapitel auf die Jahre zwischen 1992 und 1997 festgelegt wurde.[386] Diskutiert werden soll an dieser Stelle vielmehr die Frage, ob der kurzfristige Vergleich von Aktienrenditen oder eher die langfristige Analyse für den Zweck dieser Arbeit überlegen erscheint.

Wie in Kapitel drei dargestellt, existieren sowohl zur kurzfristigen Reaktion auf Kerngeschäftsstrategien Analysen in Form von Event Studies als auch zu den eher langfristigen Auswirkungen in Form von Studien über die Marktbewertung von Konglomeraten.[387] Denkbar wäre es demnach gewesen, Event Studies zu den im Rahmen dieser Arbeit identifizierten Divestments der Dax 100 Unternehmen im Untersuchungszeitraum durchzuführen.

Zur Überprüfung der Eignung dieses Forschungsansatzes im Rahmen der vorliegenden Arbeit sollen die Ergebnisse der sehr aufschlußreichen Studie von Klein wiedergegeben werden.[388] Dieser untersucht im Rahmen von Event Studies die kurzfristige Aktienmarkt-Performance von Divestments. Dabei analysiert Klein den Zusammenhang zwischen der relativen Größe des Divestments,

---

[385] Siehe dazu z.B. Baden, K.: "Vergleichende Unternehmensbeurteilung und Aktienkurse", Kiel 1992, S. 162f.

[386] Siehe dazu die ausführliche Begründung in Kapitel vier dieser Arbeit.

[387] Während Event Studies die Bewertung von Strategien in Form einer **ex-ante** Beurteilung durch die veränderten Erwartungen an die zukünftige Ertragsentwicklung messen, sind langfristige, zumeist risikoadjustierte Performancemessungen als **ex-post** Beurteilung von durchgeführten Strategien aufzufassen. Siehe zu dieser Abgrenzung Copeland, T./Koller, T./Murrin, J. (1996), S. 430ff.. Nach diesen ist zwar die ex-ante Preisbildung mit den darin enthaltenen Erwartungen im Durchschnitt richtig, allerdings kann diese natürlich im Einzelfall auch falsch sein: "*In order to compare the market's ex ante reaction to our ex post judgment we studied the initial market reaction affecting the shareholder returns for nineteen acquisition announcements. Our ex post opinion is that the market was correct in ten out of sixteen outcomes that we could judge; but only one of the five situations initially evaluated as a success by the market actually turned out that way.*", Ebenda, S. 433. Dies ist den Autoren zufolge keineswegs ein Zeichen für mögliche Marktineffizienzen, sondern lediglich Ausdruck der unvollständigen Informationen der Investoren bei Bekanntgabe von Ereignissen. Um also neben der Erwartungsbildung des Marktes auch Informationen über die tatsächlich erzielte Performance von Strategien zu gewinnen, ist nach Copeland/Koller/Murrin die ex-post Analyse der langfristigen Kursentwicklung nach Verfolgung einer Strategie erforderlich.

[388] Klein, A.: "The Timing and Substance of Divestiture Announcements: Individual, Simultaneous and Cumulative Effects", in JoF, Vol. XLI, No. 3, July 1986, S. 685-696

gemessen am erzielten Transaktionspreis des Unternehmensteils in Relation zum Marktwert des verkaufenden Unternehmens, und den erzielten Überrenditen. Klein bildet entsprechend diesen Überlegungen drei Untergruppen: Unternehmensteile, die einen Transaktionspreis von unter 10% vom Börsenwert des verkaufenden Unternehmens ausmachen, Divestments mit einem Transaktionswert zwischen 10% und 50% und Divestments mit einem Wert von über 50% in Relation zum Börsenwert des verkaufenden Unternehmens.[389] Entsprechend der Vorgehensweise der klassischen Event Studie ergibt die Studie für die drei Untergruppen folgende abnormale Renditen (SAR) (vgl. Tabelle 22):

Tabelle 22: Abnormale Renditen von Divestments in Abhängigkeit von deren Größe

Percentage of equity sold	SAR (t-statistic)	Number of announcements	Percentage of announcements
Less than 10%	0.54% (0.95)	39	43%
10% through 50%	2.53% (2.63*)	36	40%
Greater than 50%	8.09% (3.40*)	16	17%

*Irrtumswahrscheinlichkeit < 1%
Quelle: Klein, A. (1986), S. 689

Interessant ist, daß Klein zwar ebenso wie die weiter oben angeführten Ergebnisse der Event Studies zu Divestments durchgängig positive Überrenditen bei Bekanntgabe von Divestments mißt, diese aber bei relativ "kleinen" Unternehmensverkäufen statistisch nicht signifikant sind (t-Wert von unter 1, damit Irrtumswahrscheinlichkeit größer als ein Prozent). Dies ist um so bemerkenswerter, als diese relativ kleinen Divestments mengenmäßig die größte Zahl der Unternehmensverkäufe bilden (43%). Zudem besteht offensichtlich eine positive Korrelation zwischen der relativen Größe der Transaktion und den erzielten Überrenditen:

> *"It appears that "larger" voluntary divestitures result in larger gains for the shareholders. Furthermore, only those sell-offs with a market value at least as large as 10% of the divesting firm's equity are significantly different than zero."*[390]

[389]Vgl. Klein, A. (1986), S. 685 f.

[390]Klein, A. (1986), S. 690

Diese Aussage beinhaltet wichtige Implikationen für die vorliegende Arbeit: Wie die Analyse des M&A Review in Kapitel vier zeigte, haben die Mehrzahl der deutschen Divestments ein eher geringes Volumen. So liegt der durchschnittliche Umsatz des verkauften Unternehmensteils, wenn angegeben, bei 427 Mio. DM.[391] Der durchschnittliche Umsatz der untersuchten Unternehmen betrug 14.997 Mio. DM in 1996. Das heißt, daß der Umsatz des durchschnittlichen deutschen Divestments weniger als 3% des Gesamterlöses der untersuchten Unternehmen ausgemacht hat. Auch gemessen an dem in Kapitel vier ausgeführten Kerngeschäftsindikator "Erlöse aus Beteiligungsabgängen zu Umsatz", der bei den untersuchten Firmen in 1996 1,38% betrug, ist die relative Bedeutung der Divestments deutscher Unternehmen im Verhältnis zum Gesamtunternehmens-Umsatz gering. Ähnliche Aussagen erhält man auch, wenn man das Volumen der Divestments in Relation zur durchschnittlichen Marktkapitalisierung der Unternehmen im Untersuchungsumfang mißt. Diese lag bei durchschnittlich 10.682 Mio. DM in 1996. Danach ergibt sich die Relation durchschnittlicher Umsatz eines deutschen Divestments zu durchschnittlicher Marktkapitalisierung mit 3,9%. Damit sind die durchschnittlichen deutschen Divestments von so geringer Größe, daß zu erwarten ist, daß die kurzfristige Börsenkursreaktion, gemessen anhand der Event Studie entsprechend den Ergebnissen von Klein mit großer Wahrscheinlichkeit statistisch nicht signifikant ausfällt.

Zudem beinhaltet die Analyse von Klein noch eine zweite wichtige Erkenntnis, die für die Auswahl des zeitlichen Performance-Maßstabes der vorliegenden Arbeit entscheidend ist. Klein unterteilt die Divestments nicht nur nach der relativen Größe, sondern auch je nachdem, ob der Transaktionspreis bekanntgegeben wurde oder nicht. Diese zwei Gruppen wertet Klein wieder entsprechend der Event Studie Methodologie aus (vgl. Tabelle 23).

Für die Firmen, die den Verkaufspreis angeben, bestätigen sich wiederum die in Kapitel 3.1 gemachten Aussagen bezüglich der positiven Korrelation zwischen der Bekanntgabe des Divestments und der Börsenkursreaktion. Interessant ist aber vielmehr, daß diese Beziehung bei Nichtbekanntgabe des Verkaufspreises *nicht* mehr statistisch signifikant ist (t-Wert von 0,06). Offensichtlich sind signifikante Überrenditen nur bei Bekanntgabe des Transaktionspreises statistisch meßbar.

[391]Da davon auszugehen ist, daß der Umsatz nur bei größeren Divestments angegeben wurde, liegt dieser Durchschnitt tendenziell über dem aller deutschen Divestments.

Tabelle 23: Die abnormale Rendite von Divestments in Abhängigkeit von der Bekanntgabe des Transaktionspreises

	SAR (t-statistic)	Number of announcements
Firms initially announcing price	2,47% (3,41*)	91
Firms not initially announcing price	0,02% (0,06)	124

*Irrtumswahrscheinlichkeit < 1%
Quelle: Klein, A. (1986), S. 689

"Dividing the sample into two subsamples based on whether the transaction price is announced shows that the announcement day effect is significantly positive for the price group but not statistically different from zero for the no-price group."[392]

Auch diese Ergebnisse sind von hoher Bedeutung für die vorliegende Arbeit: Während in Amerika über 40% der divestierenden Unternehmen den Transaktionspreis bekanntgeben, werden entsprechend der eigenen Analyse der Daten des Magazins M&A Review nur bei 5,6% der Unternehmensverkäufe die Verkaufspreise genannt. Somit ist ebenfalls in Übereinstimmung mit den Ergebnissen von Klein zu erwarten, daß der Aussagegehalt einer Event Studie zu deutschen Divestments aufgrund der Nichtbekanntmachung des Verkaufspreises relativ begrenzt sein dürfte.

Aufbauend auf diesen Zusammenhängen wird in dieser Arbeit die Marktbewertung von Kerngeschäftsstrategien anhand der langfristigen Börsenkursreaktion gemessen, da deutsche Divestments einerseits von der relativen Bedeutung sowohl gegenüber dem Gesamtumsatz als auch gegenüber dem Börsenwert des verkaufenden Unternehmens sehr gering sind. Zudem wurde der Verkaufspreis nur in den seltensten Fällen genannt. Somit ist in Übereinstimmung mit den Ergebnissen von Klein von einer vergleichsweise bestenfalls geringen statistischen Signifikanz einer Event Studie deutscher Divestments auszugehen.

5.1.3 Langfristige Maße

Wie im vorigen Abschnitt ausgeführt, erscheint unter Berücksichtigung der geringen relativen Größe der deutschen Divestments und der ganz überwältigenden Mehrzahl der Fälle einer Nicht-

[392] Klein, A. (1986), S. 696

veröffentlichung des Verkaufspreises die Methodik der Event Studies wenig erfolgversprechend. Zudem spielt die langfristige ex-post Analyse der Aktienrenditen nach einem Strategiewechsel nicht nur die Erwartungen der Investoren bezüglich der zukünftigen Erträge wieder, wie dies die Event Studies ermöglichen, sondern zeigt vielmehr die tatsächliche langfristige Entwicklung der Performance eines Unternehmens im Vergleich zum Markt. Die in Event Studies enthaltenen Angaben bezüglich der Erwartungen der Investoren können sich im Laufe der Zeit zudem unter Umständen als nicht gerechtfertigt erweisen, wie dies Copeland/Koller/Murrin zeigen.[393] In diesem Sinne argumentieren auch Zimmermann et. al.:[394]

> *"Grundlage jeder Performancemessung ist die ex-post erzielte Rendite einer Anlage. Die Leistungsbeurteilung einer bestimmten Anlagepolitik darf sich jedoch nicht allein auf den erwirtschafteten Ertrag abstützen. Da in einem effizienten Finanzmarkt die Kursentwicklung eines Wertpapiers zufällig ist, muß das Risiko in die Analyse miteinbezogen werden."*

Die Berücksichtigung des Risikos ist ein weiterer wichtiger Aspekt der Performancemessung. Entsprechend den Ausführungen in Kapitel 3.3 dieser Arbeit, ist bei Bewertung von Wertpapieren bzw. Wertpapierportfolios neben der Berücksichtigung der Rendite das damit verbundene Risiko-Exposure bei Annahme risikoaverser Investoren von entscheidender Bedeutung. Dementsprechend sollte ein geeignetes Performance-Maß sowohl eine Rendite- als auch eine Risikokomponente enthalten.

Allgemein werden drei Maße unterschieden, welche die langfristige ex-post Performance von Wertpapieren sowohl unter Risiko- als auch Rendite-Maßstäben messen: Das Sharpe-Maß, das Jensen-Maß und das Treynor-Maß. Alle drei Maße basieren auf dem in Kapitel 3.3 vorgestellten Capital Asset Pricing Modell. Die Maße sollen im folgenden kurz dargestellt und das für die hier zu untersuchende Fragestellung geeignetste ermittelt werden.

Alle drei Maße gehen analog den Annahmen des CAPM von der Möglichkeit einer risikofreien Anlage aus. Entsprechend den möglichen Kombinationen von risikofreier und risikobehafteter Anlage wird der Investor dasjenige Wertpapier bevorzugen, das im Rendite-Risiko-Diagramm[395] in Verbindung mit der risikofreien Anlage die höchste Steigung aufweist. Auf dieser Überlegung fußt sowohl das Sharpe- als auch das Treynor-Maß. Diese unterscheiden sich lediglich in der Verwendung der entsprechenden Risikokomponente. Während das Sharpe-Maß das Gesamtrisiko eines

---

[393] Vgl. Copeland, T./Koller, T./Murrin, J. (1996), S. 433 und Fußnote 388 dieser Arbeit.

[394] Zimmermann, H./Rudolf, M./Jaeger, S./Zogg-Wetter, C.: "Moderne Performance-Messung", Bern 1996, S. 67

[395] Vgl. im Kapitel 3.3. Abbildung 16.

Wertpapiers berücksichtigt, verwendet Treynor nur das systematische Risiko. Die Maße spiegeln die Steigung der Gerade zwischen risikofreier Anlage und risikobehaftetem Wertpapier wieder, wobei das Sharpe-Maß diese im Rendite-Standardabweichungs-Diagramm und das Treynor-Maß die Steigung im Rendite-Systematisches Risiko-Diagramm angibt.

1) Das Sharpe-Maß[396]

$$M^s = (R_a - R_f) / \sigma_a$$

mit

R_a = Rendite des Wertpapiers a

R_f = risikofreie Rendite

σ_a = Standardabweichung des Wertpapiers a

2) Das Treynor- Maß[397]

$$M^T = (R_a - R_f) / \beta_a$$

mit

β_a = Beta-Faktor des Wertpapiers a zum Markt

Das Treynor-Maß ist als durchschnittliche Risikoprämie je Einheit des systematischen Risikos definiert, daß Sharpe-Maß als Risikoprämie je Einheit des Gesamtrisikos.[398] Diese beiden Maße unterscheiden sich also nur in der Art des berücksichtigten Risikos: Welches der beiden Maße besser geeignet ist, hängt somit von der Art des Vermögens des Investors ab: Hält dieser ein breit diversifiziertes Portfolio, spielt für ihn nur der zusätzliche Risikobeitrag des Wertpapiers zu seinem Gesamtportfolio eine Rolle, das in Form des systematischen Risikos gemessen wird. Ist demgegenüber das Investitionsvolumen nur auf eine oder sehr wenige Anlagen verteilt, ist für den Investor das Gesamtrisiko eines Papiers, also sowohl das systematische als auch das unsystematische Risiko

396 Vgl. Sharpe, W.: " Mutual Fund Performance", in Journal of Business, 39, No. 1, 1966, S. 119-138

397 Vgl. Treynor, J.: "How to Rate Management of Investment Funds", in HBR 43, No. 1, S. 63-75

398 Vgl. Bühner, R. (1993), S. 204f.

von Bedeutung. In diesem Falle berücksichtigt das Sharpe-Maß besser die individuelle Entscheidungsgrundlage des Investors. Da die Transaktionspreise beim Kauf und Verkauf von Wertpapieren in den letzten Jahren durch neue Banking-Produkte deutlich gesunken sind und die Bedeutung von Wertpapierfonds ebenfalls rapide gestiegen ist, scheint eine Verwendung des Treynor-Maßes dem aktuellen Anlageverhalten besser gerecht zu werden als das Sharpe-Maß.[399]

Im Gegensatz zu den vorgestellten Performance-Maßen von Treynor und Sharpe, die als Steigungsmaße konzipiert sind, mißt das Maß von Jensen den vertikalen Abstand einer Rendite-Risiko-Kombination eines Wertpapiers zur Security Market Line, die aus der Verbindung zwischen der risikofreien Anlage und dem effizienten Marktportefeuille gebildet wird. Formal sieht das Jensen-Maß wie folgt aus:

3) Das Jensen-Maß[400]

$$\alpha_a^J = R_a - \left[R_f + \left(R_m - R_f\right)\beta_a\right]$$
$$\left(R_a - R_f\right) = \alpha_a^J + \beta_a\left(R_m - R_f\right)$$

mit

R_m = Durchschnittliche Marktrendite

Damit gibt das Jensen-Maß die Abweichung der tatsächlichen Rendite eines Wertpapiers von der durch das CAPM zu erwartenden Rendite desselben Papiers an. Das Jensen-Maß ist somit definiert als Achsenabschnitt der Regression der Risikoprämie des zu bewertenden Wertpapiers (R_a - R_f), auf die Risikoprämie des Marktes (R_m - R_f).

Sowohl das Treynor-Maß als auch das Jensen-Maß berücksichtigen das systematische Risiko. Wo liegen nun mögliche Unterschiede? Diese werden durch Abbildung 29 deutlich.

Während nach dem Treynor-Maß, das die Performance als Steigungsmaß angibt, das Wertpapier B eine bessere relative Performance als Wertpapier A besitzt, da die Verbindungslinie mit der risikofreien Anlagemöglichkeit eine stärkere Steigung aufweist, wäre nach dem Jensen-Maß aufgrund des

[399]So meint Zimmermann et. al.: *"Bei der Performance-Messung institutioneller Anleger wie z.B. Pensionskassen oder Anlagefonds ist eine Risikoadjustierung aufgrund des vom Kapitalmarkt entschädigten Risikos (Beta) sicherlich die angebrachte Lösung"*. Siehe Zimmermann et. Al. (1996), S. 75

[400]Vgl. Jensen, M.: "Risk, the Pricing of Capital Assets, and the Evaluation of Investment Portfolios", in Journal of Business, 42, No. 2, 1968, S. 167-247

größeren vertikalen Abstandes des Wertpapiers A von der Security Market Line im Vergleich zu Wertpapier B ersteres überlegen. Offensichtlich eignet sich das Jensen-Maß nur bezüglich der Evaluierung eines Papiers relativ zum Markt, aber nicht bezüglich der relativen Beurteilung von Wertpapieren untereinander. Da aber die Beurteilung der relativen Performance deutscher Unternehmen untereinander Ziel des nächsten Abschnittes sei soll, bietet sich das Treynor-Maß als das geeignetste Risiko-Rendite-Maß an und wird im folgenden verwendet.

Abbildung 29: Vergleich zwischen Treynor- und Jensen-Maß

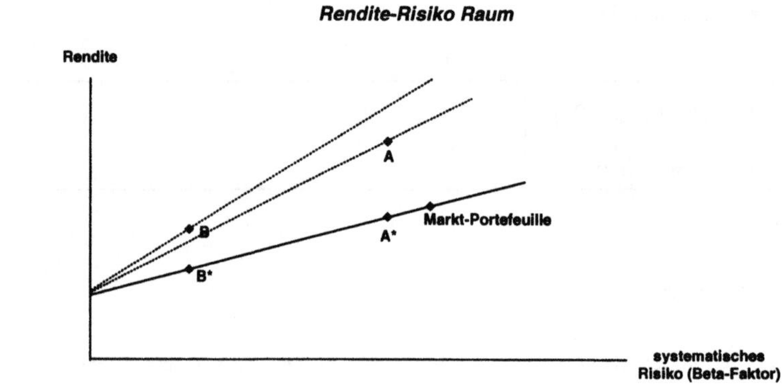

Quelle: Elton, E./Gruber, M. (1995), S. 643

5.2 Die Beurteilung der Kerngeschäftsstrategien durch den Markt für Eigenkapital

Um den Erfolg von Kerngeschäftsstrategien in Deutschland ermitteln zu können, wurden zunächst die relevanten Rendite-Risiko-Parameter der Unternehmen in den Jahren 1992 bis 1997 ermittelt. Als Grundlage der Beurteilung von Kerngeschäftsstrategien wurden die folgenden Größen berechnet:

A) Der oben erläuterte **Market Adjusted Total Return (MATR) p.a.** im Zeitintervall 1992 bis 1997 aller 68 Unternehmen der Grundgesamtheit.

B) Der **Beta-Faktor** der 68 Unternehmen als Maß für das systematische Risiko in den einzelnen Jahren der Untersuchungsperiode, im Zeitintervall 1992 bis 1997 sowie die jeweiligen Änderungsraten pro Jahr.

C) Das **Bestimmtheitsmaß R^2** der Unternehmen als Maß für das unsystematische Risiko in den einzelnen Jahren der Untersuchungsperiode und im Zeitintervall 1992 bis 1997. Hierbei ist zu beachten, daß R^2 das unsystematische Risiko invers mißt, also hohe R^2 für geringe unsystematische Risiken stehen.

D) Die **Varianz** der Kurse der Unternehmen in den einzelnen Jahren und im Zeitintervall 1992 bis 1997 als Maß für das gesamte Risiko der einzelnen Unternehmen.

E) Das oben erläuterte **Treynor-Maß** als Maß, das sowohl die Rendite- als auch das Risiko in einer Kennzahl berücksichtigt und somit Aussagen über die jeweiligen Risikoprämien der Unternehmen zuläßt.

Ad A) Zur Berechnung des Total Return p.a. aller einzelnen Unternehmen wurde die Aktienkursentwicklung, bereinigt um Dividendenzahlungen und Kapitalmaßnahmen, indexiert auf den 1.1.1992 berechnet. Darauf aufbauend wurde der Total Return des Durchschnitts aller Unternehmen der Grundgesamtheit als Repräsentant für die durchschnittliche Marktentwicklung berechnet. Dies erfolgte als arithmetisches Mittel des Total Returns der Ein zelunternehmen. Die Differenz zwischen Total Return der Einzelunternehmen und der berechneten Market Total Return Performance bildet die Market Adjusted Total Return Performance der einzelnen Unternehmen.

Ad B) Die Ermittlung der Beta-Faktoren erfolgte auf Basis des CAPM in der ex-post-Variante (vgl. Kapitel 3):

$$R_i = \alpha_i + \beta_i R_m + \varepsilon_i$$

ε_i bezeichnet in der ex-post Variante des CAPM den Zufallsfehler, bei dem die Annahme der Normalverteilung mit dem Erwartungswert Null und der Varianz $\sigma^2_{\varepsilon_i}$ gilt.[401] Der Beta-Faktor ist somit der Anstieg der Regressionsgeraden und wird bei N Beobachtungen wie folgt berechnet:[402]

[401] Vgl. Uhlir, H./Steiner, P. (1994), S. 173

[402] Zur mathematischen Herleitung siehe Fama, E.: "Foundations of Finance", New York 1976, Kapitel 3/4

$$\beta_i = \frac{\frac{1}{N-1}\left\{\sum_{n=1}^{N} r_{i,n} \cdot r_{m,n} - \frac{1}{N}\sum_{n=1}^{N} r_{i,n}\sum_{n=1}^{N} r_{m,n}\right\}}{\frac{1}{N-1}\left\{\sum_{n=1}^{N}\left(r_{m,n}\right)^2 - \frac{1}{N}\left[\sum_{n=1}^{N} r_{m,n}\right]^2\right\}}$$

Damit entspricht das Beta des gebildeten Marktindexes exakt dem Wert eins. Der Y-Achsenabschnitt der Regressionsgeraden berechnet sich wie folgt:

$$\alpha_i = \left(\sum_{n=1}^{N} r_{i,n} - \beta_i \sum_{n=1}^{N} r_{m,n}\right) / N$$

Ad C) Das Bestimmtheitsmaß, das Auskunft über den Zusammenhang des erklärenden auf den zu erklärenden Faktor gibt, errechnet sich aus:

$$R_i^2 = \beta_i \frac{\sum_{n=1}^{N}\left(r_{m,n}\right)^2 - \frac{1}{N}\left[\sum_{n=1}^{N} r_{m,n}\right]^2}{\sum_{n=1}^{N}\left(r_{i,n}\right)^2 - \frac{1}{N}\left[\sum_{n=1}^{N} r_{i,n}\right]^2} = \beta_i \frac{\sigma_m^2}{\sigma_i^2}$$

Ad D) Die Varianz der Kurse der einzelnen Unternehmen berechnet sich nach folgender Formel:

$$VAR(r_i) = \frac{1}{N-1}\sum_{n=1}^{N}\left(r_{i,n} - \bar{r}\right)^2, \text{ mit } \bar{r} = \sum_{n=1}^{N} r_{i,m}$$

Ad E) Die Berechnung des Treynor-Maßes wurde bereits oben erläutert und ist als durchschnittliche Risikoprämie je Einheit des systematischen Risikos definiert.

5.2.1 Hypothesen bezüglich der Marktbewertung von Kerngeschäftsstrategien

Die zu testenden Hypothesen bezüglich der Marktbewertung von Kerngeschäftsstrategien basieren im wesentlichen auf den Ausführungen in Kapitel drei der vorliegenden Arbeit. Die dort gebildeten Hypothesen werden dabei entsprechend der statistischen Methodenlehre als Nullhypothesen formuliert.[403] Diese können mit einer bestimmten Irrtumswahrscheinlichkeit abgelehnt bzw. nicht abgelehnt werden. Statistische Hypothesen können dagegen nie bestätigt werden. Demzufolge wurden die Hypothesen so formuliert, daß sie mit entsprechender Irrtumswahrscheinlichkeit widerlegt werden können. Somit wurden die Hypothesen also genau entgegengesetzt formuliert, wie

[403] Siehe zur Methodik von Hypothesentests Hochstätter, D.: "Statistische Methodenlehre", Frankfurt 1996, S. 573ff.

entsprechend dem ökonomischen Rational zu erwarten wäre, um diese dann gegebenenfalls mit einer bestimmten Irrtumswahrscheinlichkeit zu verwerfen.

Zur ersten Hypothese: Aufbauend auf dem **Shareholder Value-Konzept** konnte abgeleitet werden, daß eine fokussierte Bearbeitung von Kerngeschäften und die Trennung von Randbereichen zu einer Erhöhung der Marktbewertung der Unternehmen aufgrund der Bündelung der Ressourcen führen kann. Daraus ergibt sich Hypothese eins:

H5.1. Unternehmen, die sich von Randbereichen trennen und ihre Kerngeschäfte ausbauen, zeigen im Durchschnitt keine bessere Marktbewertung als Unternehmen, die ihre Geschäftsbasis verbreitern.

Allerdings ist diese Konzentration auf weniger Geschäftsbereiche mit einem erhöhten unternehmensindividuellen Risiko verbunden. Gewinne bzw. Verluste können bei Bündelung der Aktivitäten nicht mehr durch andere Geschäftsbereiche ausgeglichen werden. Dementsprechend erhöht sich die Abhängigkeit vom Markt des Kerngeschäftes. Das unternehmensindividuelle, unsystematische Risiko steigt. Wie in Kapitel 3.2 im Rahmen der Darstellung der **Principal-Agent-Theorie** ausgeführt, entspricht die Erhöhung dieses Risikos nicht dem Interesse des Managements Dies strebt, wenn es nicht in erheblichem Maße am Unternehmen beteiligt ist, nach Minimierung des unsystematischen Risikos unter anderem zur Reduktion des eigenen Arbeitsplatzrisikos. Daraus ergibt sich die zweite zu testende Hypothese:

H5.2. Kerngeschäftsstrategien sind nicht mit einer Erhöhung des unsystematischen Risikos verbunden und widersprechen somit nicht den Interessen des Managements.

Die dritte zu untersuchende Hypothese ergibt sich aus den theoretischen Überlegungen zum Capital Asset Pricing Model in Kapitel drei. Dieses Modell geht von der linearen Beziehung zwischen Risiko und Return aus: Nach dem CAPM ist eine Erhöhung der Marktbewertung respektive Rendite nur unter Inkaufnahme einer Steigerung des durch den Beta-Faktor gemessenen systematischen Risikos erzielbar. Dementsprechend müßte die in Hypothese eins aufgestellte Vermutung der Erhöhung der Marktbewertung durch Kerngeschäftsstrategien mit einer gleichgerichteten Erhöhung des systematischen Risikos einhergehen:

H5.3. Kerngeschäftsstrategien sind entgegen der Aussagen des CAPM nicht mit einer Erhöhung des systematischen Risikos verbunden: Erhöhte Renditen durch Kerngeschäftsstrategien gehen nicht mit gestiegenen Beta-Faktoren einher.

Damit werden im folgenden die in Kapitel drei theoretisch begründeten Zusammenhänge zwischen dem ökonomischen Rational von Kerngeschäftsstrategien, nämlich zum einen der Shareholder-Value-Ansatz, zum zweiten die Principal-Agent-Theorie und zum dritten die Kapitalmarkttheorie anhand der Marktbewertung empirisch überprüft.

5.2.2 Überblick der empirischen Ergebnisse: Marktbewertung von Kerngeschäftsstrategien

Zur Überprüfung der obigen Hypothesen bezüglich der Auswirkungen von Kerngeschäftsstrategien auf die Aktienperformance wurde eine **multiple Regressionsrechnung** durchgeführt. *Als erklärende* Parameter wurden die in Kapitel vier gebildeten drei Kenngrößen Herfindahl-Index, Anzahl Divestments und Beteiligungsabgänge/Umsatz verwendet. Die *zu erklärenden* Variablen sind die oben beschriebenen Größen Total Return, Market Adjusted Total Return, Beta-Faktor, Bestimmtheitsmaß R^2, Varianz (Gesamtrisiko) und Treynor-Maß. Die Regression wird auf Basis täglicher Aktienrenditen durchgeführt. Daraus ergibt sich folgende Gleichung:

$$Y_i = \chi_1 HF_i + \chi_2 \Delta HF_i + \chi_3 D_i + \chi_4 AB_i + \varepsilon_i$$

mit

Y_i = Zu erklärende Größe im Jahre i

HF_i = Herfindahl-Index im Jahre i

ΔHF_i = Prozentuale Veränderung des Herfindahl-Indexes im Jahre i zum Vorjahr

D_i = Anzahl Divestments im Jahre i

AB_i = Erlöse aus Beteiligungsabgängen zu Umsatz im Jahre i

ε_i = Residualgröße der Regression

$\chi_1, \chi_2, \chi_3, \chi_4$ = Schätzparameter

Die Ergebnisse der multiplen Regressionsrechnung sind in Tabelle 24 dargestellt. Die Werte in Klammern zeigen jeweils die t-Werte der T-Statistik an.[404]

[404]Bevor die multiple Regression berechnet wurde, wurden die Regressoren auf Multikollinearität überprüft. Vgl. zur Multikollinearität z. B. Assenmacher, W. : "Einführung in die Ökonometrie", München 1995, S. 138ff.. Dazu wurden

Tabelle 24: Parameter der multiplen Regression 1992 bis 1997 (t-Werte in Klammern)

	TOTAL RETURN	MATR ****	BETA	R^2	GESAMT-RISIKO	TREYNOR Maß
Herfindahl-Index p.a.	0,01 (0,18)	-0,01 (-0,15)	-0,03 (-0,27)	-0,22 (-3,76)***	0,75 (2,51)**	-0,80 (-0,53)
Delta Herfindahl-Index p.a.	0,58 (1,45)	0,88 (2,44)**	1,04 (1,48)	0,26 (0,79)	-1,39 (-0,81)	3,41 (0,39)
Anzahl Divestments	0,02 (1,88)*	0,01 (0,89)	0,01 (0,67)	0,01 (1,31)	0,07 (0,10)	0,00 (-0,02)
Erlöse Beteiligungsabgang/Umsatz	-0,45 (-0,38)	-1,35 (-1,25)	4,86 (2,36)**	-1,01 (-1,04)	8,08 (1,60)*	25,45 (0,99)
Bestimmheitsmaß	0,02	0,03	0,02	0,05	0,03	0,00
F-Test	1,51	2,11*	2,34*	4,65***	2,65**	0,40

Quelle: Eigene Berechnungen
*Irrtumswahrscheinlichkeit < 10%
**Irrtumswahrscheinlichkeit < 5%
***Irrtumswahrscheinlichkeit < 1%
****Market Adjusted Total Return

Insgesamt zeigt sich, daß der Zusammenhang zwischen der multiplen Regressionsgleichung und damit den Indikatoren für Kerngeschäftsstrategien als exogenen, erklärenden Regressoren von statistisch signifikantem Einfluß auf die endogenen, zu erklärenden Regressanden Market Adjusted Total Return, Beta-Faktor, R^2 und Gesamtrisiko ist. Der F-Test zeigt eine statistische Signifikanz der Regressionsgleichung mit einer Irrtumswahrscheinlichkeit von unter einem Prozent auf das unsystematische Risiko (R^2) und von unter fünf Prozent auf das Gesamtrisiko.[405] Zudem weisen die Indikatoren für Kerngeschäftsstrategien einen statistisch signifikanten Einfluß auf den MATR und den Beta-Faktor auf. Offensichtlich haben Kerngeschäftsstrategien einen Einfluß auf die Rendite-Risikostruktur der betrachteten Unternehmen. [406] Zudem bestehen einige signifikante

die Determinaten der Korrelationsmatrix R der exogenen Variablen berechnet. Der Korrelationskoeffizient zwischen den Regressoren war dabei jeweils unter 0,2 , so daß von keiner verzerrenden Multikollinearität auszugehen ist.

[405]"*Man beachte, daß der F-Test Auskunft darüber gibt, ob der in einer Regressionsgleichung spezifizierte Zusammenhang zwischen den exogenen Variablen und der endogenen Variablen überhaupt statistisch gesichert ist. Der Erklärungsgehalt braucht bei Signifikanz des Tests keinesfalls besonders hoch zu sein.*" Vgl. Eckey, H./Kosfeld, R./Dreger, C. (1995).

[406]Eine Bemerkung zu den Werten des Bestimmtheitsmaßes: Diese geben den Anteil der durch den Erklärungsansatz des Modells "erklärten" Varianz an der Gesamtvarianz unter den N Beobachtungen an. So kann R^2 auch gegen Null gehen. "*In diesem Fall wird also nichts von der Variation der zu erklärenden Variablen durch den Modellansatz erfaßt. Das bedeutet aber nicht gleichzeitig stochastische Unabhängigkeit zwischen den erklärenden und der zu erklärenden Variablen.*" Vgl. Frohn, J.: "Grundausbildung in Ökonometrie", New York 1995, S. 51f.. Dazu Assenmacher: "*Man bezeichnet diese Zahl als Be-*

Korrelationen zwischen *einzelnen* Kerngeschäftsindikatoren und Rendite-Risiko-Größen, wie sie in den t-Werten zum Ausdruck kommen und in den folgenden Kapiteln näher erläutert werden.

Der Einfluß von Kerngeschäftsstrategien auf den Total Return ist statistisch nicht signifikant. Lediglich die Anzahl der Divestments hat einen gewissen Einfluß auf das Niveau des Total Return. Dagegen wirken sich *Veränderungen* des Herfindahl-Indexes, gemessen durch das Delta des Herfindahl-Index p.a., statistisch signifikant auf den Market Adjusted Total Return (MATR) aus: Erhöhungen des Herfindahl-Indexes und damit Zunahmen im Fokussierungsgrad bewirken eine Erhöhung des Market Adjusted Return: Es werden Überrenditen erzielt.

Unternehmen, die den Herfindahl-Index um 0,1 erhöhen, erzielen im Durchschnitt im gleichen Jahr eine Überrendite von 8,8%. Solche Überrenditen werden aber offensichtlich nicht mit einem *absolut* hohen Herfindahl-Index erzielt, sondern nur mit *Veränderung*, namentlich Erhöhung desselben. Dies zeigt sich in der nicht vorhandenen Korrelation zwischen absolutem Niveau des Herfindahl-Index p.a. und MATR einerseits und der statistisch signifikanten Korrelation zwischen dem *Delta* Herfindahl Index p.a. und dem MATR andererseits. Damit scheint ein hoher Konzentrationsgrad, gemessen durch die absoluten Werte des Herfindahl-Indexes, nicht per se zu einer überdurchschnittlichen Performance zu führen. Lediglich eine *Änderung* der Unternehmensstrategie, nämlich die detailliert beschriebene Abkehr von der Diversifikations- und die Hinwendung zur Kerngeschäftsstrategie wird mit überdurchschnittlichen Renditen bewertet. Aktiv durchgeführte Kerngeschäftsstrategien, wie sie durch ein positives Delta des Herfindahl-Indexes gemessen werden, führen im Durchschnitt zu statistisch signifikanten überdurchschnittlichen Bewertungen durch den Markt für Eigenkapital. **Damit kann Hypothese H5.1. mit einer Irrtumswahrscheinlichkeit von weniger als 5% abgelehnt werden, daß Veränderungen des Konzentrationsgrades keinen Einfluß auf die Marktbewertung besitzen.** Der Gesamteinfluß von Kerngeschäftsstrategien auf den Market Adjusted Total Return ist positiv mit einer zehnprozentigen Irrtumswahrscheinlichkeit (F-Wert von 2,11).

---

stimmtheitsmaß oder auch als Determinationskoeffizient. Vielfach wird darauf verwiesen, daß in ihm die Güte der Anpassung zum Ausdruck kommt. Man sollte aber beachten, daß eine Regressionsgerade mit einem hohen Bestimmtheitsmaß nicht besser angepaßt wurde als diejenige mit einem niedrigen Determinationskoeffizienten...Die Aussagekraft des Determinationskoeffizienten wird daher sehr überschätzt. Aus einem hohen Wert für R^2 *auf einen durch die Realität besonders gut gestützen Kausalzusammenhang einer ökonomischen Realität zu schließen, ist deshalb grundsätzlich falsch.*". Vgl. Assenmacher, W. (1995), S. 115f.. Ebenso Eckey et al.: "*Bei Anwendungen nimmt das Bestimmtheitsmaß oft eine dominierende Rolle bei der Modellbewertung ein, die allerdings äußerst kritisch zu beurteilen ist...Es kommt...entscheidend darauf an, ob die einbezogenen Regressoren auch separat einen bedeutsamen Einfluß auf die endogene Variable besitzen, was mit Signifikanztests der Regressionskoeffizienten beurteilt werden kann.*" Vgl. Eckey, H./Kosfeld, R./Dreger, C.: "Ökonometrie", Wiesbaden 1995, S. 55. Somit sind die Signifikanztests (T-und F- Statistik) von entscheidender Bedeutung bei der Beurteilung der Frage, ob und wie Kerngeschäftsstrategien auf die Rendite-Risiko-Größen wirken.

Die vorliegende Untersuchung zeigt, daß keine signifikanten Performance-Unterschiede zwischen breit gefächerten Unternehmen einerseits und z. B. auf einen Geschäftsbereich konzentrierte Unternehmen andererseits bestehen. Offensichtlich lassen sich nur durch aktiv betriebene Portfolio-Umschichtungen in Richtung Kerngeschäfte signifikante Überrenditen erzielen: Die Börse honoriert somit nur Änderungen der Geschäftsstruktur in Richtung Konzentration, aber keineswegs Konzentration per se. Damit scheint sich zudem eine weitgehend etablierte Annahme zu bestätigen, nach der nur *Änderungen* der Erwartungen der Investoren zu überdurchschnittlichen Renditen führen. Nur wenn ein Unternehmen durch eine Trennung von Randbereichen sein bisheriges Portfolio ändert und somit die bisherigen Erwartungen der Anleger überrascht, kann eine über dem Marktdurchschnitt liegende Performance erzielt werden.

Diese signifikante überdurchschnittliche Bewertung von Änderungen des Portfolios in Richtung Kerngeschäfte geht einher mit einer statistisch signifikanten Erhöhung aller Risikokomponenten: Höhere Werte des Kerngeschäftsindikators "Erlöse Abgang Beteiligungen zu Umsatz" sind mit einer Erhöhung des Beta-Faktors mit einer Irrtumswahrscheinlichkeit von unter fünf Prozent verbunden. Unternehmen mit höheren Konzentrationsgrad, gemessen am Indikator "Erlöse aus Beteiligungsabgängen zum Umsatz", weisen im Durchschnitt auch ein höheres systematisches Risiko auf. **Hypothese 5.3., die besagt, daß kein Zusammenhang zwischen Konzentrationsgrad und systematischem Risiko besteht, kann damit mit einer Irrtumswahrscheinlichkeit von unter fünf Prozent verworfen werden.** Der im CAPM dargelegte Zusammenhang zwischen systematischem Risiko und Return scheint somit tendenziell bestätigt zu sein. Allerdings wird die Überprüfung dieser Grundaussage des CAPM in Kapitel 5.2.3.3 nochmals detailliert vorgenommen.

Der erhöhte Konzentrationsgrad führt zudem zu einer Erhöhung des mit dem Bestimmtheitsmaß R^2 invers gemessenen unsystematischen Risiko: Mit einer nach der t-Statistik gemessenen Irrtumswahrscheinlichkeit von unter einem Prozent ist eine hohe Konzentration, gemessen durch den absoluten Herfindahl-Index, auch mit einem erhöhten unsystematischen Risiko verbunden. **Damit kann die Hypothese 5.2. statistisch signifikant abgelehnt werden, daß eine hohe Konzentration nicht mit einem höheren unsystematischen Risiko verbunden ist.** Offensichtlich besteht ein positiver Zusammenhang zwischen unsystematischem Risiko und Konzentrationsgrad, der auch einleuchtend ist: Durch die Konzentration auf wenige Kerngeschäfte erhöht sich die Abhängigkeit von wenigen Märkten, der Ausgleich von unterschiedlichen Gewinn- und Verlustquellen ist nicht mehr möglich, das unsystematische, unternehmensindividuelle Risiko steigt.

Somit hat eine Kerngeschäftsstrategie auf das unsystematische Risiko die entgegengesetzte Wirkung auf das unternehmensindividuelle Risiko wie eine Diversifikationsstrategie:

"Diversification may...provide 'insurance' benefits by pooling the fortunes of unrelated businesses and thus reducing the consolidated entity's 'unsystematic risk' (or the variability of its year-to-year operating cash flow)."[407]

In diesem Sinne äußern sich auch Comment und Jarrell:[408]

"Combining businesses that have imperfectly-correlated earnings streams reduces the variability of earnings for the combination."

Dieser Risikoausgleich von unterschiedlichen Geschäftsfeldern liegt, wie im Rahmen der Analyse der Principal-Agent-Theorie ausgeführt wurde, tendenziell im Interesse des Managements[409], so daß umgekehrt geschlossen werden kann, daß eine Kerngeschäftsstrategie, die, wie hier statistisch signifikant nachgewiesen werden konnte, mit einem erhöhten unsystematischen, unternehmensindividuellen Risiko einher geht, nicht per se im Interesse des Managements liegt.[410]

Nachdem also durch Kerngeschäftsstrategien das systematische Risiko im Durchschnitt steigt und Konzentrationen der Geschäftsaktivitäten mit erhöhten unsystematischen Risiken verbunden sind, ist es nur konsistent und wenig überraschend, daß auch das totale Risiko mit zunehmender Kerngeschäftsfokussierung steigt. Sowohl hohe absolute Herfindahl Index-Werte (t-Wert von 2,51) als auch die Gesamtheit der Kerngeschäftsindikatoren (F-Wert von 2,65) sind positiv mit dem Gesamtrisiko korreliert.

Nachdem also Kerngeschäftsstrategien sowohl mit erhöhten Renditen als auch mit erhöhten systematischen Risiken verbunden sind, bleibt noch zu klären, ob die durchschnittliche Risikoprämie je Einheit des systematischen Risikos in Abhängigkeit vom Ausmaß der Kerngeschäftsstrategie variiert. Der empirische Zusammenhang ist mit einem F-Test von 0,40 nicht signifikant: Offenbar wird die Bewertung der durchschnittlichen Risikoprämie pro Einheit des systematischen Risikos nicht durch Kerngeschäftsstrategien determiniert.

---

[407]Bhide, A.: "Reversing Corporate Diversification", in JoACF, 1988, No. 2, S. 71

[408]Comment, R./Jarrell, G. (1995), S. 84

[409]So schreibt Bhide: *"Top mangers, like other stakeholders who invest in firm-specific skills, have an interest in reducing the unsystematic risk faced by their companies. They can legitimately claim that corporate diversification is a necessary part of their compensation package."* Vgl. Bhide, A. (1988), S. 71

[410]Diese Aussage ändert sich, wenn daß Unternehmensmanagement anhand des Marktwertes effektiv incentiviert wird.

Zusammenfassend bestätigt die vorliegende Analyse nicht nur weitestgehend die in Kapitel drei abgeleiteten theoretischen Zusammenhänge, sondern auch die alte Börsianer-Regel:

"There is no such thing like a free lunch"

Danach können höhere Renditen nur mit einem höheren Risiko "erkauft" werden. Dies ist zudem die Kernaussage des CAPM, die einen linearen Zusammenhang zwischen systematischem Risiko und erwarteter Rendite ableitet. Diesen Gedanken entsprechend sind die erzielten Ergebnisse konsistent: *Veränderungen* des Unternehmensportfolios in Richtung Fokussierung führen wie erwartet zu einer Erzielung von überdurchschnittlichen Renditen. Diese sind allerdings mit einer gleichgerichteten Veränderung vor allem des systematischen Risikos verbunden: Die Kennzahl aus Rendite und systematischem Risiko, das Treynor-Maß, ist in ihrer Richtung unbestimmt.

5.2.3 Die Bewertung von Kerngeschäftsstrategien: Die Ergebnisse im einzelnen

Im folgenden werden die oben dargestellten Marktbewertungen von Kerngeschäftsstrategien mit ihren jeweiligen Auswirkungen auf den Total Return, die verschiedenen Risikokomponenten und die Performance im Detail erläutert.

5.2.3.1 Auswirkungen auf den Total Return

In diesem Kapitel wird der spezifische Einfluß von Kerngeschäftsstrategien auf die Entwicklung des um Dividendenzahlungen und Kapitalmaßnahmen bereinigten Aktienkurses ausgewertet. Als erster Schritt zur Analyse des Wirkungszusammenhanges zwischen "Corporate Focus" einerseits und Total Return andererseits wurde die absolute Höhe des Herfindahl-Index herangezogen. Wenn Unternehmen erfolgreicher sind, die in wenigen Geschäftsbereichen agieren, als Unternehmen mit breit angelegtem Unternehmensportfolio, müßte sich dies auch in einer überdurchschnittlichen Rendite widerspiegeln. Zu testen ist also die Hypothese, ob die Breite der Geschäftsaktivitäten systematischen Einfluß auf die Aktienmarktrenditen besitzt. Wie in Kapitel drei beschrieben, sind die bisherigen wissenschaftlichen Ergebnisse hierzu nicht eindeutig.

H5.4. Unternehmen mit fokussiertem Geschäftsportfolio weisen im Durchschnitt eine höhere Aktienrendite auf als diversifizierte Unternehmen.

Im Unterschied zu Hypothese H5.1., bei der die Korrelation zwischen *Änderungen* des Portfolios respektive Konzentrationsgrades und der Marktbewertung getestet wurde, soll mit H5.4. der Zusammenhang zwischen der *absoluten Höhe* des Konzentrationsgrades und der Bewertung durch den Kapitalmarkt überprüft werden. Getestet wird diese Hypothese durch Clusterung der Unternehmen in drei Gruppen in Abhängigkeit von der Höhe des absoluten Herfindahl-Indexes im Jahre 1992. Dabei wurden folgende Gruppen unterschieden[411]:

A) Unternehmen mit absolutem Herfindahl-Index in 1992 von < 0,4

B) Unternehmen mit absolutem Herfindahl-Index in 1992 von ≥ 0,4 < 0,6

C) Unternehmen mit absolutem Herfindahl-Index in 1992 von ≥ 0,6 < 0,8

D) Unternehmen mit absolutem Herfindahl-Index in 1992 von ≥ 0,8

Die Entwicklung des arithmetischem Mittels des Market Adjusted Total Return dieser vier Gruppen ist in Abbildung 30 dargestellt. Es ergibt sich kein eindeutiges Bild. Zwar konnte die vierte Gruppe der Unternehmen mit stärkster Konzentration den Markt zwischen 1992 und 1995 "outperformen", allerdings sanken die aggregierten Überrrenditen in 1996 deutlich. Die Gruppe mit der zweithöchsten Konzentration, Gruppe drei dagegen, erzielte die schlechteste relative Performance im Untersuchungszeitraum. Insgesamt scheinen konzentrierte Unternehmen nicht generell höhere Renditen als diversifizierte Unternehmen aufzuweisen. Dies bestätigt auch die Auswertung der multiplen Regressionsrechnung (vgl. Tabelle 24), nach der lediglich der Kerngeschäftsindikator "Anzahl der Divestments" einen positiven Einfluß auf den Total Return aufweist, allerdings mit einer relativ hohen Irrtumswahrscheinlichkeit von 10%. Es besteht kein statistisch signifikanter Zusammenhang zwischen dem absoluten Konzentrationsgrad, gemessen durch den Herfindahl-Index, und dem Total Return.

Tabelle 25: Herfindahl-Index 1992 und durchschnittlicher Market Adjusted Return 1992 bis 1997

	HF 1992 zw. 0,0 und 0,4	HF 1992 ZW. 0,4 und 0,6	HF 1992 zw. 0,6 und 0,8	HF 1992 zw. 0,8 und 1
Durchschnittlicher MATR 92-97*	-37,1%	+33,1%	-48,6%	+32,9%
Durchschnittlicher MATR: DJW*	-8,9%	+5,9%	-12,5%	+5,8%
n	18	13	12	25

Quelle: Eigene Berechnungen
*Durchschnittliches jährliches Wachstum

[411] Dabei wurde auch der tendenziell mengenmäßigen Gleichverteilung der einzelnen Gruppen Rechnung getragen.

Abbildung 30: Vergleich von Unternehmen mit unterschiedlichem Herfindahl-Index

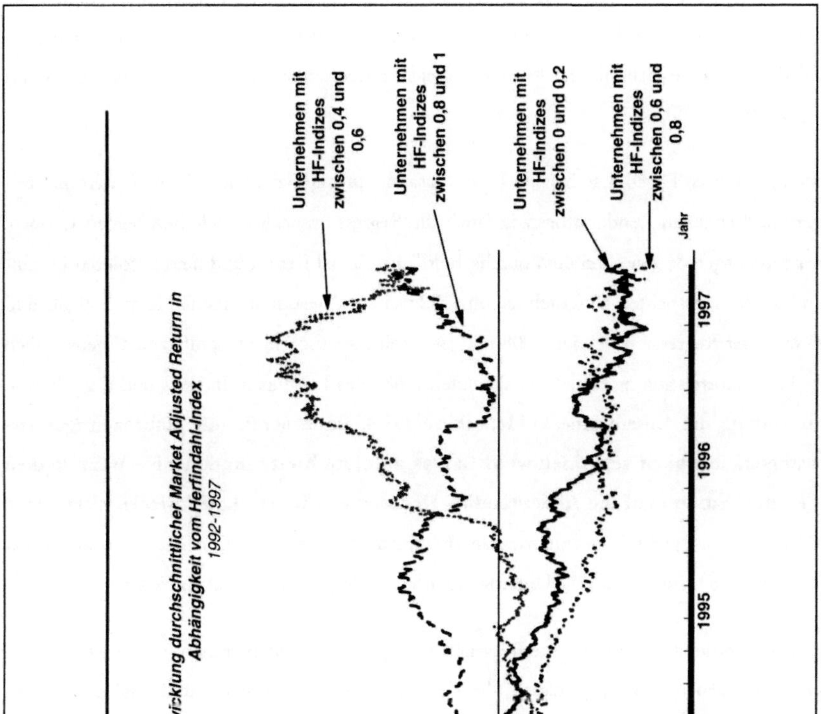

Die beste relative Rendite im Untersuchungszeitraum von 1992 bis 1997 erzielte die Gruppe mit einem Konzentrationsgrad zwischen 0,4 und 0,6 mit einer aggregierten überdurchschnittlichen Rendite von 33,1%. Am schlechtesten schnitt die Gruppe mit einem Herfindahl-Index zwischen 0,6 und 0,8 ab. Diese Gruppe erzielte eine aggregierte überdurchschnittliche Rendite von minus 48,6% (vgl. Tabelle 25).

Die oben genannten Ergebnisse bezüglich des Zusammenhanges zwischen absolutem Konzentrationsgrad und erzielten Renditen bestätigt auch die Regressionsanalyse zwischen beiden Größen: Die Regressionsgerade zwischen dem durchschnittlichen Total Return und dem absoluten Herfindahl-Index der untersuchten Unternehmen in 1992 weist ein Bestimmtheitsmaß R^2 von -0,002 auf. Der F-Wert der Regression beträgt 0,008 und ist somit statistisch nicht signifikant: Offensichtlich besteht keine Korrelation zwischen der absoluten Höhe des Herfindahl-Indexes und der relativen Marktbewertung des Unternehmens. **Hypothese H5.4. kann somit mit einprozentiger Irrtumswahrscheinlichkeit verworfen werden: Das absolute Konzentrationsniveau hat keinen signifikanten Einfluß auf die Aktienrendite.** Konzentrierte Unternehmen werden nicht per se höher bewertet als nicht konzentrierte Unternehmen, das absolute Konzentrationsniveau hat keinen signifikanten Einfluß auf die Unternehmensbewertung durch die Aktienmärkte.

Zur Beurteilung des Erfolges von Kerngeschäftsstrategien von Unternehmen wird im folgenden, aufbauend auf den obigen Ergebnissen, die Kenngröße Total Return in Abhängigkeit von den *Veränderungsraten* des Herfindahl-Indexes, ausgedrückt durch das prozentuale Delta des Indexes p.a., berechnet. Dieses reflektiert aktive Portfolioumstrukturierungen im Rahmen der untersuchten Fokussierungsstrategie. In der vorliegenden Untersuchung wurde ausdrücklich die Veränderung der Herfindahl-Indexes der überprüften Unternehmen als Einflußfaktor auf die Aktienkursentwicklung analysiert, da gerade die durch Kerngeschäftsstrategien ausgelösten **Änderungen** des Geschäftsportfolios der Unternehmen und deren Auswirkungen auf die Marktbewertung im Mittelpunkt des Interesses der Arbeit stehen. Es soll die Frage beantwortet werden, ob Änderungen des Tätigkeitsbereiches der Unternehmen, insbesondere eine Fokussierung der Geschäftstätigkeit im Rahmen einer Kerngeschäftsstrategie, eine meßbare Reaktion der Aktienmärkte zeitigen und in welche Richtung diese geht. Die zu testende Hypothese ist dabei die folgende:

H5.5. Änderungen des Herfindahl-Indexes sind ohne Bedeutung auf die Beurteilung eines Unternehmens durch die Aktienmärkte.

Diese Hypothese entspricht Hypothese H5.1., soll nun aber zusätzlich zur multiplen Regressionsrechnung (Vgl. Tabelle 24) durch einen Hypothesentest für die Abweichung von Mittelwerten überprüft werden. Wie bereits in Kapitel drei dargestellt, spricht das theoretische Rational für eine positive Beurteilung von Kerngeschäftsstrategien durch die Märkte für Eigenkapital. Dementsprechend lautet die zweite zu testende Hypothese:

H5.6. Kerngeschäftsstrategien führen im Durchschnitt zu keinen überdurchschnittlichen Kursentwicklungen.

Zu Hypothese H5.6.: Die untersuchten Unternehmen wurden in zwei Gruppen unterteilt. Die erste Gruppe setzt sich aus Unternehmen zusammen, die im Zeitraum von 1992 bis 1997, gemessen am Herfindahl-Index, eine Konzentration ihrer Geschäftsaktivitäten aufweisen, der Herfindahl-Index sich also im angegebenen Zeitraum erhöht hat. Bei diesen Unternehmen kann eine aktive Kerngeschäftsstrategie, sei es durch Unternehmensverkäufe von Randbereichen, Zukäufe im Kerngeschäft oder durch Umsatzausweitungen im Kerngeschäft vermutet werden. Die andere Gruppe bilden die Unternehmen, die im Untersuchungszeitraum eine Reduktion respektive Konstanz des Konzentrationsgrades, gemessen durch den Herfindahl-Index aufweisen.

Im Gegensatz zur ersten Analyse bezüglich des möglichen Zusammenhanges zwischen Total Return und absolutem Niveau des Herfindahl-Indexes wird nun die Korrelation zwischen *Veränderungen* des Herfindahl-Indexes und dem marktbereinigten Total Return betrachtet. Die Entwicklung des Market Adjusted Total Return der beiden Gruppen ist in Abbildung 31 dargestellt. Während die Firmen, bei denen der Herfindahl-Index im Zeitraum zwischen 1992 und 1997 gestiegen ist, in diesem Zeitraum eine durchschnittliche marktbereinigte Rendite von 74,08% erzielt haben, ist die marktbereinigte Rendite der Firmen mit konstantem und sinkendem Herfindahl-Index um durchschnittlich 74,08% gesunken. Die Anzahl der Firmen mit gestiegenem Index beträgt 34, derjenigen mit gesunkenem bzw. gleichgebliebenem Index ebenfalls 34 Unternehmen. (Vgl. Tabelle 26)

Abbildung 31: Vergleich von Unternehmen mit Herfindahl-Index-Erhöhung gegenüber Unternehmen mit Herfindahl-Index-Reduktion/Konstanz

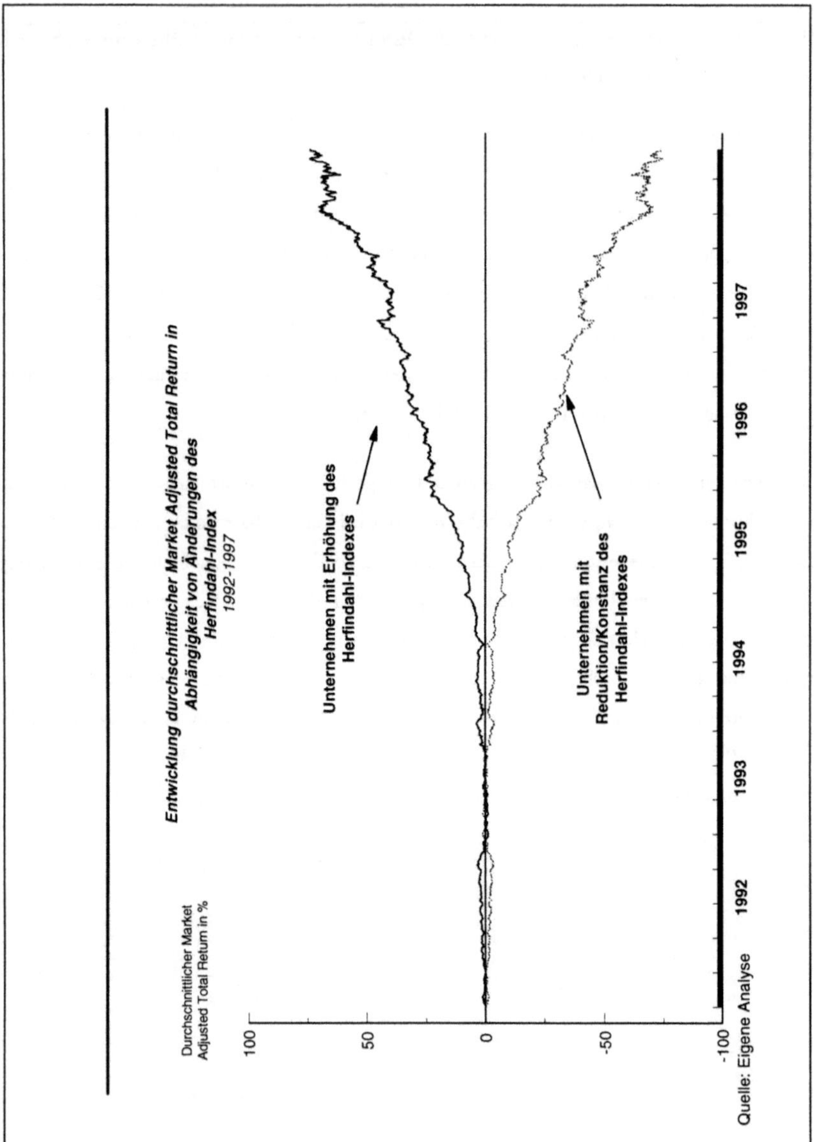

Tabelle 26: Veränderungen im Herfindahl-Index und durchschnittlicher Market Adjusted Return 1992 bis 1997

	Delta Herfindahl Index positiv	Delta Herfindahl Index negativ/konstant
Durchschnittlicher MATR 92-97	+74,08%	-74,08%
n	34	34
t-Statistik	1,6855*	

Quelle: Eigene Berechnungen
*Irrtumswahrscheinlichkeit < 5%

Zur Überprüfung der statistischen Signifikanz dieser Ergebnisse wurde ein Hypothesentest für die Abweichung zweier Mittelwerte durchgeführt. Die Nullhypothese lautet, daß die Veränderung des Herfindahl-Indexes keine Veränderung des durchschnittlichen marktbereinigten Return hervorruft, also die beiden Gruppen Unternehmen mit Herfindahl-Index-Erhöhung und Unternehmen mit Herfindahl Index-Konstanz/Reduktion keine statistisch signifikanten Unterschiede in der Marktbewertung aufweisen. Die Unterschiede der Mittelwerte der beiden Gruppen sind statistisch signifikant mit einer Irrtumswahrscheinlichkeit von weniger als fünf Prozent. **Die Nullhypothese H5.5., daß Veränderungen des Herfindahl-Indexes keine Auswirkungen auf den marktbereinigten Return haben, kann somit mit einer Irrtumswahrscheinlichkeit von unter fünf Prozent verworfen werden.** Die in Kapitel drei dieser Arbeit abgeleiteten Hypothesen bezüglich der Erfolgsträchtigkeit von Kerngeschäftsstrategien durch den deutschen Markt für Eigenkapital kann bestätigt werden. Die Abweichungen der Rendite (gemessen mittels des Market Adjusted Total Return) der Gruppe mit positiver Veränderung des Herfindahl-Indexes und damit die Unternehmen mit Steigerung des Fokussierungsgrades gegenüber Unternehmen mit negativer bzw. konstanter Bewegung des Herfindahl-Indexes und damit einer Verringerung bzw. Konstanz der Fokussierung ist statistisch signifikant. **Damit kann auch die zweite Nullhypothese H5.6. mit fünfprozentiger Irrtumswahrscheinlichkeit abgelehnt werden, daß Kerngeschäftsstrategien nicht zu überdurchschnittlichen Renditen führen.**

Zusätzlich konnte mittels multipler Regressionsrechnung in Kapitel 5.2.2 ermittelt werden (vgl. Tabelle 24), daß der Zusammenhang zwischen dem erklärenden Parameter Delta Herfindahl-Index einerseits und der zu erklärenden Größe Market Adjusted Total Return im Zeitraum 1992 bis 1997 mit einem t-Wert von 2,44 mit einer Irrtumswahrscheinlichkeit von unter fünf Prozent statistisch signifikant ist. Damit führt eine Erhöhung des Herfindahl-Indexes um 0,1 p.a. zu einer durch schnittlichen Outperformance des Marktes[412] um 8,8% p.a.. Diese Ergebnisse werden in ihrer Richtung durch die Analyse für den amerikanischen Markt im Zeitraum von 1978 bis 1989 von Comment und Jarrell bestätigt, die als Marktreaktion auf eine Änderung des am Umsatz gemessenen Herfindahl-Indexes um 0,1 überdurchschnittliche Renditen von 4,3% ermittelten.[413] Die Reaktion des deutschen Aktienmarktes auf Erhöhungen des Fokussierungsgrades ist also gleichgerichtet mit der des amerikanischen Marktes, allerdings deutlich stärker.

Dementsprechend können die in Kapitel drei theoretisch fundierten Zusammenhänge bestätigt und die daraus abgeleitete Nullhypothese H5.1. statistisch signifikant abgelehnt werden, daß Unternehmen mit aktiver Kerngeschäftsstrategie, ausgedrückt durch Erhöhung des Herfindahl-Indexes Unternehmen mit Diversifikationsstrategien bzw. keiner Änderung des Geschäftsmixes, nicht outperformen.[414]

5.2.3.2 Auswirkungen auf das systematische Risiko

Im folgenden wird die Auswirkung der Kerngeschäftsstrategie auf das systematische Risiko untersucht. Diesem kommt, wie in Kapitel 3.3 dieser Arbeit dargelegt, entsprechend dem CAPM entscheidende Bedeutung bei der Bewertung von Unternehmen durch den Aktienmarkt zu. Es ist das systematische Risiko, das für diversifizierte Investoren bei der Beurteilung von Investitionen relevant ist: Dem CAPM folgend ist ein erwartetes höheres Beta auch mit einer erwarteten höheren Rendite verbunden.

Insgesamt gilt, daß das Beta eines Unternehmens den gewichteten Betas der einzelnen Unternehmensteile entspricht.[415] Es gilt demnach folgende Gleichung:

$$\beta^U = \sum_{i=1}^{N} X_i \beta_i^U$$

mit

β^U = Beta-Faktor des Unternehmens U

[412]Arithmetisches Mittel des Total-Return der Unternehmen der Grundgesamtheit der vorliegenden Untersuchung

[413]Vgl. Comment, R./Jarrell, G. (1995), S. 78

[414]Dabei erweist sich der dritte Kerngeschäftsindikator Herfindahl-Index als robusteste Meßgröße bezüglich des Ausmaßes von Fokussierungsstrategien. Dies wurde bereits in Kapitel vier vermutet und begründet (Vgl. Abb. 24). Offensichtlich ist dieser durch die mehrdimensionale Messung nicht nur der Abgänge bzw. Verkäufe, sondern auch der Berücksichtigung von Zukäufen bzw. Ausweitungen im Kerngeschäft in der Lage, das volle Ausmaß von Kerngeschäftsstrategien zu messen.

[415]Vgl. z. B. Comment, R./Jarrell, G. (1995), S. 85 und Uhlir, H./Steiner, P. (1991), S. 176

β_i^U = Beta-Faktor des Unternehmensteils i des Unternehmens U

X_i = Anteil des Unternehmensteils i am Unternehmen U

Damit ist aber die Auswirkung einer Fokussierung auf das Unternehmensbeta ex-ante unbestimmt: Wird zum Beispiel ein Unternehmensteil 1 mit einem Beta verkauft, das größer ist als das des Unternehmens vor dem Verkauf, verringert sich das Unternehmensbeta nach dem Verkauf (Fall 1). Ist dagegen das Beta des zu verkaufenden Unternehmensteils 1 kleiner als das Beta des Gesamtunternehmens vor dem Verkauf, erhöht sich das Beta des Unternehmens nach dem Verkauf (Fall 2).

Fall 1:

$$\beta_t^U < \beta_{1,t}^U \rightarrow \beta_t^U > \beta_{t+1}^U$$

Fall 2:

$$\beta_t^U > \beta_{1,t}^U \rightarrow \beta_t^U < \beta_{t+1}^U$$

Der gleiche Wirkungszusammenhang gilt natürlich auch bei Unternehmenskäufen und Änderungen der Umsatzanteile der einzelnen Unternehmensbereiche. Damit ist aber eine Abschätzung der Auswirkung von Kerngeschäftsstrategien auf den Beta-Faktor ohne Kenntnisse der individuellen Beta-Werte der Unternehmensbereiche ex-ante nicht möglich.[416]

Die Nullhypothese lautet somit:

H5.7. Kerngeschäftsstrategien besitzen keine statistisch signifikante Auswirkung auf den Beta-Faktor.

Zur Untersuchung wird erneut mittels Hypothesentest zweier Mittelwerte vorgegangen: Die untersuchten Unternehmen werden in diejenigen eingeteilt, bei denen sich der Herfindahl-Index von 1992 auf 1997 erhöht hat und in diejenigen, bei denen dieser im gleichen Zeitraum gesunken bzw. konstant geblieben ist. Damit korreliert wurden die Änderungsraten der Beta-Faktoren der jeweiligen zwei Gruppen.[417] Die Auswirkungen des Konzentrationsgrades auf den Beta-Faktor und damit auf das systematische Risiko werden anhand der Änderungsraten des marktbereinigten Beta-Faktors berechnet. D.h., daß die relativen Änderungsraten des Beta-Faktors der beiden Untergruppen Unternehmen mit positiver Änderung des Herfindahl-Indexes und Unternehmen mit Kon-

[416]Damit wird an dieser Stelle auch der Risikohypothese von Bühner widersprochen. Dieser erwartet, daß durch Unternehmensdiversifikation das systematische Risiko sinkt. Vgl. Bühner, R. (1983), S. 1029

[417]Es wurde für jede der beiden Gruppen das arithmetische Mittel der Beta-Faktoren pro Jahr errechnet.

stanz/Reduktion des Herfindahl-Indexes um die durchschnittliche Änderungsrate des Beta-Faktors aller Unternehmen bereinigt wurden.

Während bei den Unternehmen, bei denen der Herfindahl-Index im Zeitraum zwischen 1992 und 1997 gestiegen ist, der marktbereinigte Beta-Faktor im gleichen Zeitraum um durchschnittlich 9,0% p.a. gestiegen ist, sank der marktbereinigte Beta-Faktor bei Unternehmen mit sinkendem/konstantem Herfindahl-Index um 9,0% seit 1992 p.a. (vgl. Tabelle 27). Offensichtlich sinkt bei der betrachteten Grundgesamtheit mit sinkendem Konzentrationsgrad auch der Beta-Faktor und damit auch das systematische Risiko.

Tabelle 27: Veränderungen im Herfindahl-Index und durchschnittlicher marktbereinigter Beta-Faktor 1992 bis 1997

	Delta Herfindahl Index positiv	Delta Herfindahl Index negativ/konstant
Delta marktber. Beta Faktor: DJW* 92-97	+9,0%	-9,0%
n	34	34
t-Statistik	-1,2029	

Quelle: Eigene Berechnungen
*Durchschnittliches jährliches Wachstum

Zur Überprüfung der statistischen Signifikanz der in Tabelle 27 gezeigten Ergebnisse wurde ein Hypothesentest für die Abweichung zweier Mittelwerte durchgeführt. Die Nullhypothese lautet, daß die Veränderung des Herfindahl-Indexes keine Veränderung des durchschnittlichen marktbereinigten Beta-Faktors hervorruft, also die beiden Gruppen "Unternehmen mit Herfindahl-Index-Erhöhung" und "Unternehmen mit Herfindahl-Index-Konstanz/Reduktion" bei der Entwicklung der Beta-Faktoren keine statistisch signifikanten Unterschiede aufweisen.

Die Unterschiede im Zeitraum 1992 bis 1997 sind mit einem t-Wert von -1,2029 statistisch nicht signifikant. Die Nullhypothese H5.7., die besagt, daß Veränderungen des Herfindahl-Indexes keine Auswirkungen auf das Niveau des marktbereinigten Beta-Faktors haben, kann somit mittels des Signifikanz-Tests zweier Mittelwerte nicht verworfen werden.

Zu anderen Ergebnissen gelangt allerdings die Auswertung der multiplen Regressionsrechnung (vgl. Tabelle 24): Danach weist die Regressionsgleichung mit den Kerngeschäftsindikatoren einen F-Wert von 2,34 auf, wonach die Kerngeschäftsindikatoren einen signifikanten Einfluß auf den

Beta-Wert aufweisen. Insbesondere der endogene Parameter "Erlöse aus Beteiligungsabgängen zu Umsatz" weist mit einem t-Wert von 2,36 einen statistisch signifikanten positiven Einfluß auf den Beta Faktor auf.[418] **Die Nullhypothese H5.7., nach der der Konzentrationsgrad keinen signifikanten Einfluß auf das systematische Risiko hat, kann danach mit einer Irrtumswahrscheinlichkeit von unter fünf Prozent verworfen werden.**

Damit zeigt sich für die Unternehmen im Untersuchungszeitraum, daß mit der Erhöhung des Fokussierungsgrades, gemessen anhand des Herfindahl-Indexes, auch das systematische Risiko, gemessen mittels des Beta-Faktors, steigt. Dieses Ergebnis ist theoretisch nicht unbedingt zu erwarten gewesen.[419] Dieser Zusammenhang ist damit zu erklären, daß sich die Unternehmen offensichtlich im Durchschnitt von solchen Unternehmensteilen getrennt haben bzw. solche Geschäftseinheiten reduziert haben, die über ein im Vergleich zum Unternehmensbeta unterdurchschnittliches Beta verfügt haben beziehungsweise solche Unternehmensteile ausgeweitet haben bzw. Unternehmen zugekauft haben, die über ein überdurchschnittliches Beta verfügten (vgl. Fall 2 oben). Eine Begründung hierfür könnte sein, daß solche Randbereiche im Zuge einer Konzentration auf Kerngeschäfte abgestoßen wurden, die ursprünglich zur Risikoreduktion akquiriert bzw. aufgebaut wurden und somit über unterdurchschnittliche systematische Risiken verfügen. Offensichtlich werden diese mit unterdurchschnittlichem Risiko verbundenen Geschäftsbereiche im Zuge einer Konzentrationsstrategie reduziert, aufgelöst oder abgegeben. Damit scheinen Kerngeschäftsstrategien im Durchschnitt mit Erhöhungen des systematischen Risikos einherzugehen und vormalige aus defensiven Motiven betriebene Diversifikationsstrategien zurückzunehmen.

Insgesamt kann festgehalten werden, daß der positive Zusammenhang zwischen dem Ausmaß von Kerngeschäftsstrategien und Höhe des Beta-Faktors mit den oben ausgeführten Ergebnissen bezüglich der Korrelation zwischen Ausmaß der Kerngeschäftsstrategien und Überrenditen **konsistent** ist: Denn entsprechend den Aussagen des CAPM kommt auch die vorliegende Analyse zu einem positiven Zusammenhang zwischen systematischem Risiko (gemessen durch den Beta-Faktor) und der Aktienrendite (gemessen durch den Market Adjusted Total Return). In diesem Sinne ist eine mit dem Ausmaß der Kerngeschäftsstrategien einhergende Zunahme des systematischen Risikos nicht überraschend, da sich gleichgerichtet auch der Market Adjusted Total Return erhöht. Die hier erzielten Ergebnisse bezüglich der Auswirkungen von Kerngeschäftsstrategien auf

---

[418] Irrtumswahrscheinlichkeit kleiner fünf Prozent.

[419] Auch kommen Comment/Jarrell sowie Bühner zu anderen Ergebnissen: Beide konnten keinen Einfluß des Konzentrationsgrades auf das systematische Risiko feststellen. Vgl. Bühner, R. (1983), S. 1023ff. und Comment, R./Jarrell, G. (1995), S. 67ff.

systematisches Risiko und Return stimmen also mit den Aussagen des CAPM überein[420]. Eine detaillierte Überprüfung findet sich im nächsten Kapitel.

5.2.3.3 Überprüfung des CAPM für den betrachten Untersuchungsumfang

Der Kern des CAPM ist die Aussage, daß die erwartete Rendite eines Wertpapiers eine lineare Funktion ihres systematischen Risikos ist.[421] Damit erscheinen die analysierten Auswirkungen von Kerngeschäftsstrategien auf Market Adjusted Total Return und systematisches Risiko konsistent mit den Aussagen des CAPM: Die mit positiver Veränderung des Herfindahl-Indexes einhergende Erzielung von Überrenditen ist mit einer Erhöhung des systematischen Risikos verbunden. Im folgenden sollen nun gezielt die Aussagen des CAPM mit den Datenpunkten der vorliegenden Studie überprüft werden.

Getestet wird dabei die ex-post Version des CAPM[422]. Dabei wurde die Regression zwischen dem durchschnittlichen jährlichen Wachstum (DJW) des Total Return der Unternehmen im Untersuchungsumfang und deren Beta-Faktor im Zeitraum 1992 bis 1997 berechnet. Die Ergebnisse der Berechnungen sind in Abbildung 32 wiedergegeben. Zur Überprüfung der statistischen Signifikanz wurde die Regressionsgleichung berechnet:

$$\begin{aligned} &Y = 0{,}3037\ X + 0{,}0203 \quad R^2 = 0{,}6043 \quad F = 100{,}8^{*} \\ &\quad (10{,}04)^{*} \qquad (1{,}14) \quad df = 68 \end{aligned}$$

* Irrtumswahrscheinlichkeit < 1%

Damit ist nach dem t-Test, dessen Werte in Klammern angegeben sind, bei einer Irrtumswahrscheinlichkeit von weniger als einem Prozent die Steigung der Regressionsgerade und damit der Beta-Wert statistisch signifikant. Die Nullhypothese, daß das systematisches Risiko keinen Einfluß auf den Total Return hat, kann mit einprozentiger Irrtumswahrscheinlichkeit verworfen werden. Das systematische Risiko bildet damit eine signifikante Erklärungsvariable für die Total Return-Entwicklung.

---

[420] Vgl. Kapitel 3.3. der vorliegenden Arbeit.

[421] Vgl. z. B Uhlir, H./Steiner, P. (1991), S. 191

[422] Vgl. dazu Kapitel 3.3.2.3 dieser Arbeit.

Abbildung 32: Zusammenhang zwischen Rendite und Risiko

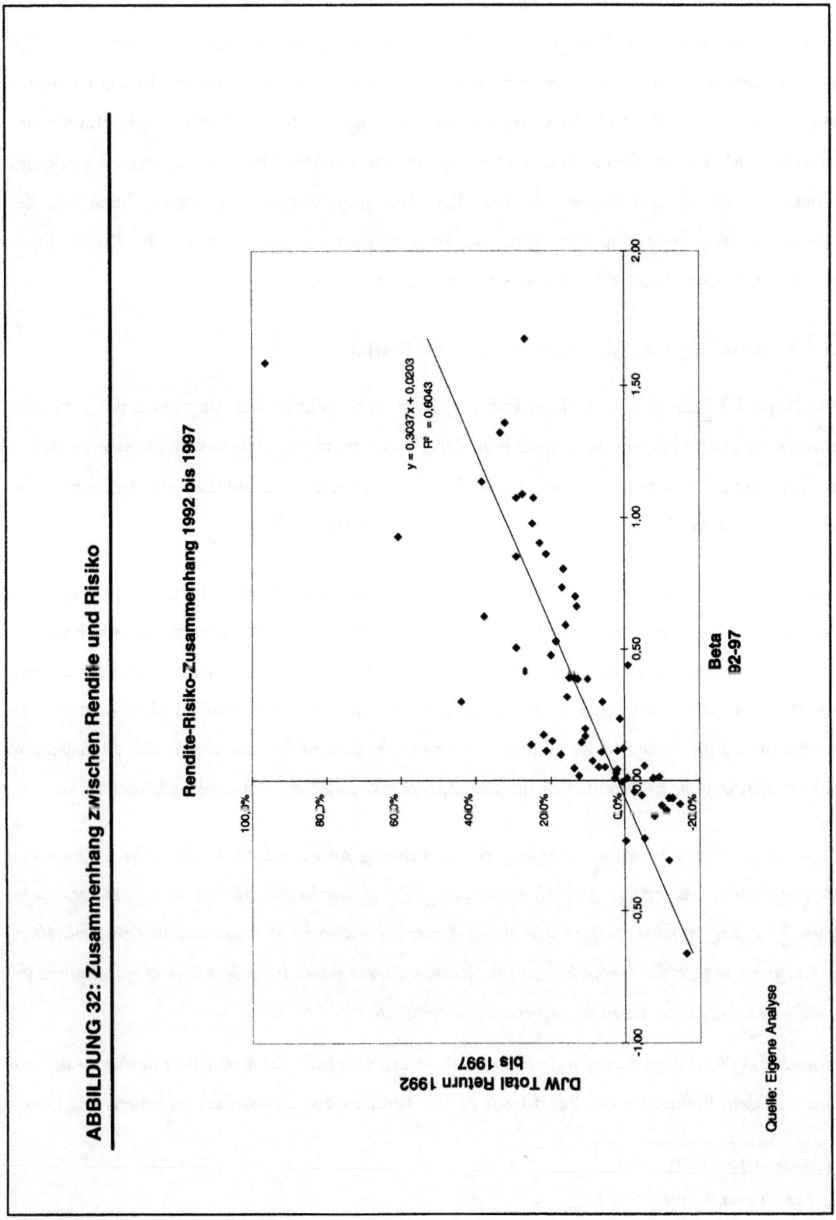

Nach dem CAPM entspricht der Schnittpunkt der Regressionsgeraden mit der Y-Achse dem risikolosen Zins. Dieser liegt nach der durchgeführten Analyse bei 2,03%. Dies ist mit einer t-Statistik von 1,14 statistisch nicht signifikant, erscheint aber durchaus nicht völlig unrealistisch für einen risikolosen Zins. Die gesamte CAPM- Gleichung ist mit einem F-Wert von 100,8 statistisch signifikant bei einer Irrtumswahrscheinlichkeit von unter einem Prozent. **Damit können diese Ergebnisse als Bestätigung der Aussagen und des Erklärungsgehaltes der ex-post CAPM für den deutschen Markt angesehen werden.** Diese Aussage steht wiederum in Übereinstimmung und Konsistenz mit den oben angeführten Ergebnissen bezüglich der gleichgerichteten Auswirkung von Kerngeschäftsstrategien auf das systematische Risiko einerseits und den Market Adjusted Total Return andererseits.

5.2.3.4 Auswirkungen auf das unsystematische Risiko

Wie in Kapitel 3.2 dieser Arbeit theoretisch abgeleitet, entspricht es den Annahmen der Principal-Agent-Theorie, daß Manager im Vergleich zu den Eigentümern des Unternehmens ein eher defensives, den eigenen Arbeitsplatz sicherndes Verhalten präferieren. Amihud/Lev zufolge war und ist dieses Rational auch häufige Ursache für Diversifikationsstrategien.[423]

Diesem "defensiven Diversifikationsrational"[424] entsprechend ist es plausibel, daß das Management bestrebt ist, das unsystematische Risiko zwecks Reduktion des eigenen Arbeitsplatzrisikos zu vermindern.[425] Andererseits ist das unsystematische Risiko für die Eigentümer irrelevant: Sie können dieses durch eigene Wertpapiermischung tendenziell günstiger und flexibler diversifizieren als Unternehmen. Eine bewußte Reduktion des unsystematischen Risikos durch das Management offenbart demnach einen potentiellen Interessengegensatz zwischen Principal und Agent.

> *"Combining businesses that have imperfectly-correlated earning streams reduces the variability of earnings for the combination. Lower risk is probably not valuable per se to shareholders, who can diversify on personal account by holding portfolios of stocks. The ability of investors to diversify on personal account has probably increased in recent years due to reductions in transactions costs and growth in the mutual fund industry, and this could have reduced the rationale for corporate-level diversification."*[426]

Entsprechend dieser Argumentation erscheint also auch aufgrund der Reduktion der Transaktionskosten und dem Wachstum der Fondsbranche die Tendenz zur Diversifikation seitens der Unter-

[423]Vgl. Amihud/Lev (1981), S. 605

[424]Vgl. dazu Bühner, R. (1983), S. 1032f.

[425]Vgl. dazu auch Morck, R./Shleifer, A./Vishny, R. (1990), S. 31f.

[426]Comment, R./Jarrell, G. (1995), S. 84

nehmen abgenommen zu haben. Wie die Ergebnisse des Kapitels vier der vorliegenden Arbeit deutlich zeigen, scheint sich auch in Deutschland diese Entwicklung der Abkehr von Diversifikation und die Zuwendung zur Konzentration auf Kerngeschäfte seit 1992 durchgesetzt zu haben. Das bedeutet, daß die Interessen der Unternehmenseigner stärker berücksichtigt wurden. Wenn aber Diversifikationsstrategien mit dem Ziel der Reduktion des unsystematischen Risikos durchgeführt wurden, impliziert dies, daß Fokussierungsstrategien mit einer Erhöhung dieses Risikos einhergehen müßten. D.h., daß die eher defensiven Motiven entspringenden Diversifikationsstrategien durch eher offensive Kerngeschäftsstrategien in den neunziger Jahren abgelöst wurden. Damit ist folgende Nullhypothese zu testen:

H5.8. Kerngeschäftsstrategien haben keine Auswirkung auf das unsystematische Risiko.

Zur Überprüfung obiger Hypothese wurde wiederum ein t-Test der Mittelwerte vorgenommen. Es wurden die arithmetischem Mittel der zwei Gruppen Unternehmen mit Herfindahl-Indizes kleiner respektive gleich 0,6 und Unternehmen mit Herfindahl-Index größer 0,6 im Untersuchungszeitraum gebildet. Als Kenngröße für das unsystematische Risiko fungiert das Bestimmtheitsmaß R^2, das das unsystematische Risiko invers mißt. Die Ergebnisse sind in Tabelle 28 angegeben.

Tabelle 28: Zusammenhang Herfindahl-Index und unsystematisches Risiko R^2 1992 - 1997

	Unternehmen mit Herfindahl Index* ≤ 0,6	unternehmen mit Herfindahl Index * > 0,6
Unsystematisches Risiko R^2*	0,582	0,460
n	29	39
t-Statistik	3,92**	

Quelle: Eigene Berechnungen
*Arithmetisches Mittel 1992 bis 1997
**Irrtumswahrscheinlichkeit <1 %

Es zeigt sich, daß die Unternehmen mit einem Konzentrationsgrad von größer 0,6 ein deutlich höheres unsystematisches Risiko aufweisen als die weniger konzentrierten Unternehmen. Der Unterschied der Mittelwerte ist mit einem t-Wert von 3,92 mit einer Irrtumswahrscheinlichkeit von unter einem Prozent statistisch signifikant. Die Regressionsgerade zwischen dem durchschnittlichen Herfindahl-Index (HF) der einzelnen Unternehmen 1992 bis 1997 und dem durchschnittlichen unsystematischen Risiko im gleichen Zeitraum R^2 lautet:

$R^2 = 0{,}659 - 0{,}219\ HF \quad R^2 = 0{,}19 \quad F=15{,}14^*$
(16,22)* (-3,89)* df = 68
* Irrtumswahrscheinlichkeit < 1%

Auch hier ist der Zusammenhang zwischen Herfindahl-Index und unsystematischem Risiko statistisch signifikant: Sowohl der t-Test als auch der F-Test ergeben eine statistisch eindeutige Beziehung: **Die Nullhypothese H5.8. kann mit einer Irrtumswahrscheinlichkeit von unter einem Prozent verworfen werden.** Die Ergebnisse der multiplen Regressionsrechnung (vgl. Tabelle 24) weisen für den Zusammenhang zwischen absolutem Niveau des Herfindahl-Index und Bestimmtheitsmaß ebenfalls einen statistisch signifikanten t-Wert von -3,76 aus, womit die Nullhypothese auch nach der multiplen Regressionsrechnung mit einprozentiger Irrtumswahrscheinlichkeit verworfen werden kann. Zudem weist der F-Wert der multiplen Regression mit 4,65 auf den statistisch signifikanten Zusammenhang zwischen Kerngeschäftsindikatoren und unsystematischem Risiko hin: **Offensichtlich hat das Ausmaß der Kerngeschäftsstrategien einen signifikanten Einfluß auf die Höhe des unsystematischen Risikos. Dieser ist eindeutig positiv: Mit zunehmender absoluter Konzentration steigt auch das diversifizierbare, unsystematische Risiko.**[427] Dies ist der theoretischen Fundierung in Kapitel drei entsprechend nicht überraschend: Eine Konzentrationsstrategie ist eine Umkehr der defensiv motivierten Diversifikationsstrategie und führt somit im Gegensatz zu letzteren zur Erhöhung des unternehmensindividuellen, unsystematischen Risikos.

Diese Ergebnisse sind auch vor einem anderen Hintergrund interessant: Wie in Kapitel vier dargelegt, hat sich in Deutschland aus verschiedensten Gründen der Shareholder Value Gedanke verstärkt durchgesetzt. Dies impliziert nichts anderes als die verstärkte Verfolgung der Interessen der Anteilseigner auf Kosten der Managementinteressen[428], deren Interessen tendenziell eher durch Diversifikation optimiert werden:

[427]Diese Ergebnisse stehen in Übereinstimmung mit denen von Comment/Jarrell, die ebenfalls zu einer positiven Korrelation zwischen unsystematischem Risiko und Fokussierungsgrad kommen. Vgl. Comment, R./Jarrell, G. (1995), S. 85

[428]Bzw. wurden und werden diese durch Shareholder Value-Maßnahmen zur Übereinstimmung gebracht. So zum Beispiel durch stärkere Verknüpfung der Managerbezahlung an der Aktienkursentwicklung des entsprechenden Unternehmens. Eine gute Übersicht über den Zusammenhang zwischen Formen der Incentivierung und deren Einfluß auf den Unternehmenswert geben Jensen, M./Murphy, K.: "Performance Pay and Top Management Incentives", in Journal of Political Economy, 1990, Vol. 98, No. 2, S. 225ff.

"Diversification may benefit managers because of the power and prestige associated with managing a larger firm, because managerial compensation is related to firm size, because diversification reduces the risk of managers' undiviersified personal portfolios, or because diversification helps make the manager indispensable to the firm. As a result, managers may maintain a diversification strategy even if doing so reduces shareholder wealth. Furthermore, under this hypothesis, managers will reduce diversification only if pressured to do so by internal or external monitoring mechanisms."[429]

Eben dieser Druck in Richtung Optimierung der Interessen der Anteilseigner scheint in Deutschland in den neunziger Jahren deutlich zugenommen zu haben, wie die erhebliche Zunahme des Konzentrationsgrades belegt, was in Kapitel vier dieser Arbeit nachgewiesen wurde. Damit scheint auch die tendenziell im Managementinteresse liegende Reduktion des unsystematischen Risikos nicht nur gestoppt, sondern umgedreht worden zu sein, denn diese Risikokomponente hat mit der Zunahme des Konzentrationsgrades deutscher Unternehmen ebenfalls zugenommen. Dies ist ein weiteres Indiz für die zunehmende Shareholder Value-Orientierung deutscher Unternehmen seit Mitte der neunziger Jahre.

5.2.3.5 Auswirkungen auf das gesamte Risiko

Nach Analyse der Auswirkungen von Kerngeschäftsstrategien sowohl auf das systematische als auch auf das unsystematische Risiko und der statistisch signifikanten positiven Korrelation zwischen Konzentration einerseits und den zwei Risikokomponenten andererseits ist der Zusammenhang zwischen Fokussierung und Gesamtrisiko voraussehbar: Es ist zu erwarten, daß mit Erhöhung des Konzentrationsgrades auch das Gesamtrisiko steigt.

Diese Hypothese kann mittels der oben durchgeführten multiplen Regression zwischen Kerngeschäftsindikatoren und Gesamtrisiko bestätigt werden (vgl. Tabelle 24): Der Zusammenhang zwischen Kerngeschäftsstrategien und Gesamtrisiko ist mit einem F-Wert von 2,65 statistisch signifikant. Dabei zeigt der Parametertest mit einem t-Wert von 2,51 bezüglich dem absoluten Herfindahl-Index zusätzlich die positive Korrelation Konzentrationsgrad und Gesamtrisiko.

Damit wurde nachgewiesen, daß im Durchschnitt eine Konzentration auf die Kerngeschäfte und die Abspaltung von Randbereichen mit einer Zunahme des Risikos verbunden ist, sowohl gemessen durch das systematische und das unsystematische Risiko als auch durch das Gesamtrisiko. Durch die Fokussierung auf wenige Geschäftsbereiche ist ein Ausgleich zwischen unterschiedlich verlaufenden Cash Flows nicht mehr möglich, die Abhängigkeit vom

[429] Denis, D./Denis, D./Sarin, A. (1997), S. 136

Kerngeschäft wächst. Diesen Ergebnissen zufolge zeichnen sich Kerngeschäftsstrategien im Gegensatz zu Diversifikationsstrategien durch eine gewisse Offensive im Bezug auf das Eingehen von Risiken aus, um dadurch höhere Renditen erzielen zu können. Andererseits kann argumentiert werden, daß die in Kapitel 3.1 beschriebene Internationalisierung, die ein Motiv für die zunehmende Beschränkung auf Kernproduktbereiche bildet, möglicherweise mit einer Risikoreduktion verbunden ist und somit die Erhöhung des Unternehmensrisikos durch Konzentration auf wenige Produktbereiche durch internationale Diversifikation konterkariert.[430]

5.2.3.6 Auswirkungen auf die Performance

Zur Beurteilung von Strategien ist nicht nur die Berücksichtigung der erzielten Rendite relevant, sondern auch das mit dieser Strategie verbundene Risiko. Bei der vorliegenden Untersuchung ist demnach von Interesse, wie der Gesamteffekt von Kerngeschäftsstrategien auf die Performance ausfällt: Wie oben gezeigt werden konnte, wirkt sich eine solche Strategie sowohl auf die um Marktbewegungen bereinigte Rendite als auch auf das Risiko in allen seinen Komponenten erhöhend aus. Die hier zu klärende Frage ist nun die Auswirkung auf risikoadjustierte Performancemaße, also auf die Risikoprämie pro Einheit Risiko. Wie oben dargelegt, wird zur Beurteilung das Treynor-Maß berechnet und analysiert. Dieses Maß unterstellt wohldiversifizierte Investoren und gibt die um die risikofreie Rendite bereinigte durchschnittliche Aktienrendite relativ zum systematischen Risiko an und stellt somit die Risikoprämie pro Einheit systematischen Risikos dar.

Getestet werden soll mittels des Treynor-Maßes, ob Kerngeschäftsstrategien zu einer systematischen Veränderung der Risikoprämie pro Einheit des nicht-diversifizierbaren Risikos führen. Daraus ergibt sich die zu prüfende Nullhypothese:

H5.9. Kerngeschäftsstrategien haben keinen systematischen Einfluß auf die Risikoprämien pro Einheit des nicht-diversifizierbaren Risikos.

Zur Überprüfung dieser Hypothese wurde wiederum die Einteilung der Grundgesamtheit in Unternehmen mit Erhöhung des Herfindahl-Index von 1992 bis 1997 und in Unternehmen mit Reduktion/Konstanz des Indexes vorgenommen. Darauf aufbauend wurden für die beiden Gruppen die durchschnittlichen Änderungsraten des Treynor-Maßes gebildet, um zu testen, ob eine Veränderung des Konzentrationsgrades mit einer statistisch signifikanten Änderung der Risikoprämie

[430] Vgl. zur Risikowirkung von Internationalisierungsstrategien z. B. Bühner, R. (1993), S. 345ff.

einhergeht. Zur Überprüfung der statistischen Signifikanz wurde ein t-Test bezüglich der Mittelwerte durchgeführt. Die Ergebnisse sind in Tabelle 29 dargestellt.

Tabelle 29: Veränderungen im Herfindahl-Index und des Treynor-Maßes 1992 - 1997

	Markt	Delta HF- Index positiv	Delta HF-Index negativ/ konstant
Treynor-Maß 1992-1997: DJW*)**)	-1,5%	25,9%	-29,0%
n	68	34	34
t-Statistik		0,725	

Quelle: Eigene Berechnungen
*Arithmetisches Mittel der Gruppe
**Durchschnittliches jährliches Wachstum

Die Risikoprämie pro Einheit des systematischen Risikos sank danach im Untersuchungszeitraum im Durchschnitt geringfügig: Das Wachstum pro Jahr beträgt minus 1,5% im Zeitraum zwischen 1992 und 1997. Dabei liegt das durchschnittliche jährliche Wachstum des Treynor-Maßes im Zeitraum 1992 bis 1997 bei den Unternehmen mit positivem Delta des Herfindahl-Indexes mit +25,9% über dem der Unternehmen mit sinkendem/konstanten Herfindahl-Index mit -29,0%, allerdings sind die jährlichen Änderungsraten des Treynor-Maßes aufgrund der hohen Volatilität der Beta-Faktoren sehr zyklisch. Dementsprechend sind die Unterschiede der Mittelwerte statistisch nicht signifikant, wie der t-Wert von 0,725 zeigt: **Die Nullhypothese, daß Änderungsraten des Konzentrationsgrades keine Änderungen der Risikoprämie pro Einheit des systematischen Risikos bewirken, kann nicht verworfen werden.** Zum gleichen Ergebnis kommt die multiple Regressionsrechnung (vgl. Tabelle 24): Danach hat die multiple Regressionsgleichung mit den Kerngeschäftsindikatoren als erklärenden Parametern mit einem F-Wert von 0,40 keinen systematischen Einfluß auf das Treynor-Maß. Zudem weist keiner der Parameter einen signifikanten t-Wert auf. Auch dies bestätigt: Hypothese H5.9. kann nicht verworfen werden. Außerdem zeigt auch die nicht nachweisbare Korrelation zwischen dem absoluten Grad der Konzentration, gemessen mit dem Herfindahl-Index und dem Treynor Performance-Maß (t-Wert von -0,53), daß kein systematischer Zusammenhang zwischen der Konzentration eines Unternehmens und der durch den Markt gezahlten Risikoprämie pro Einheit nicht-diversifizierbares Risiko besteht. Offenbar hängt diese Risikoprämie statistisch signifikant weder von der absoluten Höhe des Konzentrationsgrades noch von Veränderungen der Konzentration eines Unternehmens ab.

Ökonomisch betrachtet implizieren diese Ergebnisse, daß der Markt für Eigenkapital keine systematische überdurchschnittliche Prämie für Kerngeschäftsstrategien pro Einheit Risiko bezahlt. Zwar konnte nachgewiesen werden, daß mit Erhöhungen des Konzentrationsgrades auch eine Erzielung einer überdurchschnittlichen Rendite verbunden ist, diese aber mit gestiegenem systematischen Risiko verbunden ist. Die risikoadjustierte Performance, also die mit dem systematischen Risiko gewichtete Risikoprämie, führt zu keinen statistisch signifikanten Ergebnissen. Offensichtlich wird keine zusätzliche Prämie pro Risikoeinheit bezahlt, wenn Kerngeschäftsstrategien durchgeführt werden. Diese Ergebnisse stimmen mit den theoretischen Überlegungen in Kapitel 3.3 überein: Da die Konzentration auf wenige Kernmärkte und die Trennung von Randbereichen die Abhängigkeit von wenigen Märkten verstärkt, erhöht sich das Risiko. Entsprechend der Kapitalmarkttheorie besteht ein positiver Zusammenhang zwischen Risiko und Rendite. Dieser Zusammenhang der Kapitalmarkttheorie kann mit dieser Untersuchung bestätigt werden: Die mit dem Konzentrationsprozess verbundene Risikosteigerung geht mit einer Erhöhung der Überrenditen einher, Risiko und "Return" entwickeln sich also gleichgerichtet. Dabei bleibt die durchschnittliche Risikoprämie konstant. Diesen Ergebnissen zufolge ergeben sich also proportional zu dem gestiegenen Risiko positive Überrenditen. Eine über-proportionale Risikoprämie pro Einheit systematischen Risikos läßt sich nicht erzielen: Eine höhere Rendite bei gleichem Risiko läßt sich im Durchschnitt mit Kerngeschäftsstrategien nicht erreichen. Dies bestätigen auch die Ergebnisse bezüglich des absoluten Konzentrationsgrades, gemessen mit dem absoluten Herfindahl-Index und dem Market Adjusted Total Return: Danach sind konzentrierte Unternehmen nicht per se erfolgreicher als diversifizierte Unternehmen. Nur eine bewußter Strategie*wechsel* der Konzentration auf Kerngeschäfte, der mit einer Erhöhung sowohl des systematischen als auch des unsystematischen Risikos verbunden ist, steigert den Unternehmenswert durch Erzielung von Überrenditen. So kann eine Revision ursprünglich durchgeführter Diversifikationen zu überdurchschnittlichen Bewertungen durch den Aktienmarkt führen. Eine so gelagerte Portfolio-Optimierung ist allerdings mit erhöhten Risiken verbunden.

Die Auswirkungen von Kerngeschäftsstrategien auf den *Unternehmenswert* sind damit nach den hier erzielten Ergebnissen vom jeweiligen Einzelfall abhängig: Während durch die Konzentration auf weniger Märkte der Cash Flow der Kerngeschäfte steigen sollte, erhöht sich tendenziell der risikoadjustierte Kapitalkostensatz durch die mit der Konzentration einhergehende Erhöhung des Beta-Faktors. Damit ist eine unternehmensindividuelle Analyse der zu erwartenden Auswirkungen der Fokussierung auf Cash Flow einerseits und systematisches Risiko anderseits erforderlich, um Vorhersagen auf den Unternehmenswert treffen zu können.

5.2.4 Zusammenfassung: Marktbewertung

Ziel dieses Kapitels war es, die Bewertung von empirisch nachgewiesenen Kerngeschäftsstrategien durch den deutschen Markt für Eigenkapital zu überprüfen. Die Ergebnisse waren:

A) *Veränderungen* des Konzentrationsgrades deutscher Unternehmen im Untersuchungszeitraum im Sinne einer Kerngeschäftsstrategie bewirken im Vergleich zur Marktentwicklung die Erzielung einer überdurchschnittlichen Rendite. Es zeigte sich, daß eine Erhöhung des Herfindahl-Indexes um 0,1, gebildet aus den relativen Umsatzanteilen, eine Erzielung einer im Vergleich zum Markt überdurchschnittlichen Aktienrendite von 8,8% impliziert.

B) Das absolute Konzentrationsniveau hat keine systematischen Auswirkungen auf die erzielte Aktienrendite. Ein diversifiziertes Unternehmen wird aufgrund seines breiteren Tätigkeitsgebietes nicht anders bewertet als ein fokussiertes Unternehmen. Diversifikation bzw. Fokussierung ist nicht per se mit überdurchschnittlichen Renditen verbunden. Somit können die amerikanischen Ergebnisse bezüglich eines durchschnittlichen Bewertungsabschlags bei diversifizierten Konzernen für die untersuchte Grundgesamtheit deutscher Unternehmen *nicht* bestätigt werden: In Deutschland werden konzentrierte Unternehmen nicht signifikant anders bewertet als weniger konzentrierte Unternehmen. Nur aktiv durchgeführte *Veränderungen* des Unternehmensportfolios in Richtung Konzentration auf weniger Geschäftsbereiche bewirken die Erzielung überdurchschnittlicher Renditen, nicht das absolute Konzentrationsniveau per se. Damit bestätigt sich die aus der Kapitalmarkttheorie bekannte Erkenntnis, daß nur Veränderungen des Erwartungsniveaus der Investoren zu abnormalen Renditen führen.

C) Kerngeschäftsstrategien sind mit einer Erhöhung des systematischen Risikos, gemessen durch den Beta-Faktor, verbunden. Offensichtlich werden tendenziell solche Unternehmensteile abgestoßen bzw. solche Geschäftsbereiche reduziert, deren systematisches Risiko unter dem des Gesamtunternehmens liegt.

D) Die Ergebnisse A) und B) bestätigen die Theorie des CAPM, das einen gleichgerichteten Zusammenhang zwischen systematischem Risiko und erwarteter Rendite herleitet: Die mit Veränderungen des Unternehmensportfolios in Richtung Konzentration auf Kerngeschäfte einhergehende Erzielung von Überrenditen ist gleichzeitig mit einer überdurchschnittlichen Erhöhung des Beta-Faktors verbunden. Damit bestätigt sich die nach dem CAPM bestehende Korrelation zwischen systematischem Risiko und der Rendite. Zudem konnte im Rahmen dieser Arbeit die ex-post Version des CAPM für den deutschen Aktienmarkt im Zeitraum 1992 bis 1997 bestätigt werden, wonach eine positiv steigende Kapitalmarktlinie im Rendite-Risiko-Raum in einem statistisch signifikanten Zusammenhang zwischen den beiden Faktoren besteht. Der F-Test der Regressionsgeraden weist mit einem Wert von über 100 eine Korrelation mit einer Irrtumswahrscheinlichkeit von unter einem Prozent aus.

E) Mit der Durchführung einer Fokussierung auf Kerngeschäfte ebenfalls verbunden ist die Erhöhung des unsystematischen, unternehmensindividuellen Risikos. Damit kann die im Rahmen der Erörterung der Principal-Agent-Theorie aufgestellte Hypothese tendenziell bestätigt werden, daß Kerngeschäftsstrategien, die mit einer Reduktion des unsystematischen Risikos verbundenen, eher defensiv motivierten Diversifikationsstrategien umkehren. Damit entsprechen Kerngeschäftsstrategien den Eigentümerinteressen, denn für diese ist das unsystematische Risiko bei der Beurteilung von Investments relativ unbedeutend, eine Erzielung von Überrenditen aber äußerst entscheidungsrelevant. Dagegen sind, wie in Kapitel drei dieser Arbeit ausgeführt, Kerngeschäftsstrategien durch die damit im Durchschnitt verbundene Erhöhung des unternehmensindividuellen Risikos nicht per se im Interesse des Managements. Da trotzdem in den neunziger Jahren eine Entwicklung in Richtung Konzentration verzeichnet werden konnte (vgl. Kapitel vier), scheint sich in dieser Zeit eine verstärkte Ausrichtung des Managements an den Eigentümerinteressen vollzogen zu haben, die durch die Veränderung der relativen Stärke der einzelnen Anspruchsgruppen des Unternehmens und damit der Verbreitung des bzw. der Ausrichtung am Shareholder Value-Konzept begründet sein kann.

F) Konsequenterweise steigt mit der Erhöhung des systematischen und des unsystematischen Risikos auch das Gesamtrisiko bei Durchführung von Kerngeschäftsstrategien.

G) Der risikoadjustierte Performance-Maßstab Treynor-Maß impliziert keinen systematischen Zusammenhang zwischen Konzentrationsgrad und Risikoprämie pro Einheit des nichtdiversifizierbaren Risikos: Die Risikoprämie pro Risikoeinheit ist bei Unternehmen mit hoher Konzentration nicht per se höher als bei Unternehmen mit niedriger Konzentration. Offenbar honoriert der Aktienmarkt nicht eine Kerngeschäftsstrategie an sich, sondern bewertet entsprechend den Hypothesen der Kapitalmarkttheorie das durch die Fokussierung entstandene zusätzliche Risiko mit entsprechenden Renditeerwartungen. Die Auswirkungen auf den Unternehmenswert durch Fokussierungstrategien können damit ex-ante unternehmensübergreifend nicht vorhergesagt werden. Hierfür ist eine individuelle Prognose der Auswirkungen auf das jeweilige systematische Risikoniveau und auf das erwartete Rendite-Niveau erforderlich.

6. Zusammenfassung

6.1 Untersuchungsergebnisse

Im Rahmen dieser Arbeit wurde der Frage nachgegangen, ob und in welchem Ausmaß Kerngeschäftsstrategien in Deutschland in den neunziger Jahren durchgeführt wurden und welche Auswirkungen diese auf die Bewertung der Unternehmen durch den Eigenkapitalmarkt aufwiesen. Dazu wurde im **zweiten Teil** dieser Untersuchung der Begriff der *Kerngeschäftsstrategie* definiert und insbesondere von dem der Kernkompetenz abgegrenzt. Zudem wurde der Terminus *Marktbewertung* erläutert. Als dritte begriffliche Fundierung wurde die im Rahmen von Kerngeschäftsstrategien bedeutsame unternehmerische Handlungsalternative, die des *Divestments*, näher definiert und die unterschiedlichen Formen von Divestments, namentlich Selloffs, Spinoffs, Leveraged Buyouts und Equity Carve Outs dargestellt und abgegrenzt. Daneben wurden die Ergebnisse bisheriger Studien bezüglich der Motive von Divestments zusammengefaßt, nach denen das dominierende Rational dieser Handlungsalternative die *strategische* Änderung des Unternehmensportfolios in Richtung einer Fokussierung der Geschäftsaktivitäten bildet.

Im **dritten Teil** dieser Arbeit wurde die *ökonomische Begründung von Kerngeschäftsstrategien* analysiert. Zunächst wurde das Konzept des *Shareholder Value* vorgestellt. Dabei konnte gezeigt werden, daß von der empirischen Validität der Annahme der schwachen respektive mittleren Form der Markteffizienz insbesondere bei großen börsennotierten und somit liquiden Aktiengesellschaften einerseits und von der gerade in Deutschland durch politische und konjunkturelle Faktoren bedingten Veränderung der relativen Machtverhältnisse der einzelnen Anspruchsgruppen eines Unternehmens andererseits auszugehen ist. Somit erscheint eine *Überprüfung von unternehmerischen Strategien anhand der Reaktion der Kapitalmärkte* unerläßlich. Die Orientierung an der Bewertung durch die Aktienmärkte im Sinne der Shareholder Value-Theorie erscheint insbesondere Ende der neunziger Jahre von höchster unternehmenspolitischer Relevanz zu sein, da eine Ausrichtung am Aktienkurs nicht nur der Schaffung von kostengünstigen Finanzmitteln zur Wachstumsfinanzierung dient, sondern andererseits ein möglichst hoher Börsenkurs regelmäßig als "Akquisitionswährung" bei Unternehmenskäufen fungiert[431] und die beste "Versicherung" gegenüber feindlichen Übernahmeversuchen

[431] So werden Ende der neunziger Jahre die meisten M&A Deals mittels Aktientausch (Stock-for-Stock-Transaktion) abgewickelt. Deshalb ist die Höhe der Börsenbewertung von entscheidender Bedeutung bei der relativen Stärke der einzelnen Parteien. So wird z.B. argumentiert, daß Daimler-Benz bei der Fusion mit Chrysler nur deshalb eine sehr starke Position einnehmen konnte, weil durch die Konzentration auf die Kernbereiche und die damit verbundene Höherbewertung des Unternehmens der Aktienkurs entscheidend gestiegen war. So betrug das Kurs-Gewinn-Verhältnis von Daimler-Benz zum Zeitpunkt des Deals 26,2 gegenüber einem KGV von 8,2 der Chrysler Corp.. Entsprechend besitzen die Daimler-Benz-Aktionäre einen höheren Anteil an DaimlerChrysler (57%) als die ehemaligen Chrysler-Aktionäre (43%), was auf die deutliche Orientierung am Shareholder Value seitens der Daimler-Benz AG

bietet. Diesen Gedanken folgend, wurde als Maßstab für die Erfolgsträchtigkeit von Kerngeschäftsstrategien die Reaktion auf eine solche Strategie durch die Aktienmärkte gewählt. Neben dieser theoretischen Fundierung des empirischen Teils konnte im Rahmen der Analyse der Shareholder Value-Theorie gezeigt werden, daß in den USA die Orientierung an den Eigentümerinteressen eine seit Anfang der achtziger Jahre und bis heute anhaltende Konzentrationstendenz amerikanischer Unternehmen ausgelöst hat. Die amerikanischen Untersuchungen zur Marktbewertung einer solchen "Corporate Focus" Politik kommen dabei überwiegend zu positiven Ergebnissen: So werden Akquisitionen in verwandte Bereiche regelmäßig mit einer überdurchschnittlichen Reaktion der Aktienmärkte in bezug auf das kaufende Unternehmen "belohnt", wohingegen Zukäufe in unverwandten Bereichen mit unterdurchschnittlichen Aktienmarktreaktionen bewertet werden. Zudem zeigt die Bewertung von amerikanischen Konglomeraten, daß das Gesamtunternehmen gegenüber einer "stand-alone" Bewertung der einzelnen Unternehmensteile im Durchschnitt mit Abschlägen von zwischen 13 und 15% bewertet wird. Als dritter Indikator zeigt die Bewertung von strategisch motivierten Divestments von nicht mehr zum Kerngeschäft gehörenden Randbereichen in den USA, daß diese beim verkaufenden Mutterunternehmen zu überdurchschnittlichen Beurteilungen durch den Aktienmarkt führen. Damit gibt es offenbar in den USA Indizien dafür, daß eine Corporate Focus-Politik für die Marktbewertung eines Unternehmens förderlich und somit im Sinne einer Shareholder Value-Politik ist. Als mögliche Gründe für die positive Marktbewertung von Unternehmen konnten folgende Punkte identifiziert werden: Zum einen erscheint durch den erhöhten Wettbewerbsdruck infolge der Internationalisierung der Märkte die Bündelung der Ressourcen auf die Stärken des Unternehmens erforderlich, um in den Kernprodukt-Bereichen international zu expandieren. Dabei konnte gezeigt werden, daß eine internationale Expansion im Kerngeschäft und eine gleichzeitige Expansion in neue Produktbereiche wenig erfolgversprechend ist. Zum zweiten wurde argumentiert, daß das Portfolio-Konzept der Boston Consulting Group, das eine finanzielle Starthilfe von jungen, wachstumsträchtigen Unternehmensteilen durch reife, ertragreiche Bereiche vorsieht, häufig als Erklärung für die Quersubventionierung von langfristig unprofitablen Unternehmenseinheiten mißbraucht wurde. Dem Shareholder Value-Konzept folgend, vermögen die Kapitalmärkte inklusive den Bereichen Wagnisfinanzierungen und Private Equity wesentlich effizienter Finanzmittel in wachstumsstarke Zukunftsbranchen zu lenken als die Gremien großer Konglomerate mit ihren begrenzteren Investitionsmöglichkeiten und internen Verteilungskämpfen. Diesen Gedanken folgend honorieren Aktienmärkte nicht aus überschüssigen Mitteln ausgelöste Diversifikationsstrategien, die ohne Verbindungen zum angestammten Kernge-

---

zurückgeführt wird. Vgl. Herden, R./Dönges, J.: "Mega-Deals im Telekom- und Finanzsektor sorgen für ungebrochenen M&A-Boom", in MAR 7-8/1998, S. 312ff..

schäft sind. Zusammenfassend besteht offenbar eine Übereinstimmung zwischen dem ökonomischen Rational der Shareholder Value-Theorie und Konzentrationsstrategien.

Neben der Shareholder Value-Theorie, die einen Aspekt des ökonomischen Rationals von Kerngeschäftsstrategien bildet, wurden die *Principal-Agent-Theorie* und ihre Implikationen auf die untersuchte unternehmerische Handlungsalternative analysiert. Hierbei konnte gezeigt werden, daß die potentiellen Interessengegensätze zwischen Management und Unternehmenseignern auch bei Kerngeschäftsstrategien bestehen: Während für die Eigner die Erzielung einer über den Kapitalkosten liegenden Verzinsung entscheidend ist, liegt es potentiell im Interesse des Managements, das eigene Arbeitsplatz-Risiko zu minimieren und die Entlohnung bzw. die eigene Macht zu erhöhen. Daraus konnte abgeleitet werden, daß ohne entsprechende Incentivierung das Management eher zur Diversifikation neigen dürfte, einer den Interessen der Eigner tendenziell widersprechenden Strategie. Letztere streben eine Minimierung der Monitoring-Kosten an, die bei einer auf wenige Bereiche konzentrierten Unternehmenspolitik durch eine erhöhte Transparenz am ehesten gewährleistet werden kann. Am Rande konnte zudem gezeigt werden, daß der unterschiedliche Stand der Kontrollmechanismen der Principals gegenüber den Agents, der sich im Corporate Governance System widerspiegelt, zwischen dem deutschen und dem angloamerikanischen System eine Erklärung für mögliche Unterschiede im Entwicklungsstand der Kerngeschäftsstrategien bildet.

Als drittes ökonomisches Rational wurde die *moderne Kapitalmarkttheorie* beleuchtet: Danach ist für die Bewertung von Strategien durch den Aktienmarkt nicht nur die Rendite, sondern auch das damit verbundene Risiko relevant. Nach der Kapitalmarkttheorie lassen sich zwei Arten von Risiken unterscheiden: Das systematische, marktabhängige Risiko und das unsystematische, unternehmensindividuelle Risiko. Das letztere ist für die Beurteilung durch den Kapitalmarkt von untergeordneter Bedeutung, da es durch die Anleger mittels Portfolio-Diversifikation gegen Null reduziert werden kann. Demzufolge ist eine potentiell mit Kerngeschäftsstrategien verbundene Erhöhung des unsystematischen Risikos für die Marktbewertung irrelevant. Umgekehrt sind Diversifikationsstrategien, die lediglich mit einer Reduktion des unternehmensindividuellen Risikos begründet werden, aus Sicht der Unternehmenseigner ineffizient: Diese können die Risiko- Komponente billiger und schneller senken als dies die Unternehmen können. Zusammenfassend erscheinen Kerngeschäftsstrategien nach allen drei untersuchten Theorien positiv für die Marktbewertung eines Unternehmens zu sein.

Im **vierten Kapitel** wurde anhand von drei Indikatoren untersucht, ob in Deutschland eine Entwicklung in Richtung Kerngeschäft von *empirischer Evidenz* ist. Als Kriterium wurden drei Indikatoren theoretisch hergeleitet und empirisch berechnet: Der Herfindahl-Index, die Größe "Erlöse aus Beteiligungsabgängen zu Umsatz" und die Anzahl an Divestments pro Unternehmen. Untersuchungsumfang waren die DAX 100 Unternehmen exklusive Finanzdienstleistern. Nach allen drei Indikatoren läßt sich im Beobachtungszeitraum für die Grundgesamtheit eine eindeutige Entwicklung in Richtung einer Konzentration auf Kerngeschäfte identifizieren: Der Herfindahl-Index stieg von 0,6513 in 1992 auf 0,6809 in 1997; Unternehmen mit einer Erhöhung dieses Indexes machten 50% der Grundgesamtheit aus, wohingegen nur 30,9% eine Verringerung aufzuweisen hatten. Die Anzahl der Divestments aller Unternehmen der Grundgesamtheit stieg von 16 im Jahre 1992 auf 100 im Jahre 1997, die durchschnittliche jährliche Wachstumsrate beträgt 44,3%. Die ganz überwiegende Zahl der Divestments war strategisch begründet. Der Indikator "Erlöse aus Beteiligungsabgängen zum Umsatz" stieg von 0,42% in 1992 auf 2,04% in 1997, in absoluten Zahlen wuchs der Erlös aus Beteiligungsabgängen von 7,2 Milliarden DM in 1992 auf über 13 Milliarden DM. Nach dieser Untersuchung kann es keinen Zweifel geben, daß die großen deutschen Unternehmen tatsächlich eine Fokussierung ihrer Geschäftsaktivitäten seit Anfang der neunziger Jahre durchgeführt haben. Zudem konnte gezeigt werden, daß die Hypothesen bezüglich der Auslöser dieser Entwicklung empirisch valide sind: Zum einen vollzog sich in den Jahren 1992 und 1993 eine ökonomische Eintrübung, die den Zwang der Unternehmen zur Bündelung der Ressourcen verstärkt haben dürfte. Zum anderen konnte die vereinigungsbedingte Wandlung Deutschlands vom Kapitalexporteur zum Kapitalimporteur aufgezeigt werden, was unter anderem die Wandlung des deutschen Eigenkapitalmarktes von einem Verkäufer- zu einem Käufermarkt begründet. Damit einher geht die verstärkte Orientierung deutscher Unternehmen an den Interessen der Eigenkapitalgeber, was einen weiteren Auslöser für die Kerngeschäftsstrategien deutscher Unternehmen gebildet hat. Zusammenfassend konnte in diesem Kapitel gezeigt werden, daß das ökonomische Rational von Kerngeschäftsstrategien seit den neunziger Jahren eine erhebliche empirische Evidenz in Deutschland aufweist und daß die viel diskutierte Konzentration auf Kerngeschäfte[432] in Deutschland tatsächlich stattfindet.

Im **fünften Kapitel** wurde empirisch untersucht, welche Konsequenzen die in Kapitel vier identifizierte Entwicklung der Konzentration auf Kerngeschäfte der größten deutschen börsennotierten Unternehmen auf deren *Marktbewertung* durch die Investoren gezeigt haben. Es wurde der Frage nachgegangen, ob ein statistisch signifikanter Zusammenhang zwischen Kerngeschäftsstrategien

[432] Vgl. dazu die Aussagen in den Geschäftsberichten deutscher Aktiengesellschaften seit 1992, die im Anhang dieser Arbeit wiedergegeben sind.

und Performance an den Kapitalmärkten besteht. Dazu wurde die um Sondereinflüsse wie Kapitalerhöhungen bereinigte Aktienrendite inklusive der Dividendenrendite der Unternehmen im Untersuchungszeitraum auf täglicher Basis berechnet und indexiert. Dieser Performance-Index aller DAX 100 Unternehmen ohne Finanzdienstleister wurde um den für diese Untersuchung gebildeten Performance-Index des Mittels aller untersuchten Unternehmen bereinigt, um so als Maß für die Renditeentwicklung der Unternehmen den Market Adjusted Total Return zu analysieren. Desweiteren wurden pro Unternehmen die verschiedenen Risikokomponenten, also systematisches, unsystematisches und Gesamtrisiko inklusive der jeweiligen Änderungsraten berechnet und zusammen mit den Rendite-Maßen mit den drei Kerngeschäftsindikatoren sowie deren Änderungsraten korreliert. Darüber hinaus wurde eine multiple Regression zwischen den Kerngeschäftsindikatoren als erklärenden und den Risiko-Return-Parametern als zu erklärenden Größen berechnet. Als dritter Maßstab zur Analyse der Marktbewertung von Kerngeschäftsstrategien wurde ein risikoadjustiertes Performance-Maß in Form des Treynor-Maßes ausgewählt und ebenfalls als zu erklärende Variable in die multiple Regressionsrechnung einbezogen.

In der Auswertung konnte gezeigt werden, daß eine statistisch signifikante Korrelation zwischen den Kerngeschäftsindikatoren und den Parametern für Risiko und Return besteht. *Aktive Veränderungen* des Unternehmensportfolios werden durch das Delta p.a. der jeweiligen Herfindahl-Indizes angezeigt. Es zeigte sich, daß eine Erhöhung dieses Indexes um 0,1 eine statistisch signifikante überdurchschnittliche Aktienrendite von fast neun Prozent im gleichen Jahr impliziert. Hiermit konnte belegt werden, daß *Veränderungen der Strategie* im Sinne einer Fokussierung auf Kernbereiche Shareholder Value-maximierend sind. Damit konnte auch das zuvor ökonomisch abgeleitete Rational bezüglich der Marktbewertung von Kerngeschäftsstrategien empirisch verifiziert werden. Darüber hinaus wurde nachgewiesen, daß ein hoher bzw. niedriger Konzentrations- bzw. Diversifikationsgrad in Deutschland *nicht* per se wertschaffend respektive wertvernichtend ist: Die absoluten Konzentrationsniveaus sind ohne signifikante Auswirkung auf die Marktbewertung. Somit konnten amerikanische Untersuchungen bezüglich des Zusammenhanges zwischen dem absoluten Konzentrationsniveau und der Bewertung durch die Aktienmärkte, die einen Abschlag bei Konglomeraten nachweisen, für den deutschen Markt nicht bestätigt werden.

Konsistent zu den in Kapitel drei ausgeführten Aussagen der Kapitalmarkttheorie steigt nach der vorliegenden Untersuchung nicht nur die Rendite im Rahmen von Konzentrationsstrategien, sondern auch das Risiko. Dies gilt sowohl für das unternehmensindividuelle Risiko, was zu erwarten war, da die Abhängigkeit von wenigen Märkten steigt und nicht mehr durch unverbundene Geschäftsbereiche ausgeglichen wird, sondern auch für das systematische, marktabhängige Risiko.

Der Zusammenhang zwischen systematischem Risiko und Fokussierungsgrad ist theoretisch überraschend, da das Unternehmensbeta sich aus der Summe der Einzelbetas der Unternehmensbereiche zusammensetzt und somit bei einer erhöhten Fokussierung ex-ante nicht zwingend mit einer Erhöhung gerechnet werden kann. Offensichtlich haben nach diesen Ergebnissen deutsche Unternehmen im Durchschnitt Unternehmensteile mit geringerem Beta als das Unternehmensbeta abgestoßen respektive Bereiche ausgebaut, die ein höheres Beta als das Unternehmensbeta aufweisen. Analog mit diesen Ergebnissen steigt im Rahmen von Kerngeschäftsstrategien neben dem systematischen und dem unsystematischen Risiko das Gesamtrisiko, was statistisch bewiesen werden konnte.

Diese Auswirkungen von Kerngeschäftsstrategien, also sowohl die Steigerung der Rendite als auch des Risikos, stehen in Einklang mit den Aussagen der Kapitalmarkttheorie, nach der es eine positive Korrelation zwischen Risiko und Rendite gibt. In diesem Zusammenhang wurde das Capital Asset Pricing Model mit den ausgewerteten Daten für den deutschen Markt überprüft und weitestgehend bestätigt: Es gibt einen systematischen, statistisch mit unter einem Prozent Irrtumswahrscheinlichkeit signifikanten, positiven Zusammenhang zwischen systematischem Risiko und Aktienkursrenditen für den deutschen Markt im Zeitraum von 1992 bis 1997.

Außerdem konnten die ebenfalls in Kapitel drei abgeleiteten Hypothesen bezüglich des potentiellen Interessengegensatzes zwischen Unternehmenseignern und Management in der Beurteilung von Kerngeschäftsstrategien bestätigt werden: Durch den positiven Zusammenhang zwischen Kerngeschäftsstrategien und unsystematischem, unternehmensindividuellem Risiko liegt eine solche Strategie nicht im unmittelbaren Interesse des Managements, es sei denn, eine am Marktwert orientierte Bezahlung des Managements wirkt diesem Interesse entgegen. Für den Eigentümer dagegen ist die Erhöhung des unternehmensindividuellen Risikos nicht maßgeblich, da er dieses durch Portfolio-Mischung diversifizieren kann. Für den Shareholder ist die durch Konzentration erzielbare Überrendite entscheidend und somit im Interesse desselben.

In der Analyse des risikoadjustierten Performance-Maßes, dem Treynor-Maß, konnte kein signifikanter Einfluß von Kerngeschäftsstrategien auf die Risikoprämie pro Einheit systematischen Risikos festgestellt werden. Demnach stimmen im Durchschnitt nicht nur die Richtung von Risiko- und Rendite-Parametern im Zuge einer Kerngeschäftsstrategie überein, sondern auch das Ausmaß. Die durch solche Strategien erzielbaren überdurchschnittlichen Renditen gehen mit Risikosteigerungen im gleichen Ausmaße einher.

6.2 Zukünftiger Forschungsbedarf

Die im Rahmen dieser Arbeit gewonnenen Erkenntnisse, daß es in Deutschland bei den größten börsennotierten Unternehmen a) eine eindeutige Entwicklung in Richtung Konzentration auf Kerngeschäfte gegeben hat, daß b) diese mit überdurchschnittlichen Aktienkursentwicklungen und Risikoerhöhungen verbunden war, und c) es keine systematisch unterschiedliche Bewertung von konzentrierten gegenüber diversifizierten Unternehmen gibt, eröffnet einige Ansatzpunkte für zukünftige Forschungsvorhaben. So stellt sich die Frage, ob die im Rahmen dieser Arbeit durch Analyse von langfristigen Aktienkursentwicklungen gewonnenen Erkenntnisse auch durch a) Comparables Analysen, b) Event-Studies und c) Analyse von Bilanzkennzahlen bestätigt werden können. Insbesondere die von amerikanischen Studien abweichende Bewertung von Konglomeraten könnte durch eine spezielle Untersuchung deutscher Konglomerate nach der Comparables Analyse überprüft werden. Zudem bietet die unterschiedliche Bewertung von Mischkonzernen in den USA einerseits und Deutschland andererseits Ansatzpunkte für theoretisch abgeleitete Erklärungsversuche: Fördert das deutsche Corporate Governance System eher eine Diversifizierung? Gibt es strukturelle Unterschiede in der Risikoeinstellung? Gibt es einen Zusammenhang mit der vergleichsweise unterdurchschnittlichen Liquidität deutscher Kapitalmärkte?

Ein weiteres Feld zukünftiger Forschungen bildet die langfristige Relevanz des Shareholder Value-Konzeptes: Die aktuell hohe Bedeutung dieses Konzeptes in der unternehmensstrategischen Praxis ist auf seine Nachhaltigkeit hin zu überprüfen: Ist eine alleinige Steuerung entsprechend der Bewertung durch den Aktienmarkt für den langfristigen Erfolg eines Unternehmens optimal oder ist möglicherweise eine Lenkung nach verschiedenen Größen unter verstärkter Berücksichtigung von Stakeholder-Interessen vielversprechender?

Zudem wäre es von Interesse, ob die in dieser Arbeit abgeleiteten Zusammenhänge ein bestimmtes konjunkturelles Umfeld erfordern oder von Konjunktureinflüssen unabhängig sind. Gibt es etwa eine systematische Interdependenz zwischen Konjunkturphasen und Unternehmensstrategien?

Zusammenfassend bietet diese Untersuchung einige Ansatzpunkte für zukünftige Forschungsvorhaben nicht nur auf den Gebieten der empirischen Kapitalmarktforschung und der strategischen Unternehmensführung, sondern auch auf dem Gebiet der Institutionenökonomie und der betriebswirtschaftlichen Organisationstheorie.

6.3 Ausblick

Die Ergebnisse bezüglich der empirischen Relevanz von Kerngeschäftsstrategien einerseits und der Marktbewertung andererseits gelten für den Zeitraum von 1992 bis 1997. Wie gezeigt wurde, wandelte sich Deutschland 1997 von einem Netto- Kapitalimporteur wieder zu einem Netto-Kapitalexporteur. Zudem sind durch die Einführung des EURO in 1999 und die damit einhergehende "Europäisierung" der Kapitalmärkte erhebliche strukturelle Änderungen des Eigenkapitalmarktes zu erwarten. Insofern wird es interessant sein, ob Kerngeschäftsstrategien im Sinne einer Portfoliobereinigung deutscher Unternehmen in Zukunft weiter fortgesetzt werden, wie dies die nach wie vor große Breite der Geschäftsaktivitäten dieser Unternehmen vermuten läßt. Durch die positive Bewertung von Konzentrationsstrategien durch den Aktienmarkt einerseits und die zunehmende Liquidität und Mobilität der internationalen Kapitalströme andererseits ist mit einer Fortführung von Kerngeschäftsstrategien deutscher Unternehmen in den nächsten Jahren zu rechnen. Zudem wird es auch in Zukunft Beispiele dafür geben, daß Unternehmen mit mangelnden Wachstumschancen in ihren ursprünglichen Kerngeschäften in neue Wachstumsmärkte expandieren und so neue Geschäftsfelder zu zukünftigen Kerngeschäften entwickeln, wie dies die deutschen Unternehmen Mannesmann und Preussag in den letzten Jahren demonstriert haben. Insgesamt zeigen aber gerade die heutigen M&A-Aktivitäten, daß die Mehrzahl von Käufen, Fusionen und Strategischen Allianzen der internationalen Expansion in den Kerngeschäften dienen und somit nicht mit einer Umkehr der "Corporate Focus" Aktivitäten deutscher Unternehmen gerechnet werden kann.

Anhang A: Auszüge aus den Geschäftsberichten

AGIV

"Mit diesen Verkäufen setzt die AGIV ihre Fokussierung auf Unternehmen der Investitionsgüter- und Bauindustrie sowie des Logistik- und Dienstleistungssektors fort."
Geschäftsbericht 1994, S. 2

"Die Konzentration der geschäftlichen Aktivitäten in den Beteiligungsgesellschaften wurde 1995 fortgesetzt- primär mit der Zielrichtung, Verlustquellen zu beseitigen und eine strategische Fokussierung des Portfolios einzuleiten. Nicht zu den Kerngeschäften zählende Einheiten wurden abgegeben."
Geschäftsbericht 1995, S. 4

"Sehr geehrte Aktionäre, wie im vorigen Jahr angekündigt, hat die AGIV 1996 und in den ersten Monaten dieses Jahres zukunftsbestimmende Veränderungen im Portfolio vorgenommen. Hierunter ist in erster Linie zu verstehen, daß wir zur Steigerung des Unternehmenswertes unserer Gruppe die horizontale Bandbreite der Aktivitäten und damit den Charakter der AGIV ändern: Abkehr vom "Mischkonzern", statt dessen Fokussierung auf Kernaktivitäten."
Geschäftsbericht 1996, S. 3

"Auf dem Weg von einer diversifizierten Beteiligungsgesellschaft zum technologieintensiven Konzern ist AGIV 1997 gut vorangekommen. Die heutigen Schwerpunkte sind das internationale Geschäft im Maschinenbau und in der Meßtechnik sowie technische Dienstleistungen. Hielt AGIV 1992 noch 19 wesentliche Beteiligungen, so waren es am Ende des Jahres 1997 sieben."
Geschäftsbericht 1996, S. 2

ALTANA

"..so folgte die Restrukturierung Mitte der 90ger Jahre einem ganz ähnlichen strategischen Prinzip, nämlich dem der Bündelung von Kräften und Ressourcen auf zwei Kernarbeitsgebiete und einer dadurch erzeugten neuen Dynamik."
Geschäftsbericht 1996, S. 7

"Leitlinien unseres Handelns sind: Internationalisierung, Innovation und Konzentration....Altana ist seit der Konzentration auf Pharmazeutik und Chemie deutlich dynamischer geworden. Ertragskraft und Prodiktivität sind deutlich gestiegen."
Geschäftsbericht 1997, S. 7

BAYER

"Unser Portfolio haben wir durch die Trennung vom europäischen Keramikgeschäft und dem Verkauf des Consumer Products-Bereich in den USA bereinigt."
Geschäftsbericht 1993, S. 6

"Zur Straffung des Portfolios wurden das Dentalgeschäft und die Medical Plastics verkauft. Dazu dient auch die im Februar 1996 erfolgte Veräußerung einiger Marken des Geschäftsbereiches Consumer Care."
Geschäftsbericht 1995, S. 4

"Dabei halten wir im Grundsatz an unserer bewährten Diversifikation fest; denn die Integration der Arbeitsgebiete Gesundheit, Landwirtschaft, Poliere und Chemie in unserem Konzern bietet uns die Chance, die vielversprechenden Wachstumsmöglichkeiten dieser unterschiedlichen Märkte umfassend zu nutzen. Darüber hinaus verfügen wir damit über eine ausgewogene Risikostruktur sowie ein beträchtliches Synergiepotential, dessen Realisierung uns Wettbewerbsvorteile verschafft."
Geschäftsbericht 1996, S. 4

"Wir wollen zeigen, daß Bayer als Konzern mehr wert ist als die Summe der einzelnen Unternehmensteile...Von Aktivitäten, die strategisch nicht zu uns passen oder im Konzern nicht ausreichend wirtschaftlich sind, trennen wir uns, wenn es zur Wertsteigerung beiträgt."
Geschäftsbericht 1996, S. 23

BUDERUS
"Eine nachhaltige Subventionierung schwacher Sparten zu Lasten der ertragsstarken Geschäftsbereiche darf und wird nicht erfolgen."
Geschäftsbericht 1995, S. 5

"Unsere Entscheidung, den Konzernbereich Flugzeugzubehör abzugeben, hatte strategische Gründe. Die Flugzeug- und Flugzeugzubehörindustrie befindet sich in einem globalen Konzentrationsprozeß. Die Verbreiterung der Produktpalette und die Internationalisierung der Fertigung sind zwangsläufige Folgen, die mit erheblichen Risiken für die Realisierung von Markt- und Ergebniszielen verbunden sind."
Geschäftsbericht 1996/97, S. 4/5

DAIMLER-BENZ
"Mit der Ausrichtung von Daimler-Benz auf ertragreiche Kerngeschäfte haben wir den Weg in eine erfolgreiche Zukunft gewählt."
Geschäftsbericht 1995, S. 1

"Ihr Unternehmen, Daimler-Benz, präsentiert sich nach diesen Entscheidungen mit einem konzentrierten Konzernprofil, das auf 28 nach vormals 35 Geschäftsfeldern ausgerichtet ist...Der Vorstand orientiert sich erster Linie daran, Ihnen, den Anteilseignern der Daimler-Benz AG, attraktive Renditeaussichten zu bieten."
Geschäftsbericht 1995, S. 2

"Mit der Konzentration des Geschäftsportfolios haben wir eine gesunde wirtschaftliche Basis für künftiges Wachstum geschaffen ."
Geschäftsbericht 1996, S. 1

"Ihr Unternehmen hat sich wieder auf seine Stärken und unternehmerischen Werte konzentriert...So können wir jetzt die knappen Ressourcen auf vielversprechende Zukunftsprojekte lenken und künftig überdurchschnittliches Wachstum aus eigener Kraft generieren. Daimler-Benz ist heute ein fokussiertes Unternehmen, das im Schwerpunkt in den Bereichen Transport, Verkehr und Dienstleistungen tätig ist. Das ist das Resultat eines 1995 begonnenen Gestaltungsprozesses, den wir mit dem Konzept "Shareholder Value" beschrieben haben."
Geschäftsbericht 1996, S. 2

"Wir haben die Fokussierung des Konzernportfolios abgeschlossen. Mit seinen 23 Geschäftsbereichen ist ihr Unternehmen nun zukunftsfähig aufgestellt."
Geschäftsbericht 1997, S. 2

DEGUSSA

"Um das notwendige Ertragsziel einer 15%igen Nettoverzinsung des Eigenkapitals nachhaltig zu erreichen, müssen wir noch besser werden. Dies bedeutet: Konsequenter Ausbau unserer Kernarbeitsgebiete, intensive Beschäftigung mit Problemfeldern und gegebenenfalls auch Trennung von Bereichen, die nicht zu uns passen."
Geschäftsbericht 1996, S. 7

"Unsere Strategie der Konzentration auf Spezialchemie, Gesundheit und Ernährung und ausgewählte Edelmetallarbeitsgebiete sowie die internationale Ausrichtung unseres Geschäftes zahlen sich aus."
Geschäftsbericht 1997, S. 5

DEUTSCHE BABCOCK

"Konzentration auf das Kerngeschäft
Den eingeschlagenen Weg zur Leistungssteigerung setzen wir nun durch intensives Portfoliomanagement fort. Einerseits werden wir Randaktivitäten verkaufen oder in Allianzen einbringen, wenn sie dadurch am Markt erfolgreicher sein können. Andererseits investieren wir gezielt in unsere Kerngeschäftsfelder."
Geschäftsbericht 1995, S. 11

"In der Hauptversammlung 1996 hatten wir unser Restrukturierungskonzept vorgestellt, das wir nun im Detail erarbeitet haben. Schwerpunkte sind:
1. Beseitigung von Verlustbringern
2. Portfolio-Straffung durch Konzentration auf das Kerngeschäft Anlagen-und Maschinenbau
3. Portfolio-Bereinigung durch Trennung von Randaktivitäten
4. ..."
Geschäftsbericht 1996, S. 12

"Im Rahmen des Restrukturierungskonzeptes wurden erste organisatorische Maßnahmen zum Abbau der komplexen Konzernstrukturen abgeschlossen. Mit der Eliminierung von Zwischenholdings, den Verkäufen von Beteiligungsgesellschaften und der Trennung von Verlustträgern mit einem Umsatz von über DEM 1 Milliarde konnten Organisations- und Verwaltungskosten reduziert, Strukturen vereinfacht und eine Portfolio-Straffung erzielt werden. Die strategische Ausrichtung des Konzerns auf Kernaktivitäten des Anlagen- und Maschinenbaus wurde im abgelaufenen Geschäftsjahr vorangetrieben."
Geschäftsbericht 1997, S. 6

DEUTZ

"Zu unserem Sanierungskonzept gehört, die Gesellschaften des Industrieanlagebereiches zunächst so weiterzuführen, daß sie verläßliche Partner ihrer Kunden bleiben, sie aber so bald wie möglich an kompetente industrielle Interessenten zu veräußern, um dadurch alle Ressourcen auf das Antriebsgeschäft konzentrieren zu können."
Geschäftsbericht 1995, S. 2

"Die Fokussierung auf das Kerngeschäft, d.h. auf Entwicklung, Produktion, Vertrieb und Service von Diesel- und Gasmotoren von 4 bis 7.400 kW unter den Markennamen DEUTZ und DEUTZ MWM wurde durch den Verkauf von Tochtergesellschaften und wesentlichen Unternehmensteilen des Industrieanlagebereiches weiter vorangetrieben."
Geschäftsbericht 1997, S. 7

FAG KUGELFISCHER

"Die grundlegenden Restrukturierungsmaßnahmen der Jahre 1993 und 1994 durch Konzentration auf Kerngeschäfte Wälzlager sowie Näh- und Fördertechnik...Im Rahmen der Trennung von Aktivitäten, die nicht zu den Kernbereichen des FAG-Konzerns gehören.."

Geschäftsbericht 1994, S. 5

GEHE

"Die Veräußerung des Geschäftsbereiches Pharma-Produktion war das Resultat strategischer Überlegungen der Jahre 1995-1996 mit dem Ziel der Weichenstellung für die nächsten 5 bis 10 Jahre. Wir sind dabei zu der Überzeugung gelangt, daß ein sich bereits abzeichnender Interessenkonflikt mit den Pharma-Herstellern, unseren neben den Apotheken wichtigsten Geschäftspartnern, zukünftig zu einer wesentlichen Beeinträchtigung unseres Kerngeschäftes Pharma-Großhandel führen könnte...Wir erzielten für unsere fünf Unternehmen des Pharma-Produktionsbereiches Verkauferlöse von rund 1,2 Mrd. DM."

Geschäftsbericht 1996, S. 14

HEIDELBERGER ZEMENT

"In den Einzahlungen aus Abgängen wird die Konzentration auf die Kernbereiche ersichtlich."

Geschäftsbericht 1995, S. 57

"Die Trennung von Randaktivitäten wurde 1996 eingeleitet und ist bis zum Jahresende 1997 weitgehend abgeschlossen. Damit können wir uns uneingeschränkt auf unsere Stärken als Baustoffproduzent konzentrieren."

Geschäftsbericht 1996, S. 4

HOECHST

"Besondere Akzente konnten wir durch die weitere Umgestaltung von Hoechst setzen; das Unternehmen ist jetzt klarer zugeschnitten und deutlicher auf ertragsstarke Arbeitsgebiete konzentriert als vor einem Jahr...Alle Arbeitsgebiete von Hoechst sollen auf ihren wesentlichen Märkten weltweit eine führende Stellung einnehmen und eine nachhaltige Wertsteigerung des eingesetzten Kapitals erzielen können. Um dies zu erreichen, entwickeln wir das Konzern-Portfolio im Rahmen des Strategischen Management Prozesses Hoechst systematisch weiter. Unsere Ressourcen konzentrieren wir dabei an erster Stelle auf die Zukunftsmärkte Gesundheit und Landwirtschaft/Ernährung. Für einzelne Bereiche, insbesondere im Industriesektor, prüfen wir Allianzen oder auch den Verkauf von Arbeitsgebieten an leistungsfähige Partner, wenn dies bessere Geschäftsmöglichkeiten eröffnet als ein Alleingang."

Geschäftsbericht 1996, S. 6/7

"Durch die Strukturbereinigung haben wir erhebliche Werte freigesetzt, insbesondere durch den Börsengang der SGL Carbon. Wir haben den einzelnen Arbeitsgebieten Entwicklungschancen eröffnet und den Hoechst Konzern transparenter gestaltet."

Geschäftsbericht 1996, S. 7

IVG

"Wir wachsen gezielt in unseren Kerngeschäften. Hier haben wir die Kompetenz, kennen die Märkte, die Chancen, aber auch die Risiken. Wir planen keine Diversifizierung; unsere Kerngeschäfte bieten ausreichende Wachstumsmöglichkeiten."

Geschäftsbericht 1996, S. 9

KIEKERT

"Durch die gelungene Konzentration auf Kernkompetenzen haben wir uns ein führendes Entwicklungs- und Fertigungs-Know-how erarbeitet."
Geschäftsbericht 1996, S. 2

KRUPP

"Dem strategischen Wertmanagement von Krupp liegen folgende Handlungsprinzipien zugrunde
-Abgrenzung der Kerngeschäftsfelder anhand eines Zielkriterienkatalogs
-Konzentration auf Geschäftsfelder, bei denen eine führende Wettbewerbsposition erzielt werden kann
-Ausbau und Stärkung der Kerngeschäftsfelder
-Erwerb von Unternehmen, mit denen Synergien realisiert werden können, und Trennung von solchen ohne synergetische Effekte."
Geschäftsbericht 1996, S. 20

LAHMEYER

"Durch strukturelle Veränderung und die konsequente Fokussierung auf profitable Märkte wollen wir die Rentabilität des eingesetzten Kapitals verbessern. Ziel für alle Geschäftsfelder ist es, eine über den Kapitalkosten liegende Rendite zu erreichen....Vor allem die Ertragskraft und damit der Wert unseres Portfolios soll nachhaltig gesteigert werden. Dies wollen wir erreichen, indem wir uns auf eine überschaubare Zahl leistungsfähiger Kerngeschäftsfelder mit hohen Wachstums- und Ertragspotentialen konzentrieren....Die angestrebte Fokussierung der Geschäftstätigkeit macht es erforderlich, Aktivitäten außerhalb der Kerngeschäftsfelder aus der Gruppe zu lösen."
Geschäftsbericht 1997/98, S. 6/7

LUFTHANSA

"Ab Januar 1995 sind Lufthansa Technik AG, Lufthansa Cargo AG und die Lufthansa Systems GmbH rechtlich selbständige und eigenständig wirtschaftende Unternehmen. Die neuen Einheiten werden, das ist unsere Erwartung, mehr unternehmerische Initiative entfalten, eine höhere Kostenttransparenz aufweisen und insgesamt produktiver und gewinnbringend arbeiten."
Geschäftsbericht 1994, S. 2

MANNESMANN

"Aus konzernstrategischen Gründen haben wir im Jahr 1995 unsere Unternehmensgruppe Hartmann & Braun verkauft und damit den Unternehmenswert von Mannesmann gesteigert. Wir haben dadurch auch zusätzliche Ressourcen für Investitionen in unseren Kerngeschäftsfeldern freigesetzt."
Geschäftsbericht 1995, S. 5

"Im Jahr 1996 hat Mannesmann die Konzernstruktur weiter verbessert. Dabei ging es darum, die Wettbewerbsposition unserer Geschäftsfelder zu stärken, die Verluste defizitärer Geschäftsfelder abzubauen und die Aktivitäten unserer Gesellschaften auf die Kernproduktbereiche zu konzentrieren."
Geschäftsbericht 1996, S. 11

METALLGESELLSCHAFT

"Das umfangreiche Desinvestitionsprogramm konnte im Geschäftsjahr 1993/1994 nahezu vollständig abgeschlossen werden."
Geschäftsbericht 1994, S. 12

"Einen Baum muß man beschneiden - sonst trägt er wenig Frucht. Eine Binsenweisheit, die sich auch auf Unternehmen übertragen läßt. Die MG hat sich auf ihre starken und ertragreichen Zweige konzentriert und deren Wachstum durch die Trennung von Randaktivitäten gefördert."
Geschäftsbericht 1995, S. 3

"In unseren Leitsätzen hat sich die Metallgesellschaft das Ziel gesetzt, den Wert des Unternehmens im Sinne der Aktionäre kontinuierlich zu steigern. Um dieses Ziel zu erreichen, hat sich der Konzern auf seine Kernbereiche Handel, Anlagenbau, Chemie und Bautechnik konzentriert."
Geschäftsbericht 1996, S. 2

"Die Beschränkung auf Kernbereiche hat Freiraum geschaffen für bedeutsame Akquisitionen und eine weitere Verstärkung der Aktivitäten im Ausland."
Geschäftsbericht 1996, S. 4

PLETTAC
"Unter Gesichtspunkten der Ertragsverbesserung unterziehen wir unsere Tätigkeitsfelder einer kontinuierlichen Überprüfung. Dies führt einerseits zur Akquisition erfolgversprechender Neuzugänge, zum Beispiel der Sparte Video- und Sicherheitstechnik von Grundig im Januar 1997 in der von uns neu gegründeten plett electronic. Andererseits können aber auch Bereinigungen notwendig werden, wie der erfolgte Verkauf des in Mitteleuropa tätigen Bereichs Schalungen an die Firma Thyssen Hünnebeck."
Geschäftsbericht 1996, S. 6

PORSCHE
"Über das Kerngeschäft mit Sportwagen hinaus gibt es weiter Produktangebote, die Porsche glaubwürdig besetzen kann. Ziel unserer Strategie ist es, die bisherige Eindimensionalität unseres Produktangebotes aufzubrechen. Wir wollen unser Angebot verbreitern, indem wir neben unseren Sportwagen - dem klaren Kerngeschäft - weitere Produkte positionieren, die Freizeit-, Spaß- und Erlebnischaracter besitzen."
Geschäftsbericht 1996, S. 5

PREUSSAG
"Unsere Strategie ist es, uns auf unsere Kernkompetenzen zu fokussieren und diese gezielt und international auszubauen. Auf diesem Wege haben wir uns in den vergangenen zwei Jahren von Geschäften getrennt, die mittelfristig gefährdet oder mit Verlusten behaftet waren."
Geschäftsbericht 1995, S. 9

PWA
"1996 war für den PWA Konzern ein erfolgreiches Jahr: Wir haben die Phase der Umstrukturierung beendet und durch die Konzentration der Aktivitäten auf die Kerngeschäftsbereiche Hygiene Produkte, Grafische Papiere und Verpackungen die Voraussetzungen für eine erfolgreiche Zukunft geschaffen. Im Zuge der strategischen Neuausrichtung hat sich der PWA Konzern zunächst durch die Veräußerung der Systemform von Geschäftsdrucken und Organisationssystemen getrennt."
Geschäftsbericht 1996, S. 6

RWE

"Wesentliche Elemente unserer Geschäftspolitik sind dabei die Restrukturierung und Neuausrichtung bestehender Geschäftsfelder, die Portfolio-Optimierung - auch durch Disinvestments -, der Ausbau der Aktivitäten im Ausland und die Erschließung zukunftsorientierter Wachstumsmärkte."
Geschäftsbericht 1997, S. 7

SCHERING

"Mit dem Verkauf der drei chemisch-technischen Sparten haben wir die Voraussetzung geschaffen, uns künftig auf unser Kerngeschäft zu konzentrieren."
Geschäftsbericht 1992, S. 2

"Schering hat sich innerhalb von nur vier Jahren von einem diversifizierten Unternehmen mit fünf Sparten zu einem, seit dem 1. Januar 1994, reinen Pharmaunternehmen entwickelt...Diese klare Fokussierung auf unsere Stärken verlangt eine hohe Flexibilität im Denken und Handeln, die auf eine deutlich höhere Rendite abzielt."
Geschäftsbericht 1994, S. 14

SCHMALBACH LUBECA

"Mit der Konzentration auf unsere Kerngeschäftsfelder PET-Verpackungen, Getränkedosen und White-Cap-Verschlüsse verbessern wir langfristig unsere Wettbewerbsfähigkeit...Ein erster wesentlicher Schritt dieser Strategie war die Veräußerung der Produktgruppe Kunststoffverpackungen an die britische RPC Group. Plc.."
Geschäftsbericht 1996, S. 6/7

SGL CARBON

"Juni: Hoechst trennt sich von seiner Restbeteiligung von 50% + 1 Aktie an SGL Carbon"
Geschäftsbericht 1996, S. 2

"Auf diesem Gebiet wollen wir uns auf Geschäfte konzentrieren, in denen wir wachsen sowie eine führende Position einnehmen können, uns von anderen, strategisch inkompatiblen Einheiten trennen."
Geschäftsbericht 1994, S. 8

SIEMENS

"Zum Umbau tragen auch Desinvestitionen bei. Um das Unternehmen noch besser auf den globalen Wettbewerb auszurichten, überprüfen wir immer wieder unser Geschäftsportfolio. Wir wollen uns auf diejenigen Felder konzentrieren, in denen wir eine weltweit führende Position entweder bereits besitzen oder erlangen können. Mehrere Geschäfte wurden deshalb - überwiegend mit Wirkung des Geschäftsjahres 1997/1998 - veräußert, weil sie in einem anderen Verbund bessere Perspektiven haben. Dazu zählen die Verteidigungselektronik, die Dentaltechnik, das Leuchtengeschäft und unsere Großhandelsorgansiation auf dem Gebiet der Installationstechnik, die i-center."
Geschäftsbericht 1997, S. 6

THYSSEN

"Der Verkauf von Unternehmensteilen, die nicht zu den Kerngeschäften gehören, brachte erhebliche außerordentliche Erträge....Für uns hat strategische Priorität, den Unternehmenswert durch Ertragsausbau zu steigern und zyklische Ergebnisschwankungen zu verringern. Deshalb konzentrieren wir die Ressourcen auf ausgewählte Kerngeschäfte mit gutem Markt- und Ergebnispotential."
Geschäftsbericht 1996/1997, S. 6/7

"Die Portfolio-Optimierung erfordert, sich von Geschäftsfeldern mit geringem oder negativem Wertbeitrag und/oder geringer strategischer Bedeutung zu trennen und alle Kräfte auf Geschäftsfelder mit hoher strategischer Bedeutung und hohem Wertbeitrag zu lenken. Anhand dieser Kriterien wurden nach der im September 1996 abgeschlossenen Portfolio-Analyse die Thyssen-Geschäftsfelder in Kerngeschäfte und Restrukturierungs- bzw. Desinvestitionsgeschäfte unterteilt.
Geschäftsbericht 1996/1997, S. 19

"Für die Portfolio- Neuordnung haben wir uns einen Zeitrahmen von zwei bis drei Jahren gesetzt. Insbesondere mit dem Ausbau der Kerngeschäfte sind wir im ersten Jahr wesentlich vorangekommen. Hierzu zählen vor allem die Bildung von Thyssen Krupp Stahl und Thyssen Budd Automotive sowie den Käufen von Copper and Brass (Werkstoffhandel) und Giddings & Lewis (Produktionssyteme). Darüber hinaus sind wichtige Schritte im Hinblick auf die Trennung von Nicht-Kernaktivitäten umgesetzt worden. Unsere Anteile an den Rheinischen Kalksteinwerken haben wir ebenso verkauft wie Walzdraht Hochfeld und das Werk Ruhrort aus dem Bereich Stahllangprodukte."
Geschäftsbericht 1997/1998, S. 7

VEBA

"Im Rahmen unserer wertorientierten Unternehmenspolitik gilt: Ergebnis geht vor Umsatz. Daher haben wir durch Desinvestitionen von Randaktivitäten und Verlustbringern sowie Verzicht auf margenschwaches Geschäft den Umsatz in einzelnen Geschäftsfeldern ganz bewußt zurückgeführt."
Geschäftsbericht 1995, S. 5

"Von Aktivitäten, bei denen verteidigungsfähige Marktpositionen und angemessene Verzinsung dauerhaft nicht zu erreichen sind, werden wir uns auch weiterhin konsequent trennen; die freiwerdenden Mittel setzten wir zum gezielten Ausbau unserer Kerngeschäftsfelder ein. Seit 1993 haben wir Geschäfte mit einem Umsatzvolumen von insgesamt DM 6 Mrd. abgegeben."
Geschäftsbericht 1996, S. 9

"Wichtige Weichenstellungen für die Zukunft: Sie markieren VEBAs Aufbruch in eine neue strategische Phase, die wir 'Fokussierung und Wachstum' nennen. Mit der Konzentration auf Kerngeschäfte und deren Ausbau zu führenden Marktpositionen wollen wir die Herausforderungen auf den globalen Märkten offensiv angehen. Um dieses Ziel zu erreichen, müssen wir unsere Teilkonzerne auf das konzentrieren, was sie jeweils am besten können.."
Geschäftsbericht 1997, S. 8

VIAG

"Im Geschäftsjahr 1996 wurde durch Akquisitionen und die Abgabe von Randaktivitäten das Profil weiter geschärft...Zur Konzentration auf das Kerngeschäft wurden im Gegenzug eine Reihe von Desinvestments erfolgreich abgewickelt bzw. eingeleitet."
Geschäftsbericht 1996, S. 13

Anhang B: Auflistung der erfaßten Divestments

Unternehmen	Divestment
Agiv	Gaggenau
Agiv	Bayrische Zugspitzbahn
Agiv	Kamino
Altana	Milupa
Altana	DAT Informationssysteme GmbH
Altana	DAT Sofware und Logistiksysteme GmbH
BASF	Infusions- und Dialyselösungen
BASF	Auguste Victoria
BASF	Wintershall Energy
BASF	Resart GmbH
BASF	Critesa S.A.
BASF	Werk Bischofferode
BASF	Kühlerschutzmittel/Autopflegeprodukte
BASF	Druckfarbenaktivitäten
BASF	Comparex Informationssysteme GmbH
BASF	Kali-und Salz Beteiligungs AG
BASF	BASF Magnetics
BASF	Jinling Petrochemical Company
BASF	Syngas
BASF	Resart GmbH
BASF	Katalysatorgeschäft
BASF	Container Coatings
BASF	Beck-Elektroisoliersystemen
Bayer	Correcta GmbH
Bayer	Sionon
Bayer	Natreen
Bayer	Delial
Bayer	Bayer Industrieprodukte GmbH & Co KG
Bayer	Bayer Vital GmbH & Co. KG
Bayer	Email-und Keramikaktivitäten
Bayer	Geschäftsfeld Dentalerzeugnisse
Beiersdorf	Beiersdorf GmbH
BMW	Digitale Kameras
BMW	Materialanalyse
BMW	Development Tools
BMW	Bildanalyse
Brau und Brunnen	Getränke-Industrie Münsterland Ingwersen GmbH
Brau und Brunnen	Schwarzwald Sprudel
Brau und Brunnen	Heidelberger Schloßquell-Brauerei GmbH
Brau und Brunnen	Appolinaris & Schweppes GmbH & Co KG
Brau und Brunnen	Brau und Brunnen Informatik Service GmbH
Brau und Brunnen	Bavaria St. Pauli Brauerei AG
Brau und Brunnen	Einbecker Brauhaus GmbH
Buderus	Buderus Sell GmbH
Continental	Werk zur Herstellung von Synthesekautschuk
Continental	Uniroyal Englbert Textilcord S.A.
Daimler-Benz	AEG Hausgeräte
Daimler-Benz	AEG Elektrowerkzeuge

Unternehmen	Divestment
Daimler-Benz	AEG Kabel
Daimler-Benz	AEG Gasturbinen
Daimler-Benz	AEG Temic Telefunken Kabelsatz
Daimler-Benz	AEG Lichttechnik
Daimler-Benz	AEG Zähler
Daimler-Benz	Heizungsregelungssysteme
Daimler-Benz	Argentinische Getriebefertigung
Daimler-Benz	Dornier Satellitensysteme GmbH
Daimler-Benz	LFK-Lenkflugkörpersysteme GmbH
Daimler-Benz	Telefunken Sendertechnik GmbH
Daimler-Benz	Wörther Kunststoffteile-Werk
Daimler-Benz	AEG Energietechnik
Daimler-Benz	AEG Niederspannungstechnik
Daimler-Benz	AEG Bahntechnik
Daimler-Benz	AEG Energieverteilung
Daimler-Benz	AEG Anlagen-und Automatisierungstechnik
Daimler-Benz	Lloyd Dynamowerke GmbH
Daimler-Benz	Schorch Elektrische Maschinen und Antriebe GmbH
Daimler-Benz	AEG Fabrica de Motores S.A.
Daimler-Benz	AEG Elotherm GmbH
Daimler-Benz	Elekro-Mechanik GmbH
Daimler-Benz	AEG Sensortechnik
Daimler-Benz	Kondensatoren und Wandler
Daimler-Benz	Intermas und Vibrationstechnik
Daimler-Benz	Sicherheitstechnik
Daimler-Benz	Fokker N.V.
Daimler-Benz	Dornier Medizintechnik GmbH
Daimler-Benz	MBB Förder-und Hebesysteme GmbH
Daimler-Benz	AEG Schneider Automation SAS
Daimler-Benz	Modular computer Systems
Daimler-Benz	AEG Elektromotoren
Daimler-Benz	Dornier Luftfahrt GmbH
Daimler-Benz	Angewandte Solarenergie-ASE GmbH
Daimler-Benz	Debis Marketing Services
Daimler-Benz	AEG Elektronische Röhren
Daimler-Benz	Solarnova Solartechnik GmbH & Co.
Daimler-Benz	AEG Softwaretechnik GmbH
Daimler-Benz	AEG Electrocom GmbH
Daimler-Benz	Senstar Corp.
Daimler-Benz	Fabeg GmbH
Daimler-Benz	AEG Electrocom International Inc.
Daimler-Benz	MTU München Standort Peißenberg
Daimler-Benz	Temic Telefunken Hochfrequenztechnik GmbH
Daimler-Benz	Holzindustrie Bruchsal GmbH
Degussa	Mahler GmbH
Degussa	Pretema GmbH
Degussa	Schoeller & Co. Electronic GmbH
Degussa	Grassau Multilayer GmbH
Degussa	Degussa Electronics Ltd.
Deutsche Babcock	DVO Datenverarbeitungs-Service Oberhausen GmbH

Unternehmen	Divestment
Daimler-Benz	AEG Kabel
Daimler-Benz	AEG Gasturbinen
Daimler-Benz	AEG Temic Telefunken Kabelsatz
Daimler-Benz	AEG Lichttechnik
Daimler-Benz	AEG Zähler
Daimler-Benz	Heizungsregelungssysteme
Daimler-Benz	Argentinische Getriebefertigung
Daimler-Benz	Dornier Satellitensysteme GmbH
Daimler-Benz	LFK-Lenkflugkörpersysteme GmbH
Daimler-Benz	Telefunken Sendertechnik GmbH
Daimler-Benz	Wörther Kunststoffteile-Werk
Daimler-Benz	AEG Energietechnik
Daimler-Benz	AEG Niederspannungstechnik
Daimler-Benz	AEG Bahntechnik
Daimler-Benz	AEG Energieverteilung
Daimler-Benz	AEG Anlagen-und Automatisierungstechnik
Daimler-Benz	Lloyd Dynamowerke GmbH
Daimler-Benz	Schorch Elektrische Maschinen und Antriebe GmbH
Daimler-Benz	AEG Fabrica de Motores S.A.
Daimler-Benz	AEG Elotherm GmbH
Daimler-Benz	Elekro-Mechanik GmbH
Daimler-Benz	AEG Sensortechnik
Daimler-Benz	Kondensatoren und Wandler
Daimler-Benz	Intermas und Vibrationstechnik
Daimler-Benz	Sicherheitstechnik
Daimler-Benz	Fokker N.V.
Daimler-Benz	Dornier Medizintechnik GmbH
Daimler-Benz	MBB Förder-und Hebesysteme GmbH
Daimler-Benz	AEG Schneider Automation SAS
Daimler-Benz	Modular computer Systems
Daimler-Benz	AEG Elektromotoren
Daimler-Benz	Dornier Luftfahrt GmbH
Daimler-Benz	Angewandte Solarenergie-ASE GmbH
Daimler-Benz	Debis Marketing Services
Daimler-Benz	AEG Elektronische Röhren
Daimler-Benz	Solarnova Solartechnik GmbH & Co.
Daimler-Benz	AEG Softwaretechnik GmbH
Daimler-Benz	AEG Electrocom GmbH
Daimler-Benz	Senstar Corp.
Daimler-Benz	Fabeg GmbH
Daimler-Benz	AEG Electrocom International Inc.
Daimler-Benz	MTU München Standort Peißenberg
Daimler-Benz	Temic Telefunken Hochfrequenztechnik GmbH
Daimler-Benz	Holzindustrie Bruchsal GmbH
Degussa	Mahler GmbH
Degussa	Pretema GmbH
Degussa	Schoeller & Co. Electronic GmbH
Degussa	Grassau Multilayer GmbH
Degussa	Degussa Electronics Ltd.
Deutsche Babcock	DVO Datenverarbeitungs-Service Oberhausen GmbH

Unternehmen	Divestment
Hoechst	Spezialchemie
Hoechst	Behring Diagnostics
Hoechst	The Rugby Group Inc.
Hoechst	Messer Griesheim GmbH
Hoechst	Kalle Nalo GmbH
IVG	IABG Industrieanlagen-Betriebsgesellschaft
IVG	MWB Elektronik GmbH
Klöckner-Werke	Klöckner Edelstahlwerke GmbH
Klöckner-Werke	Stahlwerke Bremen
Klöckner-Werke	Flachform Stahl AG & Co. KG
Klöckner-Werke	Kautex Werke AG
Klöckner-Werke	Klöckner Energiehandel GmbH
Klöckner-Werke	Röder Zeltsysteme und Service AG
Klöckner-Werke	Klöckner Wilhelmsburg GmbH
Krupp	Orenstein & Koppel AG
Krupp	Gummispritzpressen-Sparte
Krupp	MAN Gutehoffnungshütte AG
Krupp	Krupp Brüninghaus
Krupp	Schroff-Gruppe
Krupp	Verkehrstechnik
Krupp	Prometa Metall Gmbh
Krupp	Krupp Widia GmbH
Krupp	Krupp Mobilkrane
Krupp	Blefa GmbH
Krupp	O & K Rolltreppen GmbH
Krupp	Krupp Sicherheits GmbH
Krupp	Stahlhandel
Krupp	Krupp MaK Maschienenbau GmbH
Lufthansa	Penta Hotelbetriebsgesellschaft mbH
Lufthansa	Lufthansa Cargo AG
Lufthansa	Lufthansa Technik AG
Lufthansa	Datenverarbeitung
Lufthansa	Euro Lloyd Reisebüro GmbH
Lufthansa	Lufthansa Systems AG
Lufthansa	Lufthansa Service Holding AG
MAN	MAN Wolffkran GmbH
Mannesmann	Hartmann & Braun AG
Mannesmann	Mannesmann Fahrzeugteile GmbH
Mannesmann	Mannesmann Tally GmbH
Mannesmann	Drucklufttechnik
Mannesmann	Easycash
Mannesmann	Fahrradkomponentensparte
Merck	Medizintechnik
Merck	Cascan GmbH & Co KG
Merck	Elektrophoresesysteme
Merck	Hermal Kurt Hermann oHG
Metallgesellschaft	KS Aluminium-Technologie AG
Metallgesellschaft	Chemetall mbH
Metallgesellschaft	Norddeutsche Affinerie
Metallgesellschaft	Dynamit Nobel

Unternehmen	Divestment
Hoechst	Spezialchemie
Hoechst	Behring Diagnostics
Hoechst	The Rugby Group Inc.
Hoechst	Messer Griesheim GmbH
Hoechst	Kalle Nalo GmbH
IVG	IABG Industrieanlagen-Betriebsgesellschaft
IVG	MWB Elektronik GmbH
Klöckner-Werke	Klöckner Edelstahlwerke GmbH
Klöckner-Werke	Stahlwerke Bremen
Klöckner-Werke	Flachform Stahl AG & Co. KG
Klöckner-Werke	Kautex Werke AG
Klöckner-Werke	Klöckner Energiehandel GmbH
Klöckner-Werke	Röder Zeltsysteme und Service AG
Klöckner-Werke	Klöckner Wilhelmsburg GmbH
Krupp	Orenstein & Koppel AG
Krupp	Gummispritzpressen-Sparte
Krupp	MAN Gutehoffnungshütte AG
Krupp	Krupp Brüninghaus
Krupp	Schroff-Gruppe
Krupp	Verkehrstechnik
Krupp	Prometa Metall Gmbh
Krupp	Krupp Widia GmbH
Krupp	Krupp Mobilkrane
Krupp	Blefa GmbH
Krupp	O & K Rolltreppen GmbH
Krupp	Krupp Sicherheits GmbH
Krupp	Stahlhandel
Krupp	Krupp MaK Maschienenbau GmbH
Lufthansa	Penta Hotelbetriebsgesellschaft mbH
Lufthansa	Lufthansa Cargo AG
Lufthansa	Lufthansa Technik AG
Lufthansa	Datenverarbeitung
Lufthansa	Euro Lloyd Reisebüro GmbH
Lufthansa	Lufthansa Systems AG
Lufthansa	Lufthansa Service Holding AG
MAN	MAN Wolffkran GmbH
Mannesmann	Hartmann & Braun AG
Mannesmann	Mannesmann Fahrzeugteile GmbH
Mannesmann	Mannesmann Tally GmbH
Mannesmann	Drucklufttechnik
Mannesmann	Easycash
Mannesmann	Fahrradkomponentensparte
Merck	Medizintechnik
Merck	Cascan GmbH & Co KG
Merck	Elektrophoresesysteme
Merck	Hermal Kurt Hermann oHG
Metallgesellschaft	KS Aluminium-Technologie AG
Metallgesellschaft	Chemetall mbH
Metallgesellschaft	Norddeutsche Affinerie
Metallgesellschaft	Dynamit Nobel

Unternehmen	Divestment
Hoechst	Spezialchemie
Hoechst	Behring Diagnostics
Hoechst	The Rugby Group Inc.
Hoechst	Messer Griesheim GmbH
Hoechst	Kalle Nalo GmbH
IVG	IABG Industrieanlagen-Betriebsgesellschaft
IVG	MWB Elektronik GmbH
Klöckner-Werke	Klöckner Edelstahlwerke GmbH
Klöckner-Werke	Stahlwerke Bremen
Klöckner-Werke	Flachform Stahl AG & Co. KG
Klöckner-Werke	Kautex Werke AG
Klöckner-Werke	Klöckner Energiehandel GmbH
Klöckner-Werke	Röder Zeltsysteme und Service AG
Klöckner-Werke	Klöckner Wilhelmsburg GmbH
Krupp	Orenstein & Koppel AG
Krupp	Gummispritzpressen-Sparte
Krupp	MAN Gutehoffnungshütte AG
Krupp	Krupp Brüninghaus
Krupp	Schroff-Gruppe
Krupp	Verkehrstechnik
Krupp	Prometa Metall Gmbh
Krupp	Krupp Widia GmbH
Krupp	Krupp Mobilkrane
Krupp	Blefa GmbH
Krupp	O & K Rolltreppen GmbH
Krupp	Krupp Sicherheits GmbH
Krupp	Stahlhandel
Krupp	Krupp MaK Maschienenbau GmbH
Lufthansa	Penta Hotelbetriebsgesellschaft mbH
Lufthansa	Lufthansa Cargo AG
Lufthansa	Lufthansa Technik AG
Lufthansa	Datenverarbeitung
Lufthansa	Euro Lloyd Reisebüro GmbH
Lufthansa	Lufthansa Systems AG
Lufthansa	Lufthansa Service Holding AG
MAN	MAN Wolffkran GmbH
Mannesmann	Hartmann & Braun AG
Mannesmann	Mannesmann Fahrzeugteile GmbH
Mannesmann	Mannesmann Tally GmbH
Mannesmann	Drucklufttechnik
Mannesmann	Easycash
Mannesmann	Fahrradkomponentensparte
Merck	Medizintechnik
Merck	Cascan GmbH & Co KG
Merck	Elektrophoresesysteme
Merck	Hermal Kurt Hermann oHG
Metallgesellschaft	KS Aluminium-Technologie AG
Metallgesellschaft	Chemetall mbH
Metallgesellschaft	Norddeutsche Affinerie
Metallgesellschaft	Dynamit Nobel

Unternehmen	Divestment
Viag	Kunststoffverpackungen
Viag	Eisenwerke Brühl (Beteiligung von 37,1%)
Viag	TG PolyTech Kunststoff GmbH
Vossloh	Bereich Dekoration
VW	Raffay GmbH & Co KG
Wella	Laboratoires Dr. N.G. Payot S.A.
Wella	Anton Hübner GmbH & Co.
Wella	René Garraud S.A.
Wella	Cosmopolitan Cosmetics GmbH

Anhang C: Bestimmtheitsmaß

Unternehmen	1992	1993	1994	1995	1996	1997
AGIV	0,9280	0,7395	0,4941	0,1774	0,5300	0,7971
ALTANA	0,8731	0,7660	0,0190	0,7081	0,7949	0,1062
AVA	0,6936	0,8293	0,2497	0,2408	0,0663	0,1236
BASF	0,9361	0,9520	0,2288	0,7849	0,9503	0,4021
BAYER	0,8395	0,9618	0,7083	0,9032	0,9076	0,3444
BEIERSDORF	0,8525	0,7831	0,0283	0,4114	0,7607	0,0290
BEWAG	0,0194	0,8968	0,0016	0,5651	0,3727	0,2779
BILFINGER + BERGER D	0,6807	0,0007	0,0419	0,0966	0,1306	0,2725
BMW	0,7547	0,9183	0,2212	0,7975	0,8638	0,5638
BRAU UND BRUNNEN	0,7742	0,8761	0,4954	0,2064	0,6973	0,3960
BUDERUS	0,4263	0,8706	0,0627	0,3528	0,8371	0,5479
CONTINENTAL	0,6708	0,8298	0,5267	0,2239	0,5665	0,8990
DAIMLER-BENZ	0,9129	0,8962	0,8551	0,5043	0,7739	0,5022
DEGUSSA	0,3125	0,8570	0,5292	0,8025	0,7272	0,8444
DEUTZ	0,8851	0,6463	0,1907	0,0319	0,2845	0,2278
DOUGLAS HOLDING	0,7585	0,7872	0,4430	0,6591	0,7650	0,5346
DT.BABCOCK	0,7470	0,9541	0,5868	0,0512	0,7138	0,8502
DUERR BET.	0,8336	0,6611	0,0932	0,0689	0,0155	0,6118
DYCKERHOFF PREF.	0,8758	0,0134	0,0715	0,4789	0,8552	0,2521
ESCADA PREF.	0,5920	0,5272	0,4736	0,0664	0,0154	0,1116
FAG KUGELFISCHER	0,8533	0,7948	0,0620	0,0979	0,1485	0,4089
FELTEN & GUILL. ENERGIE	0,8240	0,8773	0,1587	0,2997	0,5112	0,3614
FRESENIUS PREF.	0,7929	0,9245	0,0502	0,6437	0,7033	0,0099
GEA PREF.	0,8498	0,7543	0,1652	0,4871	0,2482	0,2515
GEHE	0,6457	0,7370	0,1212	0,7430	0,5628	0,0246
GERRESHEIMER GLAS	0,7133	0,4774	0,3810	0,6534	0,5978	0,6958
GROHE (FRIEDRICH)PREF.	0,7484	0,8224	0,0010	0,2989	0,5765	0,4369
HEIDELB.ZEMENT	0,8121	0,5281	0,0082	0,0007	0,8991	0,6696
HENKEL PREF.	0,3581	0,7970	0,5740	0,4277	0,8704	0,7890
HERLITZ	0,5380	0,8794	0,3920	0,1510	0,3208	0,2507
HOCHTIEF	0,9208	0,2786	0,0839	0,1040	0,0001	0,6357
HOECHST	0,4910	0,8520	0,2434	0,6984	0,9259	0,2287
HOLZMANN (PHILIPP)	0,8974	0,0095	0,0048	0,2066	0,5814	0,3563
HORNBACH HOLDING	0,0567	0,8474	0,1357	0,0002	0,0154	0,3863
IVG	0,6528	0,8950	0,2744	0,0523	0,6910	0,0383
IWKA	0,9159	0,9356	0,6575	0,0000	0,7142	0,5046
JUNGHEINRICH PREF.	0,8068	0,6634	0,0172	0,0656	0,5026	0,7718
KAMPA-HAUS	0,1906	0,7375	0,0796	0,0349	0,0347	0,7106
KARSTADT	0,8285	0,7638	0,0557	0,5887	0,1955	0,8015
KLOECKNER-WERKE	0,8475	0,8926	0,2715	0,1448	0,0484	0,6514
KRONES PREF.	0,6942	0,7384	0,0984	0,2236	0,4972	0,3896
KSB PREF.	0,2335	0,7890	0,4770	0,1158	0,7396	0,7610

Anhang C: Bestimmtheitsmaß (Fortsetzung)

Unternehmen	1992	1993	1994	1995	1996	1997
LAHMEYER	0,8181	0,9013	0,3664	0,1835	0,5484	0,7654
LINDE	0,7822	0,8670	0,2970	0,6971	0,3191	0,3866
LUFTHANSA	0,6049	0,9214	0,1684	0,7766	0,1732	0,8956
MAN	0,9592	0,8256	0,5360	0,4527	0,3327	0,8566
MANNESMANN	0,8496	0,9563	0,6745	0,8810	0,9171	0,8055
METALLGESELLSCHAFT	0,9495	0,2076	0,4509	0,7612	0,1145	0,3632
PORSCHE PREF.	0,5245	0,9092	0,4858	0,6930	0,8697	0,8900
PREUSSAG	0,6242	0,7914	0,5876	0,2326	0,4815	0,9025
PUMA	0,6672	0,5332	0,1308	0,3795	0,1091	0,3398
PWA	0,9255	0,8579	0,1799	0,0772	0,1253	0,7361
RHEINMETALL	0,8117	0,7965	0,6360	0,1065	0,0018	0,7550
RHOEN-KLINIKUM PREF.	0,1647	0,9404	0,0516	0,6647	0,0929	0,1561
RWE	0,2384	0,9228	0,3870	0,6818	0,4826	0,5905
SAP PREF.	0,0725	0,4475	0,1626	0,7632	0,0405	0,7031
SCHERING	0,4435	0,9263	0,2634	0,0001	0,7749	0,8172
SCHMALBACH-LUBECA	0,9085	0,5445	0,3230	0,0264	0,8213	0,0213
SIEMENS	0,9593	0,9282	0,7679	0,7844	0,4252	0,9320
SPAR PREF.	0,7215	0,8151	0,3596	0,1278	0,3394	0,6290
SUEDZUCKER PREF.	0,5389	0,8740	0,0003	0,5733	0,7492	0,6156
THYSSEN	0,8682	0,9538	0,0767	0,1047	0,0467	0,7694
VARTA	0,5324	0,7727	0,2033	0,0653	0,0252	0,1168
VEBA	0,5560	0,9589	0,0215	0,8410	0,8042	0,6081
VIAG	0,8432	0,9394	0,0264	0,8264	0,0298	0,4901
VOLKSWAGEN	0,7760	0,8562	0,5205	0,8336	0,8312	0,6795
VOSSLOH	0,3138	0,3417	0,2559	0,0645	0,5424	0,8325
WELLA PREF.	0,0331	0,8635	0,0304	0,0342	0,3474	0,9120

Literaturverzeichnis

ACHLEITNER, A. K./ACHLEITNER, P. (1997): Ansatzpunkte unternehmerischer Erfolgsstrategien, in Achleitner, A. K./Thoma, G. (Hrsg.): Handbuch Corporate Finance, Frankfurt 1997, S. 1-13

ACHLEITNER, P./HERDEN, R./REICHE, C. (1997): International Column, in M&A Review 1/97, S. 9-11

ACHTENHAGEN, L. (1997): M&A Aktivitäten in der deutschen Chemie- und Pharmaindustrie, in M&A Review, 6/97, S. 261-265

ALBACH, H. (1994): Wertewandel deutscher Manager, in Albach, H. (Hrsg.): Werte und Unternehmensziele im Wandel der Zeit, Wiesbaden 1994, S. 1-25

ALEXANDER, G./BENSON, P./KAMPMEYER, J. (1984): Investigating the Valuation Effects of Announcements of Voluntary Corporate Selloffs, in JoF, Vol. XXXIX, No. 2, June 1984, S. 503-517

AMEN, M. (1994): Erstellung von Kapitalflußrechnungen, München 1994

AMIHUD, Y./LEV, B. (1981): Risk reduction as a managerial motive for conglomerate mergers, in Bell Journal of Economics, 12 (1981), S. 605-617

ANSOFF, I. (1991): Implanting Strategic Management, London 1991

ASSENMACHER, W. (1995): Einführung in die Ökonometrie, München 1995

BADEN, K. (1992): Vergleichende Unternehmensbeurteilung und Aktienkurse, Kiel 1992

BALL, M. (1997): How a spin-off could lift your share value, in Corporate Finance, No. 150, May 1997, S. 24

BALL, R. (1995): The Theory of Stock Market Efficiency: Accomplishments and Limitations, in JoACF, Vol. 8, Nr.1, Spring 1995, S. 4-17

BAUMS, T./FRAUNE, C. (1994): Institutionelle Anleger und Publikumsgesellschaft: Eine empirische Untersuchung, in Die Aktiengesellschaft, Vol. 40, S. 97-112

BAUMS, T. (1996): Corporate Governance Systems in Europe - Differences and Tendencies of Convergence - Crafoord Lecture, Osnabück 1996

BAUMS, T. (1997): Der Entwurf eines 3. Finanzmarktförderungsgesetz. Stellungnahme für den Finanzausschuß des Deutschen Bundestages, Osnabrück 1997

BERGER, P./OFEK, E. (1995): Diversification´s effect on firm value, in JoFE 37 (1995), S 39-65

BERGER, P./OFEK, E. (1996): Bustup Takeovers of Value-Destroying Diversified Firms, in JoF, Vol. LI, No. 4, September 1996, S. 1175-1199

BERLE, A./MEANS, G. (1932): The Modern Corporation and Private Property, New York 1932

BHIDE, A. (1988): Reversing Corporate Diversification, in JoACF, 1988, No. 2, S. 70-81

BREALEY, M./MEYERS, S. (1996): Principles of Corporate Finance, New York 1996

BROWN, S./ WARNER, J.(1985): Using Daily Stock Returns. The Case of Event Studies, in JoFE, Vol. 14, 1985, S. 3-32

BÜHNER, R. (1983): Portfolio-Risikoanalyse der Unternehmensdiversifikation von Industriegesellschaften, in ZfB, 53. Jg., (1983), S. 1023-1041

BÜHNER, R. (1984): Marktwert und Realteilung, in ZfB, 54. Jg. (1984), Heft 10, S. 945-963

BÜHNER, R. (1990a): Das Management-Wert-Konzept: Strategien zur Schaffung von mehr Wert im Unternehmen, Stuttgart 1990

BÜHNER, R. (1990b): Managen wie die Raider, in HM 1/1990, S. 36-41

BÜHNER, R. (1990c): Reaktionen des Aktienmarktes auf Unternehmenszusammenschlüsse, in ZfbF 42 (4/1990), S. 295-316

BÜHNER, R. (1993a): Shareholder Value, in DBW 53 (1993) 6, S. 749-769

BÜHNER, R. (1993b): Strategie und Organisation, Wiesbaden 1993

BÜHNER, R. (1998): Unternehmensspaltung - Motive und Aktienmarktreaktionen, in zfbf 50, 9/1998, S. 809-840

BUSSE VON COLBE, W. (1993): Kapitalflußrechnung, in Chmielewicz, K./Schweiter, M. (1993), S.1074-1075

CAREY, D./ELSON, E./ RAUL, R. (1997): When a spinoff is on the board´s agenda, in Directors & Boards, Winter 1997, S.44

COMMENT, R./JARRELL, G. (1995): Corporate focus and stock returns, in JoFE 37 (1995), S. 67-87

COPELAND, T./KOLLER, T./MURRIN, J. (1996): Valuation: Measuring and Managing the Value of Companies, New York 1996

COPELAND, T./WESTON, F. (1992): Financial Theory and Corporate Policy, New York 1992

CORDES, J. (1993): Der Erfolg von Mischkonzernen aus theoretischer und empirischer Sicht, Bergisch Gladbach 1993

CS FIRST BOSTON (CSFB) (1996): Shareholder Value in Europe Part II, London 1996

DAHLEY, L./MEHROTRA, V./SIVAKUMAR, R. (1997): Corporate focus and value creation: Evidence from spinoffs, in JoFE 45 (1997), S. 257-281

DENIS, D./DENIS, D./SARIN, A. (1997): Agency Problems, Equity Ownership, and Corporate Diversification, in JoF, March 1997, S. 135-160

DEUTSCHE BÖRSE AG (1997): Leitfaden zu den Aktienindizes der Deutschen Börse, Frankfurt 1997

DEUTSCHE BÖRSE AG (1998) : Deutsche Börse-Indizes, Internetseite http://www.exchange.de/fwb/indices_d.html, Mai 1998

DEUTSCHE BUNDESBANK (1995): Wertpapierdepots, August 1995

DEUTSCHE BUNDESBANK (1997): Monatsbericht März 1997, Frankfurt 1997

DEUTSCHE MORGAN GRENFELL (1996): Shareholder Value in Deutschland, Frankfurt 1996

DÖTSCH, E. (1996): Das neue Umwandlungssteuerrecht ab 1995, Stuttgart 1996

DOHM, L. (1989): Die Desinvestition als strategische Handlungsalternative, Frankfurt 1989

DRUKARCZYK, J. (1992): Management Buyouts, in Regensburger Diskussionsbeiträge zur Wirtschaftswissenschaft, Nr. 248, Regensburg 1992

DRUKARCZYK, J. (1993): Theorie und Politik der Finanzierung, München 1993

DRUKARCZYK, J./HONOLD, D./SCHÜLER, A. (1996): Shareholders and Intensity of Control, Regensburg 1996

DUHAIME, I./GRANT, J. (1984): Factors influencing the divestment decision, in Strategic Management Journal, 1984, S. 301-330

EBEL, T. (1998): Besteuerung der Ausgliederung und Spaltung bei Unternehmensumstrukturierungen, Bielefeld 1998

ECKEY, H./KOSFELD, R./DREGER, C. (1995): Ökonometrie, Wiesbaden 1995

ELTON, E./GRUBER, M. (1995): Modern Portfolio Theory and Investment Analysis, New York 1995

FAMA, E. (1965): The Behaviour of Stock Market Prices, in Journal of Business, January 1965, S. 34-105

FAMA, E. (1970): Efficient Capital Markets: A Review of Theory and Empirical Work, in JoF, Vol. 25, Mai 1970, S. 383-417

FAMA, E. (1976): Foundations of Finance, New York 1976

FAMA, E. (1980): Agency problems and the theory of the firm, in JPE, Vol. 88 (1980), No. 2, S. 288-307

FAMA, E. (1991): Efficient Capital Markets II, in JoF, Vol. 46, Nr. 5, Dezember 1991, S. 1575-1617

FAMA, E./FISHER, L./JENSEN, M./ROLL, R. (1969): The Adjustment of Stock Prices to New Information, in International Economics Review 10 (Februar 1969), S. 1-31

FAMA, E./JENSEN, M. (1983): Separation of Ownership and Control, in Journal of Law and Economics, Vol. 26 (1983), S. 301-325

FAMA, E./FRENCH, K. (1992): The Cross-section of Expected Stock Returns, in JoF 47 (1992), S. 427-466

FRANKE, G./HAX, H. (1990): Finanzwirtschaft des Unternehmens und Kapitalmarkt, Berlin 1990

FRANKS, J./MAYER, C. (1997): Corporate Ownership and Control in the U.K., Germany and France, in JoACF, Vol. 9 No. 4, Winter 1997, S. 30-45

FROHN, J. (1995): Grundausbildung in Ökonometrie, New York 1995

GANZ, M. (1991): Die Erhöhung des Unternehmenswertes durch die Strategie der externen Diversifikation, St. Gallen 1991

GILLENKIRCHEN, R./VELTHUIS, L. (1997): Lineare Anreizverträge für Manager bei systematischen und unsystematischen Risiken, in ZfbF, Nr. 49, 2/1997, S. 121-140

GOOLD, M./LUCHS, K.(1993): Why diversify? Four decades of management thinking, in The Academy of Management Executive, August 1993, S. 10-16

GOTTSCHALK, A. (1987): Der Stimmrechtseinfluß der Banken in Aktionärsversammlungen der Großunternehmen, in WSI-Mitteilungen, 41. Jhg., S. 294-304

GREENSPAN, A. (1989): Statement by Alan Greenspan, Chairman, Board of Governors of the Federal Reserve System before the Senate Finance Committee, in JoACF, 1989, S. 31-34

HACHENBURG, A. V./KOCH, M. (1997): Management Buyouts und Shareholder Value, in iomanagement, Nr. 3 1997, S. 48-51

HENDERSON, J./QUANDT R. (1993): Mikroökononische Theorie, Eine mathematische Darstellung, München 1983

HERDEN, R./DÖNGES, J.: Mega-Deals im Telekom- und Finanzsektor sorgen für ungebrochenen M&A-Boom, in MAR 7-8/1998, S. 311-314

HFA (1995): Stellungnahme HFA 1/1995: Die Kapitalflußrechnung als Ergänzung des Jahres- und Konzernabschlusses, in Die Wirtschaftsprüfung, Heft 6/1995, S. 210

HIGGINS, R. (1992): Analysis for Financial Management, Boston 1992

HITE, G./OWERS, J. (1983): Security Price Reactions around Corporate Spin-Off Announcements, in JoFE 12 (1983), S. 409-436

HITE, G./VETSUYPENS, M. (1989): Management Buyouts of Divisions and Shareholder Wealth, in JoF, Vol. XLIV, NO. 4, September 1989, S. 953-970

HOCHSTÄTTER, D. (1996): Statistische Methodenlehre, Frankfurt 1996

HOSTETTLER, S. (1997): Economic Value Added (EVA): Darstellung und Anwendung auf Schweizer Aktiengesellschaften, Bern 1997

J.P. MORGAN (1997): Corporate Clarity in Germany, London 1997

JAIN, P. (1985): The Effect of Voluntary Sell-off Announcements on Shareholder Wealth, in JoF, Vol. XI, March 1985, S. 209-224

JENSEN, M. (1968): Risk, the Pricing of Capital Assets, and the Evaluation of Investment Portfolios, in Journal of Business, 42, No. 2, 1968, S. 167-247

JENSEN, M. (1978): Some anomalous Evidence regarding Market Efficiency, in JoFE, Nr. 6 (1978), S. 95-101

JENSEN, M. (1986): Agency Costs of Free Cash Flow, Corporate Finance and Takeovers, in AEA, May 1986, S. 323-329

JENSEN, M./MECKLING, W. (1976): Theory of the firm: Managerial behaviour, agency costs and ownership, in JoFE (1976), Vol. 3, S. 305-360

JENSEN, M./MURPHY, K. (1990): Performance pay and top management incentives, in Journal of Political Economics 98, (1990), S. 225-264

JOHN, K./OFEK, E. (1995): Asset sales and increase in focus, in JoFE 37 (1995), S. 105-126

JUNIUS, K. (1997): Economies of Scale: A Survey of the Empirical Literature, Kiel Working Paper No. 813, Kiel 1997

KAPLAN, S. (1997): Corporate Governance and Corporate Performance: A comparison of Germany, Japan and the U.S., in JoACF Winter 1997, Volume 9, No. 4, S. 86-92

KAPLAN, S./RUBACK, R. (1996): The Market Pricing of Cash Flow Forecasts: Discounted Cash Flow vs. the Method of "Comparables, in JoACF, Vol. 8, No. 4, Winter 1996, S. 45-60

KAPLAN, S./WEISBACH, M. (1992): The Success of Acquisitions: Evidence from Divestitures, in JOF, Vol. XLVII, No. 1, March 1992, S. 107-138

KENSINGER, J./ MARTIN J. (1989): The Quiet Restructuring, in JoACF, (1989), Vol. 1, No.1, S. 46-54

KLEIN, A. (1986): The Timing and Substance of Divestiture Announcements: Individual, Simultaneous and Cumulative Effects, in JoF, Vol. XLI, No. 3, July 1986, S. 685-696

KOHLBERG KRAVIS ROBERTS & CO. (with Deloitte Haskins & Sells) (1989): Leveraged Buy-Outs, in JoACF, (1989), S. 64-75

KRAHNEN, J. P. (1997): Diversifikation, ein Überblick, Vorlesungsunterlagen der Vorlesung Corporate Finance des FB Betriebswirtschaftslehre der Johann Wolfgang Goethe-Universität des WS 97/98

LEWIS, T. (1995): Steigerung des Unternehmenswertes, Landsberg 1995

LINTNER, J. (1965a): Security Prices, Risk and Maximal Gains from Diversification, in JoF, December 1965, S. 587-615

LINTNER, J. (1965b): The Valuation of Risk Assets and the Selection of Risky Investments in Stock Portfolios and Capital Budgets, in Review of Economics and Statistics 47 (1965), S. 13-37

LÖHNERT, P. (1996): Shareholder Value: Reflexion der Adaptionsmöglichkeiten in Deutschland, München 1996

LUBER, T. (1996): Riesen in Fesseln, in Capital 7/1996

MAJD, S./MYERS, S. (1987): Tax asymmetries and corporate income tax reform, in Feldstein, M.: Effects of taxation on capital accumulation, Chicago 1987

MALIK, F. (1997): Wirksame Unternehmensaufsicht, Frankfurt 1997

MARKIDES, C./BERG, N. (1992): Good and Bad Divestments: The Stock Market Verdict, in LRP, Vol. 25 (1992), No. 2, S. 10-15

MARKOWITZ, H. (1952): Portfolio Selection, in JoF, Vol. 7, März 1952, S. 77-91

MASSENBERG, J. (1986): Strategie und Entwicklung deutscher Großunternehmen, Computergestützte Inhaltsanalyse der Hauptversammlungsansprachen der Unternehmensführung 1966 bis 1983, Frankfurt 1986

MELICHER, R./RUSH, D. (1973): The Performance of Conglomerate Firms: Recent Risk and Return Experience, in JoF, 3/1973, S. 381-388

MONTGOMERY, C. (Hrsg.) (1995): Resourcebased and Evolutionary Theories of the firm: Towards a Synthesis, Boston 1995

MONTGOMERY, C./THOMAS, A./KAMATH, R. (1984): Divestiture, Market Valuation and Strategy, in Academy of Management Journal 1984, Vol. 27, No. 4, S. 830-840

MONTGOMERY, C./THOMAS, A. (1988): Divestments: Motives and Gains, in Strategic Management Journal, Vol. 9 (1988), S. 93-97

MORCK, R./SHLEIFER, A./VISHNY, R. (1990): Do managerial objectives drive bad acquisitions?, in JoF 45 (1990), S. 31-48

NOWAK, E. (1997): On Investment Performance and Corporate Governance, Bern 1997

NUNNENKAMP, P. (1995): The German Model of Corporate Governance, Kiel Working Papers No. 713, Kiel 1995

PALEPU, K. (1985): Diversification Strategy, Profit Performance and the Entropy Measure, in Strategic Management Journal, Vol. 6, 1985, S. 239-255

PORTER, M. (1987): From competitive advantage to corporate strategy, in HBR, May/June 1987, S. 43-59

PORTER, M. (1992): Wettbewerbsstrategie: Methoden und Analyse von Branchen und Konkurrenten, Frankfurt am Main 1992

PORTER, M. (1994): From Strategy to Advantage: The Evolving Competitive Paradigm, in Duffy, P.: The Relevance of a Decade, Boston 1994, S. 243-286

PRAHALAD, C./ HAMEL, G. (1990): The Core Competence of the Corporation, in HBR, 68 (May/June 1990), No. 3, S. 79- 91

PRAHALAD, C./ HAMEL, G.: Nur Kernkompetenzen sichern das Überleben, in HARVARDmanager 2/1991, S. 66-78

PRAHALAD, C./ HAMEL, G. (1995): Competing for the Future, Boston 1995

PÜTTER, T. (1997): Management Buy-Outs, in Achleitner, A. K./ Thoma, G. (Hrsg.): Handbuch Corporate Finance, Frankfurt 1997, S. 3-7

RAPPAPORT, A. (1986): Creating Shareholder Value - the New Standard for Business Performance, New York 1986

RAPPAPORT, A. (1987): Stock market signals to managers, in HBR, November/December 1997, S. 57-67

RAPPAPORT, A. (1992): CFOs and Strategists: Forging a Common Framework, in HBR, May/June 1992, S. 84-91

RAPPAPORT, A. (1995): Shareholder Value, Wertsteigerung als Mass-Stab für die Unternehmensfürung, Stuttgart 1995

RECHSTEINER, U. (1994): Desinvestitionen zur Unternehmenswert-steigerung, St. Gallen 1994

RICHTER, F. (1996): Konzeption eines marktwertorientierten Steuerungs- und Monitoringsystems, Frankfurt 1996

ROBBIE, K./WRIGHT, M. (1997): Recent Developments in German and Swiss Buy-outs, in MAR 9/97, S. 379-382

ROCK, R. (1997): The spin on spinoffs, in Directors and Boards, Winter 1997, S. 2

RÖTTGER, B. (1994): Das Konzept des Added Value als Maßstab für finanzielle Performance, Kiel 1994

ROLL, R. (1977): Critique of the Asset Pricing Theory´s Tests, in JoFE, March 1977, S. 129-176

ROLL, R. (1986): The Hybris Hypothesis of Corporate Takeovers, in Journal of Business, Vol. 59 (1986), S. 197-216

ROSENFELD, J. (1984): Additional Evidence on the Relation Between Divestiture Announcement and Shareholder Wealth, in JoF, Vol. XXXIX, No. 5, December 1984, S. 1437-1448

ROSS, S. (1976): The Arbitrage Theory of Capital Pricing, in Journal of Economic Theory (1976), Vol. 13, S. 341-360

ROSS, S./WESTERFIELD, R./JAFFE, J. (1996): Corporate Finance, Chicago 1996

RUMELT, R. (1974): Strategy, Structure and Economic Performance, Boston 1974

SALOMON BROTHERS (1997): The Alchemy at Hoechst, London 1997

SALZ, J. (1997): Abschied von der Chemie, in WiWo, Nr. 38, S. 50-52

SAUER, O./SCHWARZ, H. (1997): Steuerliche Folgen der Betriebsveräußerung und Betriebsaufgabe, Bielefeld 1997

SCHÄFER, A. (1997): Die These der kurzfristigen Aktienbewegungen, theoretische und empirische Analyse, Köln 1997

SCHÄFER, M. (1997): Deutscher Markt für Unternehmenskontrolle stabilisiert sich auf hohem Niveau, in M&A Review 1/97, S. 6-8

SCHARLEMANN, U. (1996): Finanzwirtschaftliche Synergiepotentiale von Merger & Acquisition, Bern 1996

SCHEFFLER, E. (1993): Finanzanlagen, in Chmielewicz, K./Schweitzer, M. (1993), S. 588-590

SCHMIDT, H./DRUKARCZYK, J./HONOLD, D./PRIGGE, S./SCHÜLER, A./TETENS, G. (1997): Corporate Governance in Germany, Baden Baden 1997

SCHMIDT, R. (1976): Wertpapieranalyse, in Grochla, E./Wittmann, W.: Handwörterbuch der Betriebswirtschaft, Stuttgart 1976, S. 4436

SCHMIDT, R. (1984): Internationalisierungsgrad, in Macharzina, K./Welge, M.: Export und Internationale Unternehmung, Stuttgart 1984, S. 964-974

SCHMIDT, R. (1993): Das Shareholder Value-Konzept, in Fritsch, U./Liener, G./Schmidt, R. (Hrsg.): Die deutsche Aktie, Festschrift zum vierzigjährigen Bestehen des Deutschen Aktieninstitutes e.V., Stuttgart 1993

SCHMIDT, R. (1994): Internationale Diversifikation, in Macharzina, K./Welge, M.: Export und Internationale Unternehmung, Stuttgart 1994, S. 361-367

SCHMIDT, R. (1998): Wandel von Unternehmensleitbild und Unternehmenszielen: Eine Analyse anhand der Geschäftsberichte der größten Aktien-gesellschaften aus vier europäischen Ländern, in Berndt, R. et. al.: Herausforderungen an das Management, Berlin 1998, S. 119-138

SCHRÖDER MÜNCHMEYER HENGST & CO. (1996): On Shareholder Value and the Value of Shares, Frankfurt 1996

SCHÜLE, F. (1992): Diversifikation und Unternehmenserfolg, Wiesbaden 1992

SCHULTZE, G. (1998): Der spin-off als Konzernspaltungsform, Frankfurt 1998

SCHUMANN, J. (1987): Grundzüge der mikroökonomischen Theorie, Berlin 1987

SERVAES, H. (1996): The Value of Diversification During the Conglomerate Merger Wave, in JoF, September 1996, S. 1201-1223

SHARPE, W. (1966): Mutual Fund Performance, in Journal of Business, 39, No. 1, 1966, S. 119-138

SHARPE, W. (1994): Capital Asset Prices: A Theory of Market Equilibrium Under Conditions of Risk, in JoF, September 1994, S. 425-442

SHLEIFER, A./VISHNY, R. (1997): A Survey of Corporate Governance, in JoF, Vol. LII, No. 2, 1997, S. 737-783

STALK, G./EVANS, P./SHULMAN, L. (1992): Competing on Capabilities: The New Rules of Corporate Strategy, in HBR, No. 70, March/April 1992, S. 57-69

STELTER, D. (1997a): Wertorientierte Unternehmensführung, in Achleitner, A. K./ Thoma, G. (Hrsg.): Handbuch Corporate Finance, Frankfurt 1997

STELTER, D.(1997b): Management der richtigen Rentabilität, in Achleitner, A. K./ Thoma, G. (1997)

STERN, J./CHEW, D. (1986): The Restructuring of Corporate America: A discussion of the reverse merger movement, in Stern, J./Chew, D.: Six roundtable discussions of corporate finance with Joel Stern, Westport 1986

STERN, J./STEWART, G./CHEW, D. (1995): The EVA® Financial Management System, in JoACF Vol. 8, No. 2, Summer 1995, S. 32-46

STEWART, B. (1989): Announcing the Stern Stewart Performance 1,000: A new way of viewing corporate America, in JoACF (1989), Vol. 3, S. 38-59

STEWART, B./GLASSMAN, D. (1989a): The Motives and Methods of Corporate Restructuring, in JoACF (1989), Vol. 1, No. 1, S. 85-99

STEWART, B./GLASSMAN, D. (1989b): The Motives and Methods of Corporate Restructuring: Part II, in JoACF (1989), Vol. 2, No. 2, S. 79-88

STRUTZ, E. (1993): Wertmanagement von Banken, Bern 1993

TAYLOR, A. (1997): Revolution at Daimler-Benz, in Fortune November 10, 1997, S. 144-152

TEMPLIN, H.(1998): Unternehmensrisiko und Bilanzkennzahlen, Wiesbaden 1998

THIELE, M. (1997): Kernkompetenzenorientierte Unternehmensstrukturen, Ansätze zur Neugestaltung von Geschäftsbereichorganisationen, Wiesbaden 1997

TREYNOR, J. (1965): How to Rate Management of Investment Funds, in HBR 43, No. 1, S. 63-75

UHLIR, H./STEINER, P. (1994): Wertpapieranalyse, Heidelberg 1994

WEBER, C. (1993): Der Anlagespiegel, in Chmielewicz, K./Schweitzer, M. (Hrsg.): Handwörterbuch des Rechnungswesens, Stuttgart 1993

WEBER, H. (1993): Betriebswirtschaftliches Rechnungswesen, Band 1: Bilanz und Erfolgsrechnung, München 1993

WEINBERGER, H. (1994): Marktwertsteigernde Diversifikation im Mischkonzern, Frankfurt 1994

WERNERFELD, B. (1984): A Resource-based View of the Firm, in Strategic Management Journal, 5 (1984), S. 171 -180

WESTON, F. (1989): Divestitures: Mistakes or Learning, in JoACF, 1989, S. 68-76

WESTON, J./SMITH, K./SHRIEVERS, R.: Conglomerate Performance Using the Capital Asset Pricing Model, in Review of Economics and Statistics, November 1972, S. 357-363

WITTROCK, C. (1995): Messung und Analyse der Performance von Wertpapierportfolios, Münster 1995

WOLF, J. (1995): Die Messung des Diversifikationsgrades von Unternehmen, in Wisu, 5/95, S. 439-445

WRIGLEY, L. (1970): Divisional Autonomy and Diversification, Boston 1970

ZIMMERMANN, H./RUDOLF, M./JAEGER, S./ZOGG-WETTER, C. (1996): Moderne Performance-Messung, Bern 1996

ZÜNDORF, H. (1990): Der Anlagespiegel im Konzernabschluß, Stuttgart 1990

GPSR Compliance

The European Union's (EU) General Product Safety Regulation (GPSR) is a set of rules that requires consumer products to be safe and our obligations to ensure this.

If you have any concerns about our products, you can contact us on ProductSafety@springernature.com

In case Publisher is established outside the EU, the EU authorized representative is:

Springer Nature Customer Service Center GmbH
Europaplatz 3
69115 Heidelberg, Germany

Batch number: 10815964

Printed by Printforce, the Netherlands